日・EU経済連携協定が意味するものは何か

—新たなメガFTAへの挑戦と課題—

長部重康 編著

ミネルヴァ書房

はじめに

2013年4月に始まった日・EU経済連携協定（日EU・FTA／EPA）の交渉は，2016年内に妥結する可能性が高まった（条約の表記法は4ページ参照）。そうなれば2007年5月から10年10月までの約3年半で交渉が終了したEU韓国自由貿易協定とほぼ同じペースといえる。その後，EUカナダFTAが5年をかけて2014年9月に包括的経済貿易協定（CETA）として結実し，EUはこれがEU韓FTAを上回る「戦略的勝利」と誇っている。

これらの先例と比べて，日欧合わせたGDPの合計は世界全体の3分の1を上回り，日欧協定は経済規模の大きい「メガFTA」の範疇に入る。日欧交渉の開始から3カ月遅れの2013年7月には，TTIP（環大西洋貿易投資連携協定）の交渉が始まった。これもメガFTAであり世界のGDPの47.5％に及ぶ巨大市場を対象とするが，後述のように難航しており着地点は見えない。同じメガFTAでもこれとは対照的に，TPP（環太平洋戦略的経済連携協定）では2013年7月に日本が正式に交渉に加わったのち，わずか2年後の15年10月にはすでに大筋合意し，16年2月に締結された。このTPPの早期決着は，日本の参加以前からアメリカ，オーストラリアなど8カ国の先行国間で，2010年以来長期間にわたるハイレベルでの交渉が進んでいたことで可能になった。日本の加わるメガFTAとしては，12年12月交渉開始の中国，インドなど16カ国間での東アジア地域包括的経済連携（RCEP）と，翌13年3月交渉開始の日中韓FTAとがあるが，いずれも道筋は定かではない。

それゆえ日欧交渉が年内決着できれば，メガFTAとしては異例の速さといえる。理由は，日欧双方に求められるが，まず日本側でのTPPの早期決着である。TPPは日本がこれまでかかわってきたいかなるFTA／EPAに比べても，広範囲で野心的な目標を掲げ，12カ国8億人もの人々を取り込んでいる。

日本はこれへ全力で取り組まざるを得なくなり，結果的に対欧交渉への関心は薄れがちなった。ようやくTPPの合意が成り2016年2月，日米など12カ国がニュージーランドのオークランドに集まりTPP協定に調印した。これ以降，日欧交渉に弾みがつく。

次にEU側からの高い関心である。日本は2010年に中国に抜かれ，国民経済の規模では世界第3位に落ちた。だがEUは，数字が示す以上に日本経済の潜在力を高く評価しており，EUをして日欧交渉を急がしめる「根本的理由」（rationale）がそこにある，と説明する。すなわち第1に，民間消費の比重が高く，中国のほぼ2倍に達する。また一人当たりGDP（15年の名目値）では，ユーロ圏諸国平均の3倍以上になり，それがほぼ消費に回る。第2に，日本の輸入比率は極めて低いものの（10％台始め），金額ベースでは主要工業国並みといえる。そのうえ消費に対する輸入品の割合では，アメリカの19％に対して日本は23％と極めて高い（EC, 2016）。

日EU・FTA／EPAの進展とは対照的に，環大西洋のTTIP交渉は難航しており，決着のめどは立っていない。当初は，TPPや米韓FTAなどに激しく抵抗した自動車業界のような，「大きな反対勢力が米国内にない」（米政府筋）ため，比較的早期に妥結できるとの見方が広がっていた。やがて次々と困難な問題が露わになったが，その理由として，第1に，アメリカ，カナダ，メキシコの3カ国によるNAFTA（北米自由貿易協定）とEU加FTAとの既存両協定と調和をはかる必要が出たためである。たんにEUとアメリカ間交渉では完結しない。第2に欧米間には，それ以上に深刻な，以下のような3つの非対称性の存在が指摘できる。すなわち，①政治体制は超国家機関に対して連邦制，と極度に対蹠的であり，通商交渉では対称性確保が困難になる。②移民をめぐっては一方が出自国に対して他方は流入国と分岐し，歴史的文化的な面での対立が激化する。③また価値観では一方が環境・衛生・安全を重視し，他方は市場主義・自由主義を優先させ，両者の衝突が噴出する。この3つの非対称性によって，EUは以下のような不利益を被らざるを得ない。例えば①では，政府調達や基準・認証などの権限は米では州に帰属し，連邦政府には指図する権限はない。市場は細分化し，交渉には困難が伴い時間がかかる。たとえ決着できても，州ごとの施行で複雑化し費用がかさみ，とりわけ中小企業が犠牲になる。②では，南欧や独などの移民たちが故郷の特産品を多く伝承しており，欧での原産地名称をそのまま用いている。地理的表示をめぐり紛糾せざるを得ない。③では，遺伝子組み換えやオーディオビジュアル・コンテンツなど EU 関心品目において，米の経済合理主義と鋭く対立する。これに対して日欧交渉では他の通商協定との調和は直接必要とはされず，また非対称性の障害は相対的に小さい。EU の構成単位は国民国家で日本と共通し，移民関連の競合は存在せず，価値観は「旧大陸」同士ゆえに概ね近いからである。

日・EU の双方間ですでに何度か，交渉の早期決着が合意されている。とくに EU 側には，2017 年 3 月にオランダで総選挙，4 ～ 6 月にフランスで大統領選挙と総選挙，9 月にドイツで総選挙，10 月にチェコで総選挙がそれぞれ予定されており，EU としてはその前に通商交渉の懸案は片づけておきたい。2015 年 11 月のブリュッセルでの第 15 回日・EU 交渉会合の場で，「2016 年のできるだけ早い時期」に大筋合意を果たす旨が発表され，16 年 5 月には，ユンカー欧州委員長が「年内に決着できると確信している」と語った（Reuters, 3 mai 2016）。16 年 4 月に東京で開かれた第 16 回会合では，財とサービスの貿易，知的財産権，地理的表示，非関税措置，政府調達，投資など多面的な議論が交わされたが，自動車や農産品の関税削減・撤廃の協議は難航し，投資と政府調達との合意は失敗に終わった。5 月には伊勢志摩サミットが開かれてトゥスク EU 大統領とユンカー委員長も来日したが，貿易セッションは G7 として貿易協定の利点を打ち上げて英の EU 残留を側面から支援した。合間を縫って短時間ながら日欧交渉も開かれ，「今年のできるだけ早い時期」での大筋合意が再確認された。9 月にはブリュッセルで第 17 回会合が開かれ，10 月に開かれた EU 首脳会議においても「年内の政治合意を視野に入れて活発に交渉する」との方針が合意された。11 月 16 日には，岸田外相をトップとする主要閣僚会議が設置され，各省局長級のタスクフォースが動き出した。日欧交渉はいよいよ最終局面を迎えることになる。

だがここに来て，日本側に大きな問題点が浮上した。司令塔の不在である。交渉の最終段階では，たとえ不利な内容が一部含まれていようとも，全体のバランスを考慮して受け入れを決断しなければならない時が来よう。TPP 交渉時には甘利経済財政・再生担当相が交渉権限を集約し，交渉の成功を導くことができた。今回は，EU のセシリア・マルムストレム通商委員に対峙しうる，日本側の統括交渉官が決まっていない。日・EU・FTA／EPA 交渉では，地方自治体の公共調達開放が重要課題に取り上げられており，交渉には総務省も加わっている。各省庁間の調整は TPP 交渉以上に複雑化しよう。日本は自動車や農産品への関税撤廃・引下げで主張を貫く代わりに，非関税分野では譲歩を受け入れる，といった大胆な戦略が必要であり，これに欠ければ交渉は漂流しかねない（『日本経済新聞』2016 年 9 月 3 日付）。

ここで，TTIP 交渉をめぐる EU とアメリカとの現状を整理してみるが，日欧交渉の展望のために，少なからぬ示唆を与えてくれよう。日欧交渉に 3 カ月遅れて 2013 年 7 月，ワシントンで開始された欧米間交渉だが，オバマ大統領は 2017 年 1 月の退任を控え，その花道として決着を急がせている。またユンカー欧州委員長とメルケル独首相も TTIP を最優先事項に掲げており，イギリスをはじめオランダや北欧など伝統的自由貿易支持国にイタリアが加わって，強力な応援団が結成された。関税の 97％までの段階的除去や欧州企業への年間 350 億ユーロの関税撤廃など野心的目標を掲げて，2016 年 7 月までに 15 回の交渉が重ねられている。

だが米大統領の予備選挙を通じて，ヒラリー・クリントンとドナルト・トランプはともに TTIP 反対を叫び，逆風が吹き始めた。交渉への支持率は 2014 年の 55％から 16 年 5 月の 17％へと急落した。ヨーロッパでも，すでにみた欧米間交渉の 3 つの非対称性が次第に膨れ上がり，とりわけ極左，極右の両勢力から貿易自由化への反発が高まった。グリンピースが交渉の内部文書を暴露し，消費者保護や環境保護をかかげる 400 を越える市民運動が激しい糾弾の声を上げている。EU リーダー役のドイツは，貿易大国ながら環境や食の安全から貿易自由化批判を強力に展開する緑の党を抱えている。連立相手の SPD（社会民主党）党首，ガブリエル経済相までもが，メルケルの交渉急ぎ過ぎを批判し，「悪しき合意はSPDが認めない」とくぎを刺す始末である（*Le Monde*, 1er juin 2016）。TTIPの支持率は米同様，53％から13％へと急降下した（*Le Monde*, 1er mai 2016）。こうしてドイツは貿易自由化の主張を自制せざるを得ないという逆説的事態に追い込まれた。フランスでは，自由化は断固拒否すると息まく極右，フロンナショナル（国民戦線）に加えて，左右を問わず多くのインテリや政治家が「文化例外」を叫び，オーディオビジュアルの「武装解除」を糾弾する。国益擁護を果たしていないとして政府不信が63％に急騰し，対米交渉を急ぐ欧州委員会へは69％が不信を突き付けた（Boursorama avec AFP, 6 mai 2016）。オランド大統領は5月に，「今の状況では答えはノンだ」と言い切った（『日米経済新聞』，2016年7月16日付）。

EUにおける欧米間の貿易自由化への反発は，反グローバリゼーションの発露というより，超大国アメリカに飲み込まれることへの不安に起因している。アメリカは自国のモデルや規制をEUに押し付け，欧州の伝統や文化の破壊を狙っている，という論法である。ヨーロッパの政治家，各国当局，EU機関などは反対世論の過激化に怯み，市民に対する積極的な啓蒙，教育，情報提供に二の足を踏む。指導者による説明責任の放棄，という深刻な事態が各国に広がり，これに対する批判も高まる。他方ユンカー委員長もすでに2016年6月初めに，「危機に瀕しているのはたんにTTIPのみでなく，EUすべての自由貿易政策だ」と危機感をあらわにした（*Le Monde*, 1er juin 2016）。

2016年7月，欧州委員会は全加盟国に対して，各国国民議会によるEU加FTA（CETA）の批准手続きを進めるよう要請し，世界に驚愕が走った（『通商広報』2016年7月25日）。EU韓FTAや日EU・FTA／EPAの場合は，加盟各国がかかわる共有権限事項を含んでいる。「混合協定」（mixed agreement）と呼ばれるが，各国国民議会の批准が条件である。だが委員会はこれまでCETAについては，EUの排他的権限事項のみを対象とした条約であるため国民議会の批准は必要ない，と説明してきた。今回の委員会決定は，Brexitを引金に貿易自由化への世論の硬化を受けて，域内国が執拗に要求した結果であろう。

欧州司法裁判所による判例が確定していないのも，事実である。成立へのハードルは一挙に高まった。

欧州委員会も「EU加FTAが挫折すればEUのすべての自由協定は失敗に終わってしまう」と懸念を深め，「EU加FTA（CETA）を救おう！」と叫ぶに至った。EUが先進国間のFTA交渉に先鞭をつけたものだが，このEU加FTAは，「欧州チームが打って一丸となって」，14年9月にようやく締結に漕ぎつけ，EUはこれを「戦略的勝利」と誇っている。関税の除去率は99％以上に上り，サービス・投資の大型新市場が生まれ，貿易は往復で23％拡大する。だがフランスの有力環境保護運動，ウロ財団（Fondation Hurot）がCETA批准引き下ろしキャンペーンを開始した。真の狙いはTTIP糾弾，という反米キャンペーンにあり，EUカナダ協定はそのための生贄の山羊にされてしまった（*Le Monde*, 8 juin 2016）。

さらにCETAの正式調印式が迫った10月末の直前になって，工場倒産に脅えるベルギーのワロン地域（仏語圏）が「投資家対国家の紛争処理」（ISDS）で問題ありとして反対を決議した。連邦制のベルギーの調印に待ったがかかり，350万人の一小地域によって5億人のEU28が人質に取られた格好となった。その背景にはBrexitと同様，世界的な反グローバリズムや反格差のうねりがあり，自由貿易市場の拡大には一挙に暗雲が立ち込めた。10月27日に迎えた調印式はキャンセルされたが，この日，ワロン地方議会は，連邦政府と他の地方議会さらにカナダ，EU，の懸命な説得を受け入れて，最終的に反対決議を取り下げることになった。

条件は，長文の「解釈宣言」（interpretative declaration）を条約に付記することであり，新たに設けられるISDS仲裁裁判所（ICS）については，暫定発効期間中の施行を見合わせ欧州司法裁判所の判断を仰ぐ旨，明記された。条文自体の変更はなく，30日にトルドー首相がブリュッセルに赴き，EU大統領，欧州委員長とともに署名を終えた。CETAは救出され，G7諸国の間で結ばれる初の戦略的連携協定となり，欧州議会の承認を得て2017年初めに暫定発効する。だが正式発効には改めて38にのぼる国民・地域議会の批准が求められて各国で紛糾が予想され，実現には数年はかかろう。このように野心的通商協定は「混合協定」が不可避となったため，EU は今後消極的になり，交渉相手も警戒を強めよう。TTIP が締結できなければ，日本 EU・FTA／EPA が野心的協定の最後になるかも知れない。カナダ型 FTA を想定したイギリスの EU 離脱交渉は，厳しくなった。

環大西洋の主要争点は，農産品（ホルモンや農薬の使用規制，遺伝子組み換え等をめぐる食の安全分野），地理的表示（特にフランスやイタリヤが強硬に要求），公共調達の開放（市場統合を進めた EU の開放度は 90％超えたが，米では 30％にとどまり，権限は州の管轄に属す。交渉の対称性は確保されず），規格・認証の調和（化学，薬剤，工作機器などの分野で，米には複数の規制機関が併存し，実施措置も州ごとに異なる）などである。特に農業については，アメリカは 2015 年に世界全体で 140 億ユーロの貿易黒字を達成したが，対 EU 貿易は 105 億ユーロの大幅赤字である。米は EU に対して，食の安全にこだわる非科学的な規制を止めよと激しく迫り，地理的表示の厳格適用は拒否する。欧米交渉ではいまだ全争点の開示にまで至っておらず，取引や妥協にはほど遠い。米通商代表フロマンは 6 月初め，「この数か月，交渉は大きく進展した」と皮肉ったが，「今年中に交渉が妥結しないと，代替案（Pan B）はない」と釘を差すのを忘れなかった（*Financial Times*, 1 June 2016）。

欧米交渉に比べて日 EU・FTA／EPA 交渉では，すでにみた構造的理由から争点は相対的に小さいといえるが，通商交渉では合意形成へまで到るのは容易ではない。日本政府は，とりわけ 11 月の米大統領選挙後から翌 2017 年 1 月の新大統領就任までの「レームダック国会」での，TPP 関連法案の米議会承認取り付けへ望みを託してきた。それにより日欧協定を含めた，交渉中の他の FTA／EPA 協定の進展に弾みをつけることを期待していたのだが，米大統領選挙のヒートアップを通して，赤信号が点滅し出した。

さて 2015 年秋にはヨーロッパに向けて中東難民が怒涛のように押し寄せたが，それへの対応をめぐって EU 域内各国の対立は先鋭化し，EU 分解の瀬戸際に追い詰められた。メルケル主導で 2016 年 3 月に，巨額な費用負担（3 年間に60億ユーロ）とビザなし渡航を交換条件に，EUはトルコから難民還流受入れ協定への合意取り付けに成功し，辛くもEU分解は回避された。だが再び6月の英国民投票で離脱派が勝利し，僅差ながらよもやのBrexit（英の離脱）を突き付けられ，EUは発足以来最大の激震に襲われたのである。

域内への離脱ドミノ感染を阻止するには，EUは統合の仕組みの柔軟化と各国主権の尊重へ向けて舵を切らざるを得ない。自由貿易のチャンピオン退場で，通商交渉への悪影響は避けられまい。

これまで日EU・FTA／EPA交渉を引っ張ってきたのは自由貿易派のイギリスと，豚肉加工品の輸入拡大を目指すデンマークとであった。EUとしては早急な日・EU協定の締結を実現し，離脱ドミノを阻止するための戦略的武器に位置づけたいと願っている。ただBrexit騒動によるイギリスでの混乱ぶりが報じられると，EU各国で世論は急激に安定志向とEU残留とへ傾き，「離脱ドミノ」の懸念は杞憂に終わった。7月初めに行われた世論調査（YouCov）では，3つの欧州懐疑派国，フィンランド，スウェーデン，デンマークにおいてさえもEU残留派が大きく伸びた（*Financial Times*, 13 July 2016）。12月にやり直し大統領選挙を迎えるオーストリアでは，有力候補である極右の自由党党首ホーファーが世論の変化を敏感に感じ取り，「EUからの離脱は望まない」と明言した。EU離脱の支持率はBrexit以前の5月における31％から，7月には23％へと8ポイントも大幅低下したからである。またポーランドの政権与党，EU懐疑派の「法と正義」ですらEU残留を願う国民の声を無視できなくなり，また伊の反EUポピュリストの「5つ星運動」（M5S）も今やEU離脱の主張を引っ込めてEU改革派に変身した。他方，2006年にセルビアから独立を果たし，EU加盟待ちのモンテネグロは，加盟実現を目指してさらなる構造改革に励む旨，改めて約束した（『日本経済新聞』，2016年8月16日付）。

懸案の少ない日欧交渉へは，Brexitの打撃は限定的とみられるが，難問を抱えるTTIP交渉では状況は深刻化しよう。ブリュッセルのあるシンクタンク研究員は，「大打撃を受け，宙づり状態に陥った」と嘆き，EU高官はより直截に「もう終わりだ」と肩を落とした（*Financial Times*, 26 June 2016）。イギリスに替わりドイツが通商交渉の指揮を執るが，骨の髄からの自由貿易主義者とは言えず，また国内には緑の党など侮りがたい批判勢力を抱えている。EU内ではフランス，イタリアの影響力が強まり，保護主義や現状維持の姿勢が強まる可能性も否定できまい。

本書は一般財団法人「国際貿易投資研究所」(ITI：Institute For International Trade and Investment）の「欧州経済研究会」（長部重康委員長）のメンバーによる分担執筆である。1993年にJETRO（日本貿易振興機構）の欧州勤務経験者と大学・研究所の研究者，実務家，Ifo経済研究所アジア・パシフィック事務所などの参加を得て，「欧州秩序問題研究調査委員会」（長部主査）が発足しそれが現研究会の前身となった。以後4半世紀にわたり毎年テーマを選び，専門家からの聞き取りや現地調査を含めて共同研究を実施し，報告書を取りまとめてきた。ちなみに2014年度，15年度の報告書はそれぞれ『ユンカー欧州委員長の下，成長を目指すEU』，『欧州の政治経済リスクとその課題』と題され，ITIのウェブサイト（http//www.iti.or.jp/）に公開されている。研究会の報告書はこれまでに3度JETROから，長部・田中友義編「焦点シリーズ」として出版された。『拡大ヨーロッパの焦点—市場統合と新秩序の構図』(1994年)，『統合ヨーロッパの焦点—ユーロ誕生をにらむ産業再編』(1998年)，『ヨーロッパ対外政策の焦点—EU通商戦略の新展開』(2000年）がそれであり，ご参照の機会を賜れば幸いである。

メガFTA／EPAの同時展開という歴史的なうねりに掉さすべく，今回の出版を企画した。久保広正摂南大学教授（神戸大学名誉教授）には書肆の紹介と出版交渉とにご尽力を頂戴し，ミネルヴァ書房の東寿浩氏には巨細にわたり編集のお世話をいただいた。お二人には大変感謝している。また国際貿易投資研究所（ITI）の畠山襄理事長からは常日頃，研究遂行上，多大な便宜を供していただいている。この機会にあつくお礼申し上げたい。

日・EU経済連携協定（日EU・FTA／EPA）の可能性に関するわが国初の研究成果となる本書だが，日・EU通商交渉の詳細な報告・分析を基軸に，

WTO，メガ FTA，EU 通商政策，意志決定プロセス，知的財産権，TTIP，EU 韓 FTA，EU 加 FTA，ユーロアフリカ・マーケットプレイス，消費者・市民社会，EU ハイテク産業，グローバル企業活動，サービス経済化などの展開についても，多面的かつ野心的な内容を盛り込むことができた。日本の読者になじみの浅い EU 事情をご理解いただくために，はじめにや第 1 章，第 5 章，終章を中心に欧州統合や EU の特質について，さらにはユーロ危機，同時多発テロ，難民問題，イギリスの国民投票，Brexit などアクチュアルな問題を含めて，かなり踏み込んだ丁寧な背景説明に努めた。日本と世界の経済・貿易関係の進展，EU 通商政策の展開，ヨーロッパ政治・経済の現況などに関心を寄せる方々に，お役に立てれば幸いである。

2016 年 11 月

長部重康

参考文献

European Commission (2016a), *Trade Sustainability Impact Assessment of the Free Trade Agreement between the European Union and Japan.*

European Commission (2016b), Repont of the 15th round of negociafion for TTIP, Oct. 2016.

日・EU経済連携協定が意味するものは何か
——新たなメガFTAへの挑戦と課題——

目　次

第1章
メガFTA時代の到来とEU
——ユーロアフリカを北米，アジア太平洋に連携する——

1990年以降，世界の外国直接投資と貿易とは急成長した。2001年開始のWTOドーハ・ラウンドは先進国・途上国間の対立で「脳死状態」に陥り，替わって2カ国・地域間のFTA（自由貿易協定）が急拡大する。

地域貿易協定（ローマ条約）を起源とするEUは，開発と貿易との特異な2本立てFTA網を近隣・アフリカ地域に張り巡らせてきたが，2006年に新通商政策を策定し，アジア進出を本格化させた。2011年にEU韓FTAを締結したが，他の交渉は停滞する。ユーロ危機に見舞われたヨーロッパは，財政負担なしの経済刺激が不可欠になり，急遽，先進国間の新型FTAへのシフトを決断した。2013年にカナダとの高度包括的FTA（CETA）締結に成功し，その成果を対米TTIP（環大西貿易投資連携協定）と日EU・FTA／EPAとに反映させたい。EUは「リスボン戦略」（2000〜10）とそれに次ぐ「ヨーロッパ2020」とで知識基盤社会の建設を目指すが，通商交渉でも知的財産権の確立に戦略的意義を込めている。

EUは北米との環大西洋連携をすすめ，これを地中海・CIS諸国とのFTA網に接続させたい。将来性に富むアフリカをも取込み，ユーロアフリカ，北米，アジア太平洋を包む3正面マーケット・プレイスの構築を狙っている。日EU・FTA／EPAの締結で，わが国は貿易・投資の積極的な世界展開を展望できよう。

1　ハイパー・グローバリゼーションからメガ地域協定へ

（1）WTOドーハ・ラウンドの「脳死状態」

外国直接投資（FDI：Foreign Direct Investment）と貿易とは1990年以降，世界の産出（output）を上回って急拡大した。2008〜12年に金融危機，ユーロ危機が猛威を振るい，世界のGDPは12年になってようやく07年水準を上回った。だが世界の産出に対する外国直接投資（FDI）の比率は，1990年から2012

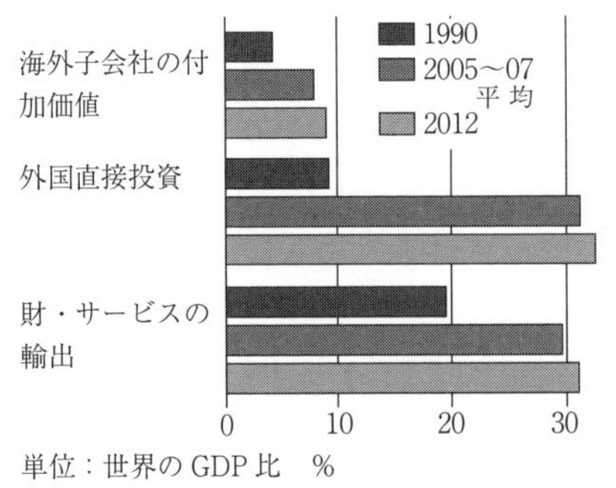

単位：世界の GDP 比 %

図1-1 グローバルな経済統合

出所：Wolf (2013)

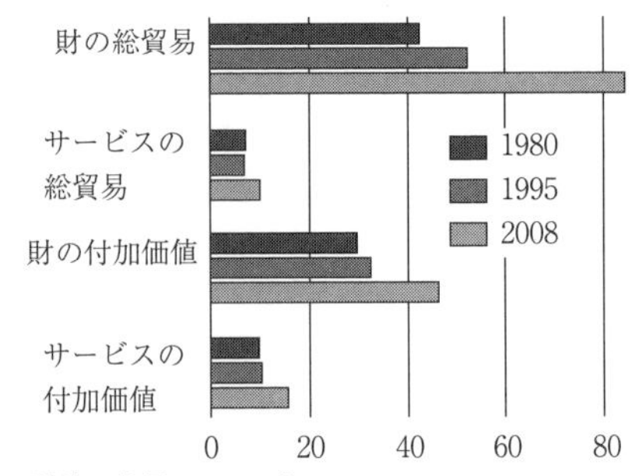

単位：世界の GDP 比 %

図1-2 財・サービスのグローバルな貿易

出所：Wolf (2013)

年に9％から33％へと4倍弱に急騰した。財・サービス貿易の比率も19％から31％に1.6倍増となった（図1-1，2)。この急激な「ハイパー・グローバリゼーション」によって新興国は急速な発展を遂げ，先進国へのキャッチアップが実現できた。これを支えるGDPの伸び率は，90年代末までは年率1.5％であったが，その後，3.3％に倍以上に膨らみ，金融危機勃発後もなお3％の高い伸び率を維持できた（Wolf, 2013)。

金融危機で保護主義が強まったのは確かだが，1930年代の世界恐慌時と比べてごく限定的であった。WTO（世界貿易機関）や IMF（国際通貨基金)，OECD（経済協力開発機構）などの国際機関や貿易協定が有効に機能しえたからである。成長の極はハイパー・グローバリゼーションと新興国のキャッチアップとにあり，自由貿易の拡大は死活的意義を持つ。

2001年に始まったWTOドーハ・ラウンド交渉は，自由・無差別・多角的な貿易自由化のさらなる深化を目指したが，08年7月にはモダリティー（鉱工業品・農産品の関税削減方式の共通ルール）をめぐって対立が深まった。ハイパー・グローバリゼーションで激化した先進国と途上国間の利害対立は解けず，結局ラウンド交渉は「脳死状態」に陥ってしまう。

5年間の空白を経てようやく2013年12月にバリ島閣僚会合が開かれ，一致しやすい3分野（貿易円滑化，途上国貧困層向け食糧支援，開発）での部分合意が成った。アゼベド新事務局長は「WTOは生き返った」と胸を張り，メディアは通関業務の簡素化が新興国に対し最大1兆ドルの経済効果をもたらす，と歓迎した（*Financial Times*, 10 Dec. 2013)。だが鉱工業品と農産品の関税引下げ，知的財産権，金融・サービス，環境，漁業補助金など，センシティブ（関心）6分野では対立が解けず，包括合意は棚上げされてしまった。「脳死状態」からの完全回復は大きく遠のいたのである。

こうして早くからWTOの多角国間交渉の限界が露呈し，替わって各国とも互いに利害・関心の近い2国間・地域間でのFTA（Free Trade Agreement 自由貿易協定）締結に向けて，雪崩を打って走り出す。この「ドミノ効果」は，当初，FTAへの非参加によるマイナスコストの回避，という受動的要因に突き動かされた結果だった。やがて急変する世界のルール作りへの早期関与で，いわば「創業者利得」（Gründersgewinn, promoter's premium）を得たいという積極的理由に急変する。

（2）FTAへのシフト

FTAとは，関税及びその他制限的な通商規則を実質上すべての貿易について取り払い，域内貿易の自由化を進めようとするものである。1994年発効のNAFTA（North American Free Trade Agreement，北米自由貿易協定）がこれを代表する。貿易，投資の域内自由化に加えて，対外共通関税を導入する協定が関税同盟（CU：Custom Union）と称され，EUが該当する。加えてEUは，共同市場の設立（モノ，カネ，ヒト，サービスの全生産要素の域内自由移動）と共通政策の策定（農業，通商，地域開発，競争などの特定分野で，国家主権をプール）とで経済統合を一段と深化させる経済同盟（Economic Union）に向った。FTAとCUに関する諸条件は，GATT（関税と貿易に関する一般協定）の第24条が規定し（奥脇・岩沢 2015)，両者を合わせて地域貿易協定（RTA：Regional Trade Agreement）と呼ばれる。

FTAはきわめてバラエティーに富み，最も限定的なものは関税優遇取り決めのみである。だが「深く包括的なFTA」（DCFTA：Deep and Comprehensive

FTA）となると，投資，競争，知的財産権，人の自由移動，サービス，貿易円滑化措置，技術支援，労働，環境など広範な分野のルール作りを含む。わが国では後者を「経済連携協定」（EPA：Economic Partnership Agreement）と称してFTAと区別する。近年はEPA締結が主流になり，両者を合わせてFTA／EPAと略記される。

だがEUでは日本と違い，EPAの名称が旧植民地や近隣諸国など，特別な歴史的関係を有する国・地域との間での包括的協定に限定される。包括的協定の中核は経済的社会的な「開発支援」（development aide）であり，「貿易の発展，持続的成長，貧困の縮小を通して，パートナー間の貿易を促進する」（Naddle-Phlix, 2014，p. 137）と定義している。アメリカとの環大西洋自由貿易協定（TAFTA：Trans-Atlantic Free Trade Agreement）を，EUは「環大西洋貿易投資連携協定」（TTIP：Trans-Atlantic Trade and Investment Partnership Agreement）と呼び，欧米間が特別な関係にあることがわかる。だがEUと日本間の自由貿易協定は，EU側はFTAと命名し，EPAとは呼ばない。このように協定名は各国の事情で必ずしも同一ではない。これを考慮して，本書では「日・EU経済連携協定」を「日EU・FTA／EPA」と略記する。

さて日EU・FTA／EPAによる経済連携強化によって，日欧間で関税・非関税障壁の引下げが進む。投資・租税条約の締結を通じてわが国は海外市場の事業環境を安定化させ，輸出の促進と効率的サプライチェーンの構築とを達成できる。高付加価値生産の比重は高まり，経済全体の生産性引上げが実現する。経済的には，効率的産業構造への転換，競争条件の向上，経済紛争の最小化，制度の拡充，規制のハーモナイゼーション（調和）などが進展しよう。また政治的には，WTO交渉における交渉力強化とWTOドーハ・ラウンドの活性化も期待できる。日欧間の経済・政治的相互依存の深まりで信頼醸成が進めば，第3国での地域協力を通じて，両者のグローバルな影響力は拡大する。

だが注意すべきは，WTOとの整合性である。FTA交渉の前提条件は当事国のWTOへの参加であり，そのうえで先のGATT第24条によって，以下の3点が求められる。①FTA域内においては，「通商制限を実質上すべての

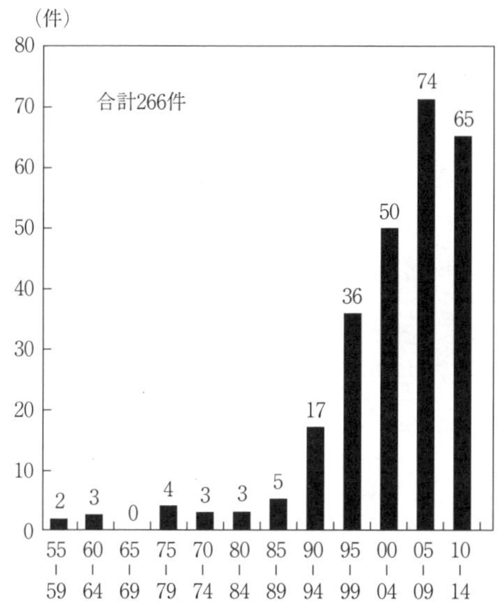

図1－3　世界のFTAの年代別発効件数（2014年11月現在）

出所：『ジェトロセンサー』（2013年12月号）を修正

貿易について廃止」（8b項），② WTO加盟の域外国に対して，「関税の引上げや通商制限の強化を禁止」（5b項），③協定締結は「妥当な期間内に設定」（5c項），である。①については明確な基準はないが，「貿易額ベースで90％以上の関税撤廃」が暗黙の基準とされる（経産省通商政策局，2006，170頁）。③についてはWTO条約付属書Aで，「10年を超えず」と明記される。

世界の発効済みFTAの数は膨大であり，その完全な把握は困難とされる。2014年11月現在，ジェトロが捕捉した数は合計386件である（図1－3）。うち発効済みが266件（2015年11月に277件），批准待ち・条文確定中が25件（26件），交渉中・交渉開始合意が73件（71件），検討・予備協議が22件（18件）となる（『ジェトロ調査レポート』2014年12月号，15年11月修正）。

（3）地域統合型から地域横断型へのFTAの変容

1990年代以降，国際経済環境や各国の開発戦略の変化で，地域統合の動きは加速した。その背景には，以下の３つの理由がある。①欧米諸国が，関係の深い近隣諸国との間で貿易・投資の自由化・円滑化を活発化させた。1993年にEC（欧州共同体）がEU（欧州連合）に昇格し，94年にNAFTA（北米自由貿易協定）が発効した。② NIEs（New Industrializing Economies，新興工業経済地域）やASEAN（東南アジア諸国連合）がいち早く経済開放をすすめ，チリ，メキシコ，ペルーなど途上国も保護主義を転換させて，貿易・投資の自由化と市場メカニズムの導入とに踏み切った。③ 2001年11月に始まった，WTOドーハ・ラウンド交渉が08年7月に決裂し，以後「脳死状態」に陥った。2013年末に限定的部分合意が成ったものの，完全復活にはほど遠い。

こうして主要国は，２カ国・地域間でのFTA／EPAの締結を求めるようになった。FTA／EPAと関税同盟とを合わせた地域貿易協定（RTA）の数は，1990年には27件に過ぎなかったが，その後急拡大を続けた。先のジェトロの調査（386件）より大幅に多いが，15年4月時点でWTOに通報されたRTAの総数は612件に達し，うち406件が実施とされる（http://www.wto.org/english/tratop_e/region_e/region_e.htm；『通商白書2014』）。

とりわけアメリカはNAFTAの成功から，1990年代に入ると高度包括的FTAの拡大を進める世界戦略を開始した。そして21世紀に入ると「メガ地域貿易協定」（Mega-RTA）を志向するに至る。現在，環太平洋と環大西洋との２大領域をターゲットに，気の合う仲間同士での大規模な地域統合，TPP（Trans-Pacific Partnership Agreement，環太平洋戦略的経済連携協定）とTTIP（環大西洋貿易投資連携協定）との交渉を本格化させ，TPPは2016年2月に締結された。日EU・FTA／EPAとは，この２大Mega－RTAをつなぐ重要な結節点である。

世界的なFTA拡大の原動力の一つは，1994年発効から20年を超えたNAFTAの成功である。米商務長官は2013年秋に，「NAFTAは前例のない地域統合を実現した」と成果を誇ったが，米墨貿易は506％増となり，アメリカと非NAFTA諸国間貿易の279％増を大きく超えた。カナダを含めた北米３カ国の貿易額は3.3倍の1兆1193億ドルとなり，米では新規に500万人の雇用が創出された。メキシコは自動車輸出で5.7倍，生産台数で約3倍増となった。とはいえメキシコでの格差拡大やアメリカでの不法移民の増大，という負の側面が拡大したこともまた事実である（『日本経済新聞』2014年1月13日付，*Economist*, 4 Jan. 2014）。

NAFTAは，以下の3つの野心的目標を掲げた。①包括的FTA。投資，サービス，知的財産権，競争など幅広い分野における自由化・規律化を目標にする。EUのように関税同盟や共同市場，共通政策を備えた緊密な経済同盟は目指さぬものの，従来のFTAと比べて圧倒的に幅広い分野をカバーする。②WTOプラス。WTOの求める自由化・規律化が基本だが，100％に近い高度な自由化水準と大幅な非関税障壁の削減とを実現する。同時に金融や電気通信などのサービス分野に対象を広げた。③垂直的FTA。米，加先進国と，途上国メキシコと間の自由貿易圏であり，これまで平均12％の高い関税率と厳しい外資規制とで守られてきた，広大なメキシコ市場が開放される。以後，アメリカが結ぶFTAの相手国は，ほぼすべてが途上国となるが，その際，メキシコの市場開放水準がベンチマークとされた（椎野・水野，2010，200～203頁）。

1990年代に世界展開した深く包括的なFTA（DCFTA）とは，NAFTAをはじめ，EU，ASEAN自由貿易協定（AFTA）など，近隣国同士の地域経済統合を志向するものであった。だが地域統合の拡大が一段落する2000年以降は，企業の激しいグローバル化が始まり，それを後追いするかのように，地域を超えた横断的FTA締結の動きが加速する。2012年に発効したFTA／EPAの半数，7件が地域横断型となった。この動きの延長上に，「メガFTA時代」が到来する。

近隣地域を超えて，多数の国・地域を包含する複数のメガFTA締結の動きが併存している。現在地域経済統合を視野に入れた，4つのメガFTAが締結・交渉・構想中である。TPP，TTIP，日EU・FTA／EPA，東アジアのRCEP（Regional Comprehensive Economic Partnership，地域包括的経済連携）がそれであり（図1-4），何より規模の巨大さが注目される。12年の名目GDPベースでは，TTIPが世界のGDPの47.5％をカバーし，TTP，RCEPはそれぞれ

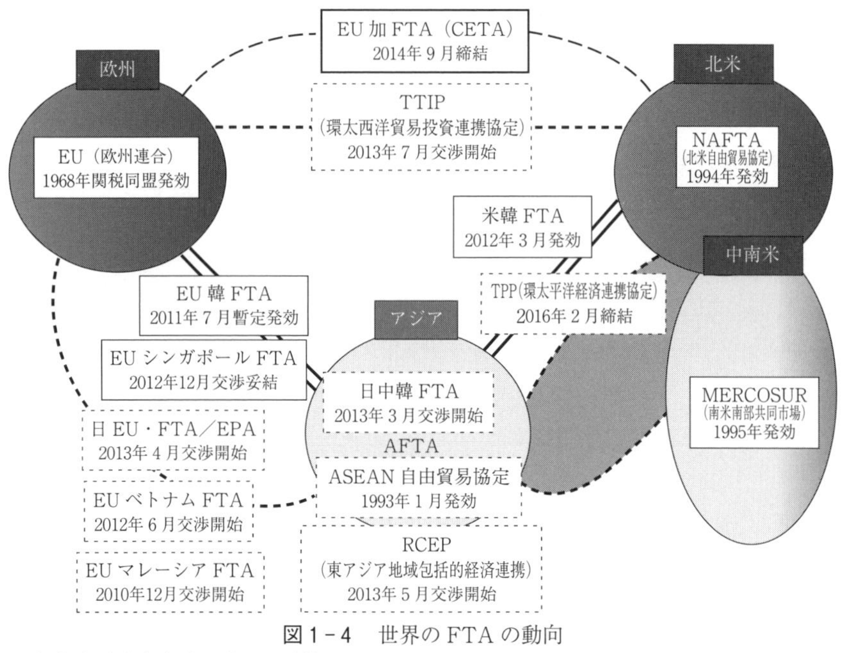

図 1－4　世界の FTA の動向

出所：経済産業省（2013）p. 58を修正

3～4割に上り，日 EU・FTA／EPA は3分の1に達する。

日本はその地政学的位置から4件のメガ FTA のうち3つに参加し，積極的プレゼンスが目立つ。しかも日 EU・FTA／EPA は TPP と TTIP との2大メガ FTA を結ぶ結節点に位置し，3つの FTA を合計すると，世界の GDP の 79.4％，人口の 63.5％までを占める。現在日本の FTA カバー率は 18.9％であり，中国の 16.6％に次ぎ極めて低く，アメリカ 39.4％，EU26.9％（域内を除く）に大きく水をあけられている。だがわが国の3メガ FTA の同時参加が実現すれば，カバー率は一挙に 73.5％にまで急騰し，米 63.8％，EU44.5％，中 36.5％を追い越してしまう（ジェトロ，2013，55頁）。4メガ FTA に加えて，13 年3月に日中韓 FTA 交渉が開始されたが，これはサプライチェーン・ネットワークの確立を制度面から後押しすることになろう。

2　EUのFTA戦略

（1）開発指向の共通通商政策

EU自身が地域貿易協定（1958年のローマ条約発効でFTAと関税同盟）から出発した経緯で，EUの通商政策には他にみられぬ2つのユニークな特性が刻印された。第1に複雑な重層性である。通商活動が域内と域外とに2分され，それを反映して通商権限も，域内国と超国家機関（一部主権をプール）たるEUとで分かち持つ。第2に，他の地域に比べてFTA（自由貿易協定）の開始がきわめて早く，活用方法も多様化した。EUは旧植民地国を多数抱えており，それらの国を準加盟で遇する手段としてFTAを活用した（後述の連合協定，Association Treaty）。またEUは地域連合を標榜しており，ヨーロッパに所在する国からの加盟申請は，人権や法の支配，経済格差などでの欠格を例外として，原則拒否できない。冷戦終焉後，多くの社会主義からの移行国がEU加盟を望んだため，EUはこれらの国々を準加盟で遇して，政治協力や地域安定化を進める必要に迫られた（欧州協定，Europe Agreementと呼ばれる）。EUのFTAでは，経済的社会的「開発支援」が重要な柱とならざるを得ない。

EUの通商権限は「共通通商政策」（Common commercial policyと見慣れぬ英語表記だが，仏語のPolitique commerciale communeの投影）で施行されるが，開発と貿易との2本立て，という特異な性格を有することになった（Pitchas, 2014, p. 212）。現行のEU基本条約は2009年発効のリスボン条約（蟹江，2009，条文の邦訳は同一ではない）だが，これにはEUの基本原則や制度的枠組みを規定したEU条約と，政策施行にあたっての具体的プロセスを定めたEU機能（運営）条約とが含まれる。

基本規定のEU条約（第21条）では，「EU対外活動」の構成要素が，①「貧困の根絶を目的とする，途上国の持続可能な経済，社会，環境の開発促進」と②「国際貿易における制限の漸次的撤廃による，すべての国の世界経済への統合促進」とが明記される。開発が貿易に先行する，というEUの価値観が示されたものといえる。

EU 機能条約が具体的政策を定めるが，ここでは「開発協力政策」の規定（第 208～211 条）に先立って，「共通通商政策」（第 206～207 条）が説かれる。すでに先条で規定された関税同盟（第 28～32 条）を通じて，通商政策は「世界貿易の調和のとれた発展と，国際貿易及び外国直接投資（FDI）における制限の漸次的撤廃，関税その他障壁の引下げに貢献する」（第 206 条）と謳われ，対象分野は，「関税率，財とサービス貿易，知的財産権の通商関連側面（commercial aspects，商業的に非ず），外国直接投資，自由化措置」（第 207 条）とされた。

GATT ウルグアイ・ラウンド（1986～93 年）で新分野への通商ルールの拡大が実現し，「知的財産権の貿易関連側面に関する協定」（Agreement on Trade Related Aspects of Intellectual Property Rights：TRIPS）が 1994 年に結ばれ，1995 年に発効した。これを受けて欧州司法裁判所は 1994 年に，共通通商政策には，①石炭，鉄鋼，農産品を含む財，②国境をまたぐサービス，③知的財産権のうち偽造関連が含まれる，と判決した。欧州裁判所は別途，航空輸送は加盟国の排他的権限（exclusive competence）であるとし，また TRIPS の対象分野は EU と加盟国との共有権限（mixed competence）事項であると判断した。その後 2003 年発効のニース条約において，TRIPS は限定的ながら「通商（commercial）関連側面」とみなされて共通政策に組み入れられ，リスボン条約がこれを踏襲した。だがギリシャで訴訟が提起され，欧州司法裁判所は 2013 年，TRIPS が EU の排他的権限事項である旨，判決して，最終決着した（*www.jetro.go.jp/world/europe/ip/pdf/20130729.pdf*）。また投資規定がリスボン条約で初めて，共通通商政策に繰り入れられた。このためそれ以前に EU が結んだ FTA／EPA には，投資規定はない。

共通通商政策の規定（第 207 条及び，国際協定を規定した第 218 条）では，その策定に当たり欧州委員会が理事会に対して勧告を行い，これを受けた理事会は，通商交渉に必要な権限，交渉指令（negotiating directive）を欧州委員会へ付与する（mandate）。同時に通商交渉に際して欧州委員会を補佐する，特別委員会（Special Committee，207 条委員会と呼ばれる）たる「通商政策委員会」（Trade

Policy Committee）を任命する。これは28域内国と欧州委員会とで構成され，毎週開催されて通商政策の幅広い調整・摺り合せに大きな影響力をもつ。

条約締結は，理事会が議会の承認ないし諮問を得て，加重多数決で議決する（第218条)。だが文化・オーディオビジュアル（映像関連），社会・教育，保険サービス関連については，全会一致が求められ，サービス貿易，知的財産権の通商関連側面，それに直接投資についても必要とあれば，全会一致を要す。これらの対象に極めて敏感な，フランスの存在を考慮した規定といえる。また条約が域内国とEUとの共有権限事項を含むばあいには，各国国民議会による批准が必要になり，「混合協定」(mixed agreemeut）と呼ばれる。EU韓国自由貿易協定（EU韓FTA）と日EU・FTA／EPAとは，このケースに当たる。2016年7月に，欧州委員会は各国からの圧力に屈してEU加FTA（CETA）の批准を各国に求めた。EUはCETAが排他的権限のみを対象とするため，本来国民議会の批准を必要としないとしていた。欧州司法裁判所の判断が確定していないのも事実である。

（2）地域統合の手段としてのFTA

EUはFTA地域協定の締結を積極的に展開してきた。それには以下のような類型がある。

①欧州統合（European integration)。1958年発効のローマ条約により，当初，原加盟6カ国間で，関税同盟，共同市場，共通政策の3機能を備える超国家機関たるEEC（European Economic Community，欧州経済共同体）を形成した。67年にEECはEC（European Community，欧州共同体）に改称し，そのもとに既存の石炭鉄鋼共同体（ECSC）と原子力共同体（Euratom）とを組み入れ，3共同体機関を統合した。さらに93年発効のマーストリヒト条約では，管轄権限を経済・通貨・社会（第1の柱）に加えて，これまで国家間協力分野であった外交・安保（第2の柱）と司法・警察（第3の柱）も包摂し，EU（European Union欧州連合）へ昇格した。この間，南，北，東方への数次の拡大により，加盟国の数は6から28にまで増え，今後も拡大は続く。

②連合協定（Association Agreement）。西欧の旧植民地（アフリカ，カリブ海，太平洋地域のACP諸国）の46カ国をEUの準加盟に遇すべく，EUは1975年に包括的なロメ協定を結んだ。貿易自由化と経済協力のみならず，政治対話を含めた3分野を包含した点に特色がある。ロメ協定は4次の改定後，2000年にコトヌ協定に発展・転化し対象国は79にまで拡大した。援助を最貧国へ集中させるため，発展可能の途上国には貿易協定による自助努力を促し，ロメ協定からの決別を明確にした（長部，2000，28～29頁）。

③欧州協定（Europe Agreement）。連合協定の範疇に入り，目的は中東欧諸国の体制移行を助け，市場経済への復帰を確かにすることである。民主主義，法の支配，人権問題での前進を促し，EU加盟を準備する。移行前から結ばれていた2カ国間通商協定を，1990～06年に順次格上げさせた。2004～13年にEUの東方への拡大が成り，加盟国は28カ国まで増えた（長部，2005）。

旧ユーゴスラビアの西バルカン諸国は，内戦激化と民族浄化とでEUへの加盟プロセスから見放されてきた。EUは2000年以降，後述の「欧州近隣政策」（ENP：European Neighborhood Policy）の一環として，安定連合協定（SAA：Stabilisation and Association Agreement）の交渉を開始し，地域の安定化に努めている。SAA加盟国は現在，クロアチア，マケドニア，アルバニア，モンテネグロ，セルビヤ，ボスニアの6カ国となり，コソボとは仮調印した（長部他 2015，389～390頁）。

④欧州経済領域（EEA：European Economic Area）。EU誕生に対抗して1959年に，イギリス主導の7カ国がEFTA（European Free Trade Association，欧州自由貿易連合）を設立し，数量制限の撤廃と工業品関税の全廃とによる緩やかな自由貿易圏の形成を目指した。だが1973～95年に英などいくつかの国がEU加盟を次々と果たし，現在はノルウェー，アイスランド，リヒテンシュタイン，そしてスイスの4カ国に縮小した。94年に国民投票をクリアできなかったスイスを除き，残り3カ国はEUとEEAを形成し（スイスも別途，同様な双務協定を120以上も結ぶ），EU共同市場を拡張させ，共通競争政策との調和をはかる。EEA発効後は，新たにEUが定める指令・規則はもちろん，欧州司法裁判所

の判例なども直ちに採択しており，世界で唯一，「ダイナミックなFTA」と呼ばれている（椎野・清水，2010，247頁）。

⑤「深く包括的なFTA」（DCFTA：Deep and Comprehensive FTA）。EUは1970年代に地中海諸国との間で多くの2国間連合協定を結んだ。さらに95年には，政治対話と包括的協力との枠組み，「欧州地中海連携」（Euro-Med iterranean Partnership，Barcelona Processとも呼ばれる）を宣言し，2010年までに自由貿易圏の創設を目指すに至った。以後EUは，地中海諸国との間でDCFTAの締結を急ぐ。これは通常のFTAを超えて，サービス，国家援助規定，競争法，マネー・ロンダリング金融規制などを包括し，EU法やアキコミュノテール（acquis communautaires，EUの政治的法的決定のすべて）との調和をはかり，EU基準の拡張を目指すものである。

EUは東方拡大後の2004年以降，近接諸国との溝を埋めるために「欧州近隣政策」（ENP）を実施し，Euro-Medもこの範疇に組み入れた。さらに旧ソ連のCIS諸国，アルメニア，アゼルバイジャン，ベラルーシ，ジョージア（旧グルジア），モルドバ，ウクライナの6カ国を対象に，2009年に「東方経済連携」（Eastern Partnership：EaP）を発足させた。DCFTAの締結を目標とするが，FTAはWTO加盟が条件のため，アゼルバイジャンとベラルーシとは対象から外れる。2013年末からウクライナ紛争が始まったが，その後，ロシアによるクルミヤ併合，米欧による対露制裁発動，ウクライナ，ジョージア，モルドバでのロシア系住民の独立運動激化，と事態は深刻化した。EUはさらなる悪化を防ぐべく，2014年6月末には，これら3国との「連合協定」締結に踏み切り，親EU国のさらなる東方拡大を実現した（長部，2016）。

⑥汎欧地中海原産地累積制度（System of Pan-Euro-Mediterranean Cumulation of Origin）。1997年，EUはEEAで「汎欧原産地累積制度」（Pan-European Cumulation System）を発足させ，1999年には工業品に限ってトルコへの加盟を認めた。域内外を関税で差別化するFTAにとって，原産性の判断基準である「原産地規則」（rule of origin）は極めて重要な意味をもつ。その適用をEEAにまで拡張した「多国間累積」（diagonal cumulation）が「汎欧原産地累積制度」

と呼ばれる。域内いずれかの国で調達した原材料，部品を使用して，それを製造・輸出するばあいには，輸出国の原産品と認めて特恵待遇（preferential status）を与えるシステムである。多数の締結国全域があたかも一つの生産地であるかのように機能し，域内の分業体制は飛躍的に高まる（EC，2014；ジェトロ，2012）。

この汎欧制度が2005年にEuro-Medへ拡張され，「汎欧地中海原産地累積制度」へと進展した。EU28カ国とEuro-Med16カ国，それにEFTA 4カ国，さらに工業品から石炭，鉄鋼，農産物へと対象が拡張された関税同盟のトルコとが一体化し，大欧州49カ国が単一の生産・特恵ネットワークで結ばれることになる（図1-5 a，b）。将来はさらに西バルカンやCISの諸国が加わり，大欧州60カ国近くが一体化し，単一の生産・特恵ネットワークで結ばれることになろう。域内いずれかの国で原産性を取得できれば，その原材料，部品が他の域内国産品に付加できる。FTAの結びつきは線から面へと飛躍的に拡大することになる（Peter, 2013）。

（3）新通商戦略とその変身

EUは貿易大国であり，世界の輸出の14.7％を占めてトップであり，輸入では15.5％で米に肉薄し2位につける（2012年WTO）。輸出総額1.7兆ユーロの仕向け先は，トップがアメリカ（17.3％），ついで中国（8.5％），ロシア（7.9％），スイス（7.3％）と続き，日本（3.0％）は第7位である。1.8兆ユーロの輸入ではアメリカ（16.2％），中国（11.9％），スイス（11.5％）の順で，日本（3.6％）は第6位となる（Eurostat）。

EUは新興国の台頭による国際競争の激化に対応すべく，2006年と2010年に2つの政策文書（communication）を発表し，さらに2015年には3度目の新通商戦略を策定した。まず2006年の「グローバル・ヨーロッパ――世界で競争する」（EC, 2006）では，新通商政策の柱が，① WTOドーハ・ラウンド交渉の加速化，②アジアを重視し，韓国，ASEAN，インドを優先国・地域に指定，③非関税障壁，サービス，投資，知的財産権，競争政策，環境など新分野に注

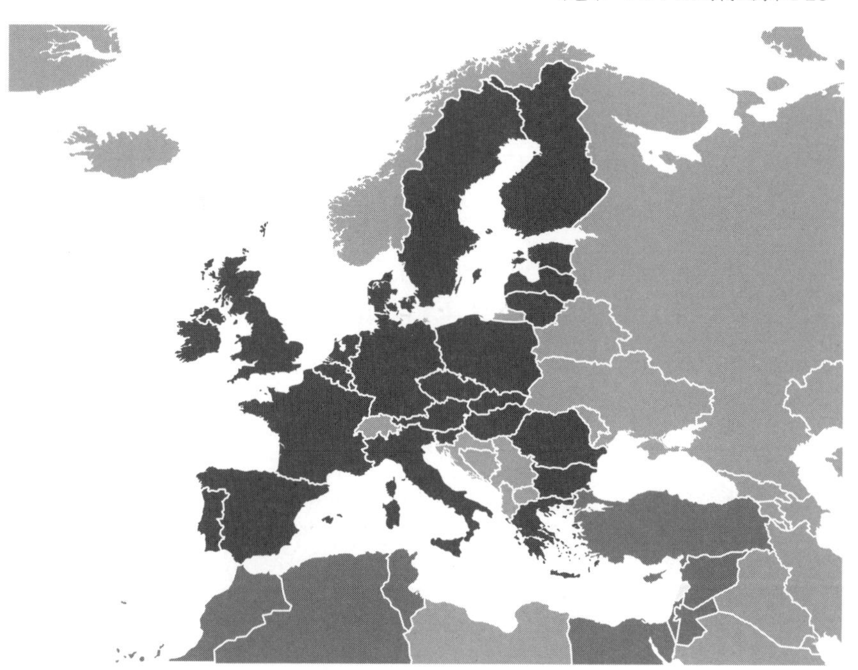

図1－5ａ　汎欧地中海原産地累積地域

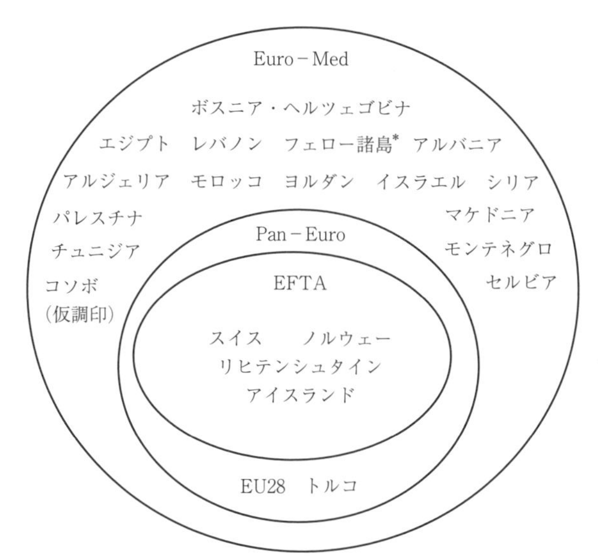

図1－5ｂ　汎欧地中海原産地累積地域（国名）
出所：Federal Customs Ad. FCA, Swiss, Sep. 2013.
＊デンマーク自治領

力，の3点にあるとされた。そして「近年，多国籍企業によるグローバル・サプライチェーンを通じた中間財貿易の急増と，とりわけ新興国など新たなプレイヤーの興隆とにより，国際貿易における急速な変貌が進んでいる」と指摘した。それへの対応として，「EU 産業の競争力強化」を政策の中心に据えると同時に，ASEAN，MERCOSUR（南米南部共同市場），湾岸諸国，さらに中，印，韓，露などの国々を最重要市場として位置付けている。さらに市場アクセスの強化を強調しつつも，農産品を除きすでに関税の比重は低下しているため，貿易への技術的障害や植物衛生検疫措置（SPA），公共調達など，「国境の裏」にある非関税障壁と各種規制との除去に努めるべきだと強調する。「成長促進にとっては，サービス，外資の直接投資，補助金を含む競争政策，知的財産権など比較的新たな貿易分野が重要であり」，「WTO の多角貿易システムと並んで2国間 FTA 交渉を，とりわけ最重要市場諸国との2国間交渉を加速させねばならない」，が結論であった。

EU は次に 2010 年 11 月に，「貿易，成長，世界問題――EU2020 年戦略の中核要素としての通商政策」（EC, 2010；欧州委員会，2011）を発表し，現代版貿易政策（modern trade policy）の開始を宣言した（Pitshas, 2014，p. 213；『通商白書2008』第4章第1節）。すでにその年の3月に採択された EU の 10 カ年経済成長戦略「ヨーロッパ 2020――賢く，持続的，包括的成長の戦略」（Europe 2020 Strategy）（EC 2010b；欧州委員会 2010）の一環でありここではブラジルと日本，アメリカが新たに「EU の戦略次元」に組み入れられた。

最後に 2015 年に発表された新通商戦略は，「万人のための貿易」（Trade for All）と題され，「より責任ある貿易・投資政策に向けて」と謳っている。この実現のためには，①効果―デジタル経済や知的財産権への国際的協力，中小企業，消費者，労働者への情報提供の強化，②透明性―すべての交渉文書の公開，③ EU の価値―持続的成長，人権，公正，汚職撲滅の3点で，通商戦略の革新が必要だと指摘する（EC2015，欧州委員会 2015）。背景には，国際的環境に近年生じている以下のような急変があり，それに早急に応える必要があるからだとする。すなわち，①欧米間の TTIP などメガ FTA 交渉が続くなかで，グリーンピースや市民団体からは「企業利益を優先させ，市民は恩恵に浴せない」との不満が強まる。市民の利益と価値とを担う，戦略展開が急務である。②グローバル・バリューチェーン（世界的価値連鎖）が進展し，貿易を完成品の輸出入に限定せず，世界連鎖の管理を含む包括的戦略展開へのシフトが迫られる。③各種通商協定（多角的，双務的，投資協定）に，再生可能エネルギーや環境技術など，高度革新的分野での市場開放を盛り込む必要がある。④2011年締結のEU韓FTAなど既存の協定において，利益の最大化をはかるべく企業への，特に中小企業への，使い勝手を高めなければならない，である。

さて2007年5月には韓国，ASEANとの，6月にはインドとのFTA交渉がそれぞれ開始され，深い包括的な合意を目指そうとした。だが交渉中のアジアFTAのうち発効に至ったものは11年7月に暫定発効の韓国のみに止まる。EU韓FTAは，07年に締結された米韓FTA（その後再交渉となり，韓国での反対闘争激化で発効は12年にずれ込んだ）によるヨーロッパの不利益解消を目的に，同年，交渉が開始された。そして09年7月に交渉終了，10月に仮調印，発効は米韓FTAより早い11年となった。

EUが新型FTA交渉に向けて舵を切った背景には，ドーハ・ラウンドの停滞に加え，以下の3点の事情が挙げられよう。①これまで成長を支えてきたEU拡大が一段落し，輸出競争力に陰りが強まった。輸出の世界シェアで1995年以降10年間で，EU15は39.3％から33.9％へ5.4％も落ち込んだ（『世界統計白書2013』125～126頁）。②新興国，とりわけ急成長のアジアの取り込みが急務となった。EUにとってアジアはFTAの空白地帯であり続け，関税水準は高く，非関税障壁も多い。市場アクセスの改善にはFTAが有効である。③アメリカと日本がFTA拡大の動きを強め，これへの対抗が不可避となった。とりわけ日本はこれまでWTO一辺倒であったが姿勢を急転換し，02年発効の日本シンガポールEPAを手始めに，その後，10数カ国との協定を実現させた。13年には，いよいよTPP交渉への参加を決断する。

これまでEUが結んできたFTAは，旧植民地の途上国や近隣諸国，移行国が交渉相手であり，財への関税削減・撤廃が中心であった。EUは韓国との

FTA交渉を，新通商戦略での初の「実験場」とすると決意した。非関税障壁の撤廃を重視して，その除去とEU基準・規格の拡大とに優先権をおいた。交渉の過程でEUは終始，米韓協定の水準での自由化・規律化を求め，分野別委員会と作業部会とを設置して遅滞なき問題改善に努めた。交渉には2年以上を要したものの，深く包括的なFTA（DCFTA）の締結に成功した。韓国もまた，EU市場への進出拡大と引き換えに，とくに自動車，電子機器，化学品などの分野でEUの要求する安全・環境基準をほぼすべて受入れた。サービス分野でも規制緩和が進み，EUが国際競争力を有する法務サービス（M&Sや買収防衛），国際宅配便，運輸，通信，金融などで韓国市場への進出が期待できる（『日本経済新聞』2011年7月25日付）。EU側にはこれが揺るぎない成功体験となり，今後，「アジア諸国と結ぶFTAのモデルにする意向」（EU交渉担当官）という（EC, 2011a)。EU韓FTA協定には投資項目は入っていないが，先にふれたリスボン条約発効以前に交渉入りしたためである。

対ASEANのFTA交渉については，2009年に中断して以来，各国別交渉に切り替えられ，10年にはシンガポールとマレーシアとの交渉が開始された。前者は交渉が終了したが，文言をめぐって詰めが難航し，仮調印にも至らない。インドとの交渉は8年に及ぶが，EUが掲げる高度な自由化率と大胆な非関税障壁撤廃とが壁として立ちはだかる。加盟国を代表する理事会からの交渉指令付与を要するEU側は，個別案件での対応で柔軟性が欠け交渉停滞を招く，との批判が上がる（ジェトロ，2013，60頁）。たとえば通商交渉の準備段階に限っても，①公開諮問（少なくとも2カ月間，関連団体が問題点を点検して意見を寄せる），②市民社会との対話（非政府機関，消費者団体，産業連盟などが参加して，定期的に対話を開催），③持続性への影響アセスメント（経済的，社会的，環境上の影響への独立調査の実施）などていねいな対応が制度化されている。

こうした従来型FTA交渉の停滞にしびれを切らしたEUは，対先進国FTA交渉へのシフトを決断した。ユーロ危機に苦しんできて財政発動の余地が乏しいため，「最も安価な経済刺激」を必要とした事情が大きい。高度な自由化水準の達成で，経済効果や雇用創出が期待できる。2012年に欧州委員会は，日米など先進主要国パートナーとの新たなFTAの締結で，GDP比2％相当の経済効果が生まれると算盤をはじいた。

3　EUの対先進国FTA交渉

（1）EU加FTAの先進性

先進国との新型FTAへのシフトで先鞭をつけたのが，EUカナダ自由貿易協定である。2014年9月に包括的経済貿易協定（CETA：EU-Canada Comprehensive Economic and Trade Agreement）の締結をみた。EUは，5年という長期間の交渉になったが，「欧州委員会，閣僚理事会，欧州議会の3者が打って一丸となった欧州チーム」が挙げた戦略的勝利と評価した（*le Monde,* 30 oct, 2013）。関税除去率は99％以上となり，貿易は往復で23％拡大する。

2011年発効のEU韓FTAでEUは農産物を中心に30％の輸出増を実現したが，今回は以下の3点でこれを上回る成果となる。①財・サービスの市場アクセスと非関税障壁，投資保護を対象とする共通規則が採用され，相互性の要求が充たされた。とくに公共調達は主要部門において，連邦のみならず州段階でも，欧米企業間の差別が解消され，ケベック州などではヨーロッパ企業がアメリカの企業より有利になった。知的財産権や基幹農産品の原産地の地理的表示保護でも成果は著しい。さらにISDS（投資家対国家の紛争処理）対応のために，仲裁裁判所（ICS）が設けられ，投資保護が進む。② G7の先進諸国間での初のFTA締結であり，歴史的快挙といえる。現在交渉中のTTIPや日EU・FTA／EPA締結に向けて追い風となり，規制の収斂と共通通商規則の現代化とに弾みがつこう。③ TTIPで環大西洋空間のさらなる提携が進めば，ヨーロッパ，北米，アフリカの一体化がはかられる（Peters, 2013）。

CETAには人の自由移動や政治協力協定は含まれず，拠出金負担もない。だが財貿易が主体でサービスの比重は低く，金融サービスは除かれる。政府公共調達には制約が残り，専門職資格の相互承認は限定的であり，残された非関税障壁は大きい。また包括的協定とはいえ複雑で濃淡が著しく，工業製品関税は全廃されるが，自動車，船舶では長期間かかる。農水産物は関税と数量割当が撤廃されるが，食肉と鶏卵は例外とされた（Pris, 2016）。

（2）欧米関係とTTIP

①欧米関係の再構築

戦後，農産物や鉄鋼，エアバスへの政府補助金などをめぐり，深刻な貿易摩擦を繰り広げてきた欧米関係だが，冷戦終結後の1990年代初頭，再構築が着手された。欧米間ビジネスの活性化を目指して，95年には「新環大西洋アジェンダ」（New Trans-Atlantic Agenda）が，98年には「環大西洋経済連携」（Trans-Atlantic Economic Partnership）が，2007年には「環大西洋経済評議会」（Trans-Atlantic Economic Council）の枠組みがそれぞれ合意されたが，成果は限定的であった。ようやく11年11月のEU米首脳会議において，「雇用・成長のための高級作業部会」が発足し，アメリカ通商代表のロン・カーク（Ron Kirk，13年にマイケル・フロマンMikael Fromanに交替）とEU通商担当委員のベルギー出身カレル・ドゥヒュフト（Karel De Gucht，14年11月の新ユンカー委員会成立で，内務担当のスウェーデン女性セシリア・マルムストレムCecilia Malmströmが横滑り）間で，包括的FTA締結に向けて準備が開始された。EUは交渉に先立ち，多国籍企業・金融機関を代表する119のロビイスト・グループおよび8つの人権・環境団体との間で激しい意見交換をおこなった。欧州委員会への交渉指令付与（mandate）をめぐっては，とくに委員会，加盟国の双方が関わる共有権限の分野で，激しい鍔迫り合いが繰り広げられた。

この動きに刺激されて，2013年4月に，日EU・FTA／EPAの交渉が開始される。翌6月には北アイルランドで開かれたG8の場で欧米首脳会談がセットされ，TTIPの交渉開始が決まり，7月には第1回会合がワシントンで開かれた。

②自由化の利益

EUとアメリカとを合わせると，人口は8億人，世界のGDP（購買力平価）の47.5％，30兆ドルに上る（IMF）。また世界の輸出・輸入の40.9％と43.7

%，対内直接投資残高の31.5%，対外直接投資残高の46.8%を占め，R&D支出は3分の2に達する（ジェトロ 2013b）。アメリカの外国直接投資（FDI）の63%がEUへ向かい，EUのそれの44%が米に向かう（OECD, 2014）。OECD推計では，TTIP実現による利益はアメリカがGDPの13%，EUは5%相当とされる（ibid）。またEUが委託したロンドンのシンクタンクの推計では，野心度の高いシナリオ（関税除去率100%，非関税障壁除去率25%）と野心度の低いそれ（それぞれ98%，10%）の2つを想定し，GDPではEUが682～1192億ユーロ増，アメリカが495～949億ユーロ増と見積もっている。EUでは，標準的な4人家族で，年平均545ユーロ（約7万円）の所得増が実現する（CEPR, 2013, EC, 2013b）。

全品目平均の実質関税は，EUが5.3%，アメリカが3.5%とすでに低水準にある。難関の農業分野を別にすれば，サービス（国境越え，金融，テレコム，eコメルス），投資（保護規制，紛争処理），公共調達（バイアメリカン問題，州調達の開放），規制・非関税障壁（水平的ルール，部門別特定契約，植物衛生検疫措置SPS，WTOの貿易の技術的障害協定TBT），知的財産権，労働環境，貿易円滑化，国有企業，さらにエネルギー・原料（安定供給の確保）などをめぐる交渉が基軸になる（表1-1）。とりわけ規制の違いがもたらすコスト増は，関税の10%，時には20%にまで達する。自動車，化学品，医療機器など，製品規格が異なる業界からのロビーイングが活発化している。自動車では双方の安全基準は同程度ゆえ，相互認証を求める声が強い。ともあれ法的拘束力のある協定を結び，問題改善の確実性を高める必要がある。欧米間交渉においてヒートアップする対立事項は，以下のようである。

③農業，安全，環境関連

遺伝子組換え生物（GMO）やホルモン投与牛肉，塩素消毒鶏肉の交渉では，健康，安全，環境に敏感なEUがその基本哲学の放棄を拒否し，規制基準の引き下げは認めない。他方アメリカは「リスク・ベースの原理」にこだわり，現行の科学的エビデンスに基づく柔軟な規制適用を主張する。通商代表（2001～05年）をつとめた後，世界銀行総裁になったゼーリックは，「農業が最

表1－1　米EU共同研究成果に基づくTTIPの協定内容の指針

分野	指針
1　市場アクセス	それぞれが過去の貿易協定で獲得したものを超える市場アクセスパッケージを目標に
関税	関税の完全撤廃が目標。最もセンシティブな品目の扱いは交渉の過程で選択肢を検討
サービス	最高水準の自由化約束を目指す。一定のセンシティブ分野を考慮
投資	最高水準の投資自由化と投資保護
政府調達	あらゆるレベルの政府での政府調達機会へのアクセスを大幅に改善する
2　規制問題・非関税障壁	協定の利益の大部分は，非関税障壁の悪影響を軽減する革新的アプローチに依拠する
全般	効率的で互換性の高い規制を策定するための分野横断的な規律を導入
衛生植物検疫措置（SPS）	双方間の問題に対処するための対話と協力の継続的メカニズムの構築
貿易の技術的障壁協定（TBT）	試験や認証要件を軽減し，適合性評価および標準化に関する協力を強化
3　その他ルール	双方間のみならず，多国間貿易システムの発展に資するルール構築を目指す
知的財産権	相手側が関心をもついくつかの重要な知的財産権上の課題に取り組む
環境・労働	EUのFTAの「持続可能な開発」，米国FTAの「環境・労働」章の規定を踏まえて取り組む
貿易円滑化	WTOで交渉中の規律内容を超える水準の効果的な措置を確保
国有企業	国有企業に与えられる補助金その他特別な権利に対処するルール作り

注：米EU「雇用と成長に関する高級作業部会最終報告書」（2013年2月11日）を基にジェトロ作成
出所：『ジェトロ』（2013年12月号）

も困難な交渉分野だ」（*Finantial Times*, 18 April 2013）と断言するが，とりわけGMOをめぐる対立が先鋭化する。EUはGMO基本法が交渉外と主張する。だが他方で，欧州食品安全庁（EFSA）の認可を条件に，食品，飼料，種子用のある種のGMOについては，EU域内販売の基本法が承認済みだ，と強調する（EC, 2013b）。アメリカ側は，1年半で済むはずの許可審査が4年もかかり，ラベル表示が強制される，と反発する。EUは「パイオニア1507」と呼ばれる

GMO種の耐虫性メイズ（コーン）の販売許可を受入れる方向だが，今後10年間の長期審議と，異なった6つの科学的研究とを条件とし，最終的に19カ国の承認が必要になる（Politi & Chaffin, 2014）。

規格をめぐっては，ブラジル，インド，中国，ロシアなど新興国をターゲットに，国際標準のベンチマーク確保が戦略的重要性をもつ。欧米間で，国内基準の調和を急がざるを得ない。非関税障壁と官僚主義（red tape）との除去を意味する貿易円滑化にも，注力すべきだ。目標は，「より統合された環大西洋マーケット・プレイスの構築を急ぐ」にある。

④文化・オーディオビジュアル

フランスは映画の発明国だが，戦前からハリウッド映画の，戦後はアメリカ人気テレビ番組の侵攻にさらされてきた。1928年にエリオ令を制定し，アメリカ映画輸入へのクオータ制（数量割り当て）導入に踏み切り，戦後それを再開した。だがGATTウルグアイ・ラウンドにおいて1993年に，アメリカが文化財の市場開放を強硬に主張し始めた。フランスは以後，「文化例外論」（exception culturelle）を声高に叫び，EUや域内諸国に対してヨーロッパ製放映番組のクオータ制の適用を要求し出した。EUは「文化多様性」を掲げてフランスを牽制し，1989年の「国境なきテレビ指令」の制定に際しては，域内各国に対しクオータ制は強制せずにその要請にとどめた（長部，2006，124～128頁）。

今回フランスは，「文化・オーディオビジュアルの擁護はわれわれのアイデンティティ，われわれの闘いだ」と宣言し，EU内13カ国の文化相の支持を取り付けた。フランスは文化の通商交渉化を断固拒否し，理事会での拒否権発動さえ辞さない構えである。1995年発効のGATS（サービス貿易の一般協定）では，対象の普遍性（第1条）と最恵国待遇（第2条）とを謳っているが，当時のバローゾ欧州委員長は「例外なき自由化交渉」を唱え，「オーディオビジュアル部門の排除は，われわれの目標達成にとって，とくに文化例外の目標達成にとって不要だ」とフランスを非難した。だが通商交渉を担当したドゥヒュフト委員は2014年初めに，文化は交渉に取り上げぬ旨，宣言し，欧州議会もこれを支持した。他方，通商総局のスポークスマンは，文化事項の交渉からの排除を否定し，交渉の進捗次第では包括取引での決着もありうる旨，示唆した。EU の混乱ぶりが大写しになるが，オンデマンドの動画配信など，娯楽関連の IT 技術が急速に進化をとげ，新たな対応が迫られるためである。

⑤金融規制

EU は金融規制の交渉入りを強く求める。アメリカは 2014 年に入り，これは貿易イシュー外だとして拒否し，G20 などグローバル・フォーラムで議論すべきだと撥ねつけた。欧米間対立が深刻化するが，発端はアメリカによるリーマンショック対策にある。2010 年に，金融活動を厳しく規制する包括改革法，「ドット・フランク・ウォール街改革消費者保護法」(Dodd-Frank Wall Street Reform and Consumer Protection Act) が制定され，これに基づき，2014 年 2 月に，外国銀行向けの新規制が最終決定された。米銀へと同様に，外銀に対しても厳しい自己資本規制とストレステストとを求めており，とりわけ英バークレイズとドイツ銀行とが 100 億ドル相当の巨額資本注入を迫られる。EU はこれを一方的規制だと非難し，「対抗措置の検討」(当時のバルニエ域内市場・サービス委員) に入った。米政府は，ウォール街が規制強化を嫌って，EU の主張に飛びつく事態を懸念する (*Financual Times*, 27 Jan. 2014)。

他に厳しい争点としては，州段階での政府調達 (連邦政府には介入権なし)，ISDS (EU は外資を標的にしたリスクフリー訴訟を懸念)，オンライン個人情報規制 (広告主の消費者履歴データー収集をめぐり，アメリカは自主規制を主張) などがある。2014 年 5 月の欧州議会選挙の結果 (長部 2015a，b)，11 月にはユンカー新委員長が誕生した (長部 2015c，d)。ISDS はドイツを中心とする域内国からの反対とメディアや社会団体による糾弾とで交渉中断に追い込まれた。マルムストレム女性通商担当委員が担当を解かれ，EU 機関・法の支配・基本憲章担当のフランス・ティーマーマンス (France Timmermans) 副委員長に委ねられた。彼はオランダ外相を務めた名うての過剰規制封じ込め論者であり，老獪な政治家でなければ対処できないと判断されたのだろう。

当初，TTIP 交渉の決着は 2014 年 11 月と予測されたが，2016 年 7 月までに15回の会合を重ねているものの，いまだ決着への道筋は見えない。「はじめに」でも指摘したように，欧米間には以下の3つの深刻な非対称が存在するからである。すなわち，①超国家機関と連邦制との政治体制の相違から，通商権限の対称性確保が困難であり，EU・域内国，連邦政府・州政府との間で交渉が複雑化，長期化する。②移民の出自国に対する移民流入国，という歴史的相違から，地理的表示をめぐり対立が激化する。③旧大陸と新大陸の間で価値観が異なり，一方は環境・衛生・安全を重視し，他方がリスク・ベース原理の市場主義・自由主義を優先させる。とくに農産物については，2015年にアメリカは世界で140億ユーロの輸出黒字となったが，対欧貿易は105億ユーロの大幅入超であった。アメリカはEUに対し，食の安全にこだわる非科学的な規制を止めよと迫り，地理的表示の厳格適用を拒否する。

オバマ大統領は2017年1月退任の花道として，欧米交渉の加速化を望むが，クリントン，トランプ両大統領候補はTTIP反対を叫び，世論の支持率も2014年の55％から16年5月の17％へと急落した。ヨーロッパでは，欧州委員会とメルケル首相とが貿易自由化の旗を振るが，とくにフランス，ドイツ市民の間では，グローバリゼーションへの脅威，というより超大国アメリカに飲み込まれることへの不安が，そして画一化への恐怖が急騰している。アメリカは自国のモデルや規制を押し付け，欧州の伝統や文化の破壊を狙っている，というのである。欧州のリーダーは世論の激高にひるんで，説明責任を放棄する（*Le Monde*, 20 oct. 2015; 1er mai 2016）。さらに6月のイギリス国民投票でのBrexit勝利の結果，イギリスのEUからの退場待ちで，TTIP交渉は宙づり状態に陥った。

（3）日EU・FTA／EPA交渉の進展

2011年5月の第20回日・EU首脳協議の場で，FTA／EPAの予備交渉が合意され，13年4月に本交渉に入った。現在，TTIP交渉と並行して進められており，2016年内の決着が期待される。交渉対象は，関税・非関税措置，サービス，投資，知的財産，競争，公共調達など，共通するすべての関心事項を包含するほか，政治協力，国際協力などにも拡げ，基本的価値や基本原則についてのコミットメント締結をも掲げている。

EUにとり日本は世界第7位の，またアジアでは中国に次ぐ2番目に大きい通商相手国である。日本市場の開放でEUはGDP0.8％の引上げ，対日輸出32.7％の拡大，40万人の雇用増などを期待する。他方日本にとってEUは，世界第3位の貿易相手国である。すでに発効したEU韓FTA（2011年7月）と米韓FTA（12年3月）とにより，欧米市場における日本の輸出競争力に陰りが出てきた。EUの輸入関税は自動車で10％，薄型テレビで14％と高率であり，日EU・FTA／EPAによって関税引き下げが実現できれば，日本は23.5％の対欧輸出の拡大が見込まれる。

経済的メリットのみならず，日欧間は民主主義や法の支配，人権，環境保護などの基本的価値を共有している。国際ルール作りで共闘できるほか，地中海，アフリカ，CIS，中南米，アジアなどで，第3国を視野に入れた地域協力も加速させうる。

日欧交渉における問題点は，以下のようである。

①市場開放をめぐる日欧間の非対称性が大きく，利害は輻輳し，解決には時間がかかる。対日輸入においてEUは自動車，薄型テレビなどへ高率の輸入関税を課しているが，日本はEUからの工業品輸入に対してはほぼゼロ関税である。EU側の関心は，酒類・農産品への関税引下げ（ワイン関税は7年間で段階的撤廃），チーズ，ハムへの市場開放のほか，非関税措置の改善と政府調達，とくに公共輸送の開放へと向かう。軽自動車の優遇策見直し，薬品・医療機器，食品添加物，新技術など各種審査の迅速化・簡素化，酒類卸売免許の緩和，鉄道・トラム（路面鉄道）の公共調達開放，独自安全規格の見直し，約200件の地理的表示の規制などに注力する。日本側は工業品への関税引下げ，とくに自動車部品関税（10％）の撤廃，焼酎への市場開放などを迫っている。

②EU共通の政策スタンス・交渉主体が必ずしも透明ではなく，交渉の遅れと複雑化とをもたらす。すでにみたように1994年と2013年との欧州司法裁判所の判断及びリスボン条約により，EUの排他的権限の領域は明確化した。だ

が多くの共有権限領域も交渉対象になり，各国と欧州委員会とのあいだで激しい綱引きが生じた。さらに大国の利害が絡むと，通商委員や通商総局の権限が制約されかねない。2013年には中国製太陽光パネルのダンピングへの相殺関税の賦課をめぐって，ドイツを中心に激しい反対が沸き起こった。TTIP交渉ではフランスが文化例外論を声高に主張し，交渉の行方に暗雲が立ち込めた。加盟国の分裂は交渉の複雑化と遅れとをもたらす。

③EU域内国間の不協和音は，苦境産業部門で強まる。乗用車の生産台数は金融危機後，大幅に落ち込み，その後徐々に持ち直しつつあるものの，なお2013年に1460万台と，07年比で300万台近く落ち込んだままであった。とりわけスペイン，イタリア，それにフランスなど，ユーロ危機に直撃された南欧諸国の足取りは重い。好調のドイツも含めて円安への警戒感が強く，自動車輸入税や部品関税の撤廃には激しい抵抗が待ち受ける。

④日欧という先進国同士のメガFTA交渉においては，国際規格作りが重要になる。EUは戦略的貿易政策のなかで，欧州規格の国際化に死活的意義を込めており，そのために消費者，中小企業，環境・社会団体との緊密な連携構築に努めている。日本が欧米先進国間の規格競争において有効に対応するためには，社会的視野を広げた抜本的な交渉体制の変革が求められる。

世界のFTA交渉は，米，欧，日の先進国トライアングルを中核に，世界各地に急速に広がりつつある。強力な自由化交渉の複数同時進行で，世界は「競争的自由化」（competitive liberalisation）あるいは「貿易自由化競争」（trade liberalisation race）の時代に入った。NAFTAやEUの誕生で深く包括的なFTA（DCFTA）への動きが加速した1990年代から，この現象はすでに注目されていた（Bergsten, 1996; Jean et Ünal, 2013）。その後，アメリカはG.W.ブッシュ政権時代（2001～09年）にロバート・ゼーリック通商代表（01～05年）の下で，「地域貿易イニシアティブ」や「競争的自由化」を展開した（山澤・馬田，2012，157頁）。貿易自由化競争はいよいよ本格化するが，とりわけ知的財産権をめぐり，厳しい競争段階を迎える。

4　知的財産権の戦略的重視

(1) 知識基盤社会の建設から EU 統一特許へ

WTO の TRIPS（知的財産権の貿易的側面）協定が 1995 年に発効して以来，知的財産権（IPR：Intellectual Property Rights，知的所有権ともいう）の全般が WTO 紛争処理手続きの対象となった。EU は知識基盤社会の建設を目指す「リスボン戦略」を 2000 年に策定し，これを受けて 2004 年には「域外での知的財産権強化戦略」（EC, 2004）を策定し，さらに 2006 年にはすでにみた「グローバル・ヨーロッパ――世界で競争する」を発表した（Drexl, 2014, p. v）。後者は新型 FTA 交渉の開始を告げるものだが，EU が「競争力ある経済の背骨」とみなす「知的財産権」に関しても，「厳しい新アプローチ」への転換を画するものとなった。EU は従来，FTA 交渉においては，相手国に対して「多国間での IPR の受諾を求める」，との緩い要求に留めていた。今後はアメリカと同様に通商協定交渉に際しては，「詳細かつ精緻な IPR 規定の文言挿入」にこだわる方針に転換した（Naddle-Phlix, 2014, p. 134）。

アメリカはすでに 1994 年発効の NAFTA に，TRIPS を拡大した「TRIPS プラス」を盛り込んでいた。EU は「FTA 交渉へのニュー・アプローチ」だとして，一方では例外と柔軟性とを受入れた（2011 年締結の対ペルー，コロンビア FTA）。だが他方でテストデータ秘匿性保持の排他期間の延長，デジタル権管理体制の脱法規制の強化，とりわけ地理的表示の厳守など強力な法的権限の繰り入れを求め始めた（Maskus, 2014, pp. 171-72）。

EU はユーロ危機のさなか，2010 年に，中長期的な潜在成長力の大幅低下を避けるべく，野心的な成長戦略，「ヨーロッパ 2020 戦略」（Europe 2020 Strategy）を策定し（EC, 2010b），同時に単一市場の強化と戦略的通商政策の展開とをすすめる決定を行った（長部，2012）。とりわけ技術革新と創造性とを刺激する IPR が重視される。ハイテク産業から製造業，スポーツ用品，ゲーム器，玩具，コンピュータソフトに至るすべての産業分野で，IPR はユビキタス（あまねく遍在）で，かつ集約的に利用されている。欧州特許協力条約（EPC：European Patent Convention）に基づきEUから独立し，35カ国が加盟する国際機関たる欧州特許庁（EPO：European Patent Office）によると，ヨーロッパにおける年間経済活動の39％，4.7兆ユーロと雇用の35％，7700万人とがIPR関連から生じている。特許，商標，意匠（デザイン），著作権，地理的表示など，IPRすべてを網羅するIPR集約産業の比重は欧州産業全体の半分に上り，EU域外貿易の90％までをこれが支える（EPO, Website）。世界で最もIPRを重視する欧米間TTIP交渉では，IPRが最重要の戦略項目になった。米通商代表マイケル・フロマンは「これを機に，標準遵守の機運が世界的に高まるよう努力したい」と語った（EurActive, 5 Nov. 2013）。

EUでの特許出願は従来2通りあり，各国ごとの「国内特許」の出願と「欧州特許」の出願とが並立していた。後者はEPOが管理するが，集中審査の実施に限定されて登録に当たっては「国内特許」への変換（validation）を要す。一部書類は登録国の言語に翻訳しなければならない。EUの現行特許登録数は，国別に重複するため中国の60倍にまで達する。この煩瑣かつコストの高い手続きを解消すべくEUは40年にわたって「欧州統一特許制度」（European Unitary Patent）の創出努力を続けてきた。ようやく努力が実り2015年以降，第3の選択肢，「統一特許」（正式にはEPUE：European patent with unitary effect）が実現した。EPOが審査のみならず，登録手続きを集中して行えるようになったが，欧州特許との2重出願は認められない。特許出願コストは7割減となり，中小企業，非営利団体，個人，外国企業などの出願が容易になり，欧州経済は活性化しよう。出願言語はEU公用語たる全加盟国の国語で可能だが，審査言語は英，仏，独語に限定される。機械翻訳技術が進展するまで，最長12年の過渡期には，英語翻訳の添付が求められる。

スペインは自国語が審査言語から外された不満から，またクロアチアは国内事情からだが，それぞれ参加を見合わせEU26カ国で出発した。EPOに加わる「EUプラス諸国」（リヒテンシュタイン，マケドニア，モナコ，ノルウェー，サンマリノ，セルビア，スイス，トルコ，ボスニア・ヘルツェゴビナ，モンテネグロ）などからも参加できるが，当面スイスとリヒテンシュタインの2カ国の参加にとどまる。EPOは今後，世界市場をターゲットに特許競争力をモニターする機関への昇格を狙う。現在EU特許登録件数に占める日本の割合は20％に過ぎないが，10年間には倍増することになろう。

専門機関として統一特許裁判所（Unified Patent Court）が設置されるが，中央部はパリ（本部），ミュンヘン，ロンドンに置かれ，ほかに参加国ごとの地方部と参加国共同の地域部とが設けられる。欧州司法裁判所への上告を避けるために，ルクセンブルクには控訴裁判所が開かれる。Brexitで，状況の激変は避けられまい。

商標，意匠（デザイン）については，1988年の理事会指令により域内国の商標法が守るべきミニマムスタンダードが定められ，これに従って各国商標法が改正された。また93年の理事会規則により，「域内市場調和庁」（OHIM：Office for Harmonisaton in the Internal Market）が設けられ，96年以降，EU全体に有効な「共同体商標」（Community Trade Mark）と「共同体意匠」（Community Design）とのOHIMへの登録受付が開始された。2016年3月には商標法の改革パッケージが実現し，手続きの合理化と簡素化，調和，また商標権の範囲・制限の明確化，法的安定性の強化などが実現した。同時にOHIMは「EU知的財産庁」（EUIPO：European Union Intellectual Property Office）と改称され，「共同体商標・意匠」もリスボン条約の規定に従って，「EU商標・意匠」に変更された。毎年10万件以上の登録が行われている（EUIPO homepage）。

技術の標準規格に必要な，特許の一括許諾を意味する「パテント・プール」については，欧州委員会は2014年，それが競争法に抵触するか否かのルールを明確にした。すなわち，①価格は，技術の普及を目的にした非差別的かつ合理的であること，②必須特許の選定プロセスへは，第3者を介在させること，③参加者を特定のプールにしばらぬこと，などの条件を満たせば競争法に触れないとした。企業は競争法をそこなうことなく，技術特許の一括利用許諾が容易になる。

（2）国際標準化戦略

1973年開始のGATT東京ラウンド以降，各国別の規格認証制度など「非関税障壁」への関心が急激に高まった。とくに1994年に改定合意されたWTO／TBT協定（Agreement on Technical Barriers to Trade，貿易の技術的障害に関する協定）以降，国際標準の獲得が戦略的意義をもつに至った（Harhoff, 2006）。経済のグローバリゼーションとボーダレス化とが進展する今日，「標準（Standard）を制するものが市場を制する」時代を迎えた。とりわけオーディオビジュアル（音響映像），娯楽産業，情報通信，デジタル分野では他製品との両立性（ネットワークの外部性）を確保して規模の経済を実現し，市場の相乗効果を高めねばならない。EUは標準化によるGDP押し上げ効果を年間0.3〜1％とみており，2020年までに総計20％に達するとする（EC, 2013a）。規格制覇は死活的意義をもつに至ったが，企業はこれまでデファクト（事実上の）標準を主導して市場シェア拡大をはかってきた。だがTBT協定などを背景に，デジュール（正式の）標準の重要性が急騰している（藤末，1999）。

単一市場の創出のために，困難な標準化に早くから取り組んできたEUは，今や世界で先進的地位を誇るに至った（『通商白書2008』第4章，第1節2項）。1985年には「技術整合化及び規格に関するニュー・アプローチ指令」（New Approach to Technical Harmonisation）を採択した。各製品分野をカバーする共通安全基準はEU自らが定めるが，貿易円滑化と産業水準の統一とに必要な各技術仕様は，欧州標準化諸機関（欧州標準化委員会CEN，欧州電気標準化委員会CENELEC，欧州電気通信規格機構ETS）に委嘱し，多数の民間企業の参加を仰ぐ。「欧州規格」（EN：European Norm）のうち，「ニュー・アプローチ指令」に採用されるものには，とくに「欧州整合規格」（EHS：European Harmonised Standard）の地位が与えられる。この柔軟な仕組みによって，単一市場の創設，標準化プロセスへの民間活力の活用，多様な製品流通の確保などが可能になり，困難な政策課題の同時実現が成った。欧州の標準化機関は加重多数決制をとり，域内国は欧州規格の採用を義務付けられたために，ヨーロッパの大国が圧倒的な影響力を発揮できる。

EU は同時に，域内標準を国際標準化する重要性を早くから認識しており，1990 年代にはいくつか理事会決議を採択した。2004 年には，欧州標準のグローバル市場への展開と，国際標準化機関（国際標準化機構 ISO，国際電気標準会議 IEC）での欧州標準の採択とに努める旨，理事会合意が成った。

規格の国際標準化における EU の圧倒的優位は，以下の 4 点で説明される（藤末，1999）。①国際機関で投票権は一国一票であり，EU は 28 票をかき集められる。② EU は ISO，IEC との間で，それぞれウィーン条約（1991 年）とドレスデン条約（96 年）とを結び，欧州規格と国際規格との策定プロセスで相互乗り入れを実現した。③幹事国業務を積極的に受け入れ，EU が果たす比率は ISO では現行 66％，IEC では 64％に達する。④ EU はすでに研究開発段階から国際標準化を狙っており，EU 研究枠組み計画やユーレカ計画等を通じて，国際的な共同科学研究の活性化を主導してきた（長部 1998）。

化学分野では 2007 年に施行された REACH 法が有名である（EC, 2013a）。膨大な EU の関連法規をこれに置き換えるとともに，他の環境・安全基準で補完し，整合性をはかった。登録（Registration），評価（Evaluation），認可（Authorisation），および，規制（Restriction）の諸制度を，化学物質（Chemicals）に適用するための法律であり，目的は化学物質のもたらすリスクから健康，安全，環境を保護し，同時に欧州化学産業の競争力を強化することにある。日本の輸出メーカーも，厳しい対応を迫られる。

新型 FTA 交渉の際にも，EU は欧州標準の国際標準化を重視し，適切な条文の挿入を求めている。現在 EU の関心は，アメリカ（欧米標準システム間での「架橋」と TTIP），中国（規制・産業政策での対話と戦略的経済連携），日本（日 EU・FTA／EPA），インド，ASEAN，ラテンアメリカに向かっており，以下の 3 つの戦略的優先行動が採用された。①標準化の専門家を，途上国へ派遣。欧州のプレゼンスを高め，同時に市場アクセス情報を把握する。②ウェブによる標準化情報サイトの構築。中国が対象だが，将来はアメリカも加え，標準化に直接関係する市場アクセスなど，状況解析を可能にする。③ EU アフリカ行動計画。アフリカの能力アップに努め，将来の拡大環大西洋マーケット・プレイスに備える（EC, 2013a）。

（3）地理的表示

EUでは1992年から「地理的表示」（GI：Geographical Indications）の保護制度が始まったが，日本でも日EU・FTA／EPA交渉が進展する中で2015年6月から，EUをお手本に地域ブランドの保護を目指す「地理的表示」の施行が開始された。特定産地の農水産品を「地理的表示」に認定し，その不正使用は政府が直接取り締まる。既成の認定諸制度とは異なり，国が前面に立って違反には懲役刑（5年以下）や罰金（3億円以下）を課す，との厳しい制度である。商標登録のばあいは期限10年で更新が必要だが，GIは一度登録されると更新料は不要で無期限に保護される。地域ブランド振興の切り札として期待される。

世界で保護されたGIは1万件以上あり，貿易額（2008年）は総計5000億ドルを超える。その9割がOECD諸国の所有であり，中心は欧米のワイン・スピリッツ（蒸留酒）と農産品とである（ITC, 2009）。原産地の地理的表示という概念は，貿易が拡大した19世紀末以降に明確化した。1891年には「虚偽または誤認表示の原産地表示防止」に関するマドリッド条約が結ばれ，対象は長期保存と長距離輸送・取引が可能なワイン・スピリッツ，ハム，チーズに限られ，現在35カ国が加盟している。地理的表示で定義する原産地と品質とを有する農産物について，EUは域内国間で長期にわたる厳しい交渉を重ねてきた。登録基準の合意が成ったのは，EU市場統合が実現した1992年である。GIの数は2000年に525件，05年676件，10年876件と年々拡大を続け，13年には食品1160件，ワイン1577件，スピリッツ350件に達し，合計3000件を超えた。その後も，毎年60〜80件ずつ増え続けている。09年の国別件数では，イタリア（192），フランス（167），スペイン（126），ポルトガル（116），ドイツ（65），イギリス（32）の順になる（Sorgho & Larue, 2013）。

GIには2つのカテゴリーがある。①厳格に定められた製法により，原産地で製造，加工，調整された製品への「原産地名称保護」（PDO：Protected Designation of Origin）と，②これよりずっと緩やかな製造条件に基づき，原産地で製造ないし加工，調整された製品への「地理的表示保護」（PGI： Protected Geographical Indication）とである。EU は GI を消費者への情報提供，農村開発，文化的生物学的な多様性保持などを進める戦略的武器に位置づける。域内国間の考え方の相違を調整し，域内対立を防ぐ規制システムの構築が迫られる。

WTO も 1995 年発効の TRIPS 協定で，ほぼ EU 並みの GI を規定した。このため EU は多国間交渉を通じて GI への積極的主張を強め，2001 年のドーハ閣僚宣言で TRIPS の GI 適用範囲の拡大に成功した。すなわち，①ワイン・スピリッツに対する多国間通報登録制度の創設と，②ワイン・スピリッツ以外へも高度な保護を拡張（GI 拡張），とである。

とはいえこの TRIPS 協定の文言の解釈をめぐって EU と，とくにアメリカ，カナダ，オーストラリア，南アフリカなど「新世界」の国々との間で，激しい対立がある。フランスでは，そしてその拡張としての EU では，GI の所有権は国家に帰属する（法的には虚有権所有者 nu-propriétaire，あるいは空所有権者 bare owner，用益権なしの所有権者 owner without usufrucht）とし，耕作者や生産者は用益権者に過ぎぬ，との位置付けである（Hiault, 2014）。だが市場主義の北米やアングロサクソン国家はこれと概念を全く異にし，私的マークの所有者たる企業が登録・保護される。すなわち原産地の品質，技術革新，企業家の柔軟性などは，民間の認証マーク（たとえばナパ渓谷ワイン）や団体マーク（カルフォルニア・ブルーアーモンド）により保護される（ITC, 2009）。EU の国家規制による直接管理方式の方が，アングロサクソンの民間による間接管理方式よりずっと厳しい。

さらに GI をめぐる価値観の相違も大きい。アメリカでは GI がもっぱらブランド開発とマーケティングとの手段とみなされるのに対して，ヨーロッパではそれ以上に，コミュニティー（共同体）の発展と農民への所得補償とを進める，社会的武器と位置づけられるからである（ITC, 2009）。

また歴史的背景も異なり，新大陸は移民によって発展した。文化と伝統や好みを守る移民たちは，祖国の特産品を伝え，アメリカ，カナダではイタリア原産のパルメザンチーズやドイツ・シュバルツワルトの燻製ハム（Schwarzwälder Schinken），ギリシャのフェタ（féta）チーズなど，ヨーロッパの特産品が数多く作られている。さらにアングロサクソンは，チェダーチーズ（イギリス）やパルメザンチーズ，フェタチーズなどの名は，長い間使われてきた総称ゆえに地域独占は不当だと主張する。だが今や，ポートワインが保護の対象になり，域外では「トーニー（黄褐色）ワイン，ないしルビーワイン」（Tawny or ruby wine）と呼ばなければならなくなった。

EU韓FTAでは160件のGIが，EU加FTAでは150件のGIがそれぞれ受容された（Hiault, 2014）。EUはアメリカと日本とに対して約200件のGIを求めているが，とくにアメリカとのTTIP交渉は難航している。アメリカがGI強化を保護主義だと非難する理由は2つある。第1に，欧州輸出市場の制約への懸念である。さしあたり大手農産物輸出業者が当事者だが，ケアンズ・グループ（Cairns Group カナダ，オーストラリア，ブラジル，ニュージーランド，アルゼンチン，南アフリカなど15の新大陸農産物輸出国）へも不満は広がる。第2に，EUとの紛争激化への不安である。米国内の小売りチェーン，レストラン，食品サービス産業が異議を申し立てる。

GIのもたらす利益は，生産者への高価格実現，消費者の保護，低品質模造品の排除などが挙げられるが，マイナス面としては，外国産呼称を使えなくなった生産者の淘汰が進み，外国市場での保護・係争の費用負担が急騰して価格やコストが上昇する。また消費者が原産地に通じて価格に敏感になる，などが挙げられる。文化と歴史をめぐる対立は，深刻化せざるを得ない。

参考文献

石川幸一・馬田啓一・国際貿易投資研究会編著（2015）『FTA戦略の潮流』文真堂。
伊藤　白（2013）「EUのFTA政策」『調査と情報』793号，国立国会図書館。
欧州委員会（2010）「欧州2020」『Europe』summer。
欧州委員会（2011）「EUの新通商戦略」『Europe』spring。
欧州委員会（2015）「EUの新戦略――Trade for All」『EU MAG』2016年2月19日付。
奥脇直也・岩沢雄司編（2015）『国際条約集』有斐閣。
長部重康（1998）「EU産業政策の新展開と情報化社会」長部重康・田中友義編著（1998）『統合ヨーロッパの焦点――ユーロ誕生をにらむ産業再編』ジェトロ。

長部重康（2000）「EU 対外政策の基本的性格」長部重康，田中友義編著（2000）『ヨーロッパ対外政策の焦点――EU 通商戦略の新展開』ジェトロ。
長部重康（2005）「EU の『オスト・ポリティーク』」『東北大学研究年報――経済学』第 66 巻第 3 号。
長部重康（2006）『現代フランスの病理解剖』山川出版社。
長部重康（2012）「金融危機後の欧州経済――Europe 2020 の課題を睨んで」国際貿易投資研究所（ITI）（2012）『金融危機後の欧州経済――Europe 2020 の課題を睨んで』。
長部重康（2014）「ユーロ危機と EU の将来――発生，深化・拡大，救出」『日本 EU 学会年報』第 34 号。
長部重康（2015a）「欧州議会選挙と欧州ナショナル・ポピュリズムの躍進」『経済論纂』（中央大学）55 巻 5 ・ 6 合併号。
長部重康（2015b）「マリーヌ・ブルーの勝利」『日仏政治研究』第 9 号。
長部重康（2015c）「最大のリスクは欧州政治――地政学回帰の年，2015 年」『公明』 4 月号。
長部重康（2015d）「ユンカー欧州委員長の下，成長を目指す EU」『ITI 欧州経済研究会 2014 年度報告書』（同名タイトル）（http://www.iti.or.jp/report_05.pdf）。
長部重康（2016a）「ヨーロッパの政治・経済リスクと EU の課題」『ITI 欧州経済研究会 2015 年度報告書』（欧州の政治・経済リスクとその課題）（http://www.iti.or.jp/report_27.pdf）。
長部重康（2016b）「EU は長期低落をふせげるか――イギリス離脱の行方」『ITI 研究調査シリーズ』（http://www.iti.or.jp）。
長部重康・田中素香・久保広正・岩田健治（2014）『現代ヨーロッパ経済　第 4 版』有斐閣アルマ。
鷲江勝義編著（2009）『リスボン条約による欧州統合の新展開』ミネルヴァ書房。
経済産業省（2012,2013,2014）『通商白書 2012，2013，2014』。
経済産業省通商政策局（2006）『不公正貿易報告書』経済産業調査会。
椎野幸平・水野亮著（2010）『FTA 新時代』ジェトロ。
ジェトロ（2012）「EU の GSP 原産地規則ガイド（仮訳）」『ユーロトレンド』 5 月号。
ジェトロ（2013a）『世界貿易投資報告書』ジェトロ。
ジェトロ（2013b）「到来！　メガ FTA 時代」『ジェトロセンサー』12 月号。
田中友義（2015）「TTIP 交渉協議の経緯と主要な関心分野・争点」『ITI 欧州経済研究会 2014 年度報告書』（http://www.iti.or.jp/report_05.pdf）。
東レ研究所（2013）『欧州連合との経済連携促進のための制度分析調査』（経済産業省委託研究）。
内閣府（2012）『世界経済の潮流』。
藤末健三（1999）「国際標準化の動き」（http://hdl.handle.net/10119/5769）。
山澤逸平・馬田啓一・国際貿易投資研究会編著（2012）『通商政策の潮流と日本』勁草

書房。

Bergsten, Fed (1996), "Competitive liberalisation and grobaltrade, in *Peterson Institute for International Ecnonomics Working Paper*, vol. 96, no. 15.

CEPII-Centre d'Etudes Prospectives et d'Information (2013), *L'Economie mondiale 2014*, La Découverte.

CEPR : Centre for Economic Policy Research (2013), *Reducing Transatlantic Barriers to Trade and Investment, An Economic Assessment.*

Drexl, Josef *et al.* ed., (2014) *EU Bilateral Trade Agreements and Intellectual Property : For better or Worse ?, Springer*

European Commission (2004), *Strategy for the Enforcement of Property Rights in Third Countries*, JO, 26 May 2005.

European Commission (2006), *Global Europe : Competing in the world*, COM (2006) 567 final.

European Commission (2010a), *Trade, Growth and World Affairs : Trade Policy as a Core Component of the EU's 2020 Strategy*, COM (2010) 612 final.

European Commission (2010b), *Europe 2020 : A Strategy for Smart, Sustainable and Inclusive Growth*, COM (2010) 2020.

European Commission (2011a), *The EU-Korea Free Trade Agreement in Practice.*

European Commission (2011b), *A Single Market for Intellectual Property Rights*, COM (2011) 287 final.

European Commission (2013a), *The Annual Union Work Programme for European Standardisation*, COM (2013) 561 final.

European Commission (2013b), *Tran-Atlantic Trade and Investment , Partnership, The Regulatory Report*, Sept.

European Commission (2013c), *EU and Canada conclude negotiations on trade deal*, in *Press release database*, 18 Oct.

European Commission (2013d), *Transatlantic Trade and Investment Partnership, the Economic analysis explained.*

European Commission (2014), *System of Pan-Euro-Mediterranean Cumulation.*

European Commission (2015), *Trade for All, Towards A More Responsible Trade and Investment Policy.*

European Commission (2016), *Trade for All : European Commission presents new trade and investment strategy.*

European Patent Office and Office for the Harmonization of Internal Market (2013), *Intellectual Property Right Intensive Industries : Contribution to economic performance and employment in Europe.*

Harhoff, Dietmar (2006), *Intellectual Property Rights in Europe- Where do we send and*

where should we go ?, Prime Minister's Office, Economic Council of Finland.
Hiault, Richard (2014), «Europe-États-Unis : les batailles des AOC» in *Les Echos*, 17 fév.
International Trade Centre : ITC (2009), *Guide for Geographical Indications.*
Jean, Sébastien et Ünal, Deniz (2013), Les échanges transatlantiques dans la concurrence mondiale, in CEPII (2013).
Maskus, Keith E. (2014),"Assessing the Development Promise of IP Provisions in EU Economic Partnership Agreements" in Drexl *et al.* ed. (2014).
Naddle-Phlix, Souheir (2014), "IP Protection in EU Free Trade Agreements vis-à-vis IP Negotiations in the WTO" in Drexl *et al.* ed. (2014).
OECD (2014), *L'Observateur*, no.297, http://observateurocde.org/news.
Peters, Eric (2013),"L'Accord de libre-échange Canada-Union Européenne montre la voie", in *Le Monde*, 30 oct.
Pitchas, Christian (2014)," Economic Partnership Agreements and EU Trade policy : Objectives, Competences, and Implementation", in Drexl *et al.* ed. (2014).
Politi, James and Chaffin, Joshua (2013)," Cuts both ways, US-EU talks", in *Financial Times*, 18 April.
Politi, James and Chaffin, Joshua (2014), "US farmers attack Europe over trade talks impasse", in *Financial Times*, 25 Feb.
Pris, Jean-Claude (2016), If the UK votes to leave : the seven alternatives to EU membership, Centre for Europeans Reform, in *INFO@CER ORG UK.*
Sorgho, Zakaria & Larue, Bruno (2013), *Geographical Indication Regulation and Intra-Trade in the European Union*, CREATE Working Paper, December.
Wolf, Martin (2013), "Globalisation in a time of transition", in *Financial Times*, 17 July.

（長部重康）

第2章
WTOと日・EU経済連携協定

本章は，現在交渉中の「日・EU 経済連携協定（以下，日 EU・FAT／EPA と言う）」が WTO 体制において占める位置を明らかにした上で，日 EU・FAT／EPA を含む大市場国間の自由貿易協定（FTA）が，WTO 体制にもたらす影響を検討し，現在交渉中の日 EU・FTA のあるべき内容に対する示唆を得ようとするものである。

WTO 加盟国の増加[1]と先進国・途上国間の対立激化により，先進国間における合意形成が WTO 全体の合意に繋がると言う，従来のラウンド交渉の在り方が困難になったことから，2001 年に開始された，「ドーハ開発ラウンド交渉」は事実上頓挫し，最終的な妥結の展望も見えていない（経済産業省，2014，829～841 頁）。そのため，アメリカ・EU・日本という大市場国・地域はいずれも，相互の自由貿易協定（FTA）締結に積極的となり，それが「環太平洋戦略的経済連携協定（TPP，Trans-Pacific Partnership Agreement)」，「環大西洋貿易投資連携協定」（TTIP，Transatlantic Trade and Investment Partnership)，日 EU・FTA／EPA の各交渉が並行して進行するという現状の一因となっており，WTO 協定を大枠としながらも，世界貿易の大きな部分が，直接には FTA によって規律されるように世界貿易の法的枠組みは変化しつつある。

そのような状況を背景にして，日 EU・FAT／EPA を含む大市場国・地域間の FTA の成立は，WTO 体制自体にとって，法的にはどのような問題を提起するのか，またそれらの問題を解決しようとすれば，日 EU・FTA／EPA は，どのような内容を規定すべきであるのかが，本章の課題である。なお，日 EU・FTA／EPA の内容は交渉中であり，未だ確定しているわけではないので，日 EU・FTA／EPA 交渉開始の誘因であり，内容が比較的近いと思われる，EU 韓 FTA を素材にして検討する場面が少なくない。

---

(1) WTO の原加盟国数は 128 であったが，その後増加し，2014 年 6 月現在，160 か国が加盟している。

1　WTOとFTA

（1）WTOの基本原則

1995年に発効したWTO協定によって成立したWTO体制は，無差別原則を根本原則とする国際法制度である。無差別原則は，WTOの前身である「GATT（関税及び貿易に関する一般協定）」が採用した原則であり，GATTを包摂して発展したWTOにそのまま継承されている。現在のGATT（1994年のGATT）における無差別原則の適用場面は2種類に区分される。すなわち，第1が，輸出国間における差別禁止であり，第2が，輸出国と輸入国間における差別禁止である。前者の場面での無差別原則を「最恵国待遇（Most-Favoured-Nation Treatment）」と言い，WTO加盟国である輸入国は，他のWTO加盟国（輸出国）からの輸入品を関税・輸入手続等の面において，同等に取り扱うべきことを意味し，一国を有利に取り扱った場合には，それ以外の国に対しても，その有利な取り扱いを適用しなければならない（小室，2007，61～67頁，経済産業省，2013，221～222頁）（GATT 1条1項）。後者における無差別原則は「内国民待遇（National Treatment）」と言い，内国税・国内規制の点で，WTO加盟国からの輸入品を国産品と同等に扱わなければならず，国産品より不利に扱ってはならないことを意味する（小室，2007，87～88頁，経済産業省，2013，229頁）（GATT 3条）。

（2）WTOと地域貿易協定

①最恵国待遇原則の例外としての地域経済統合

さて，最恵国待遇原則は，商品の貿易だけでなく，サービス貿易を規律する原則でもあり（サービスの貿易に関する一般協定（GATS）2条），「知的財産権の貿易関連側面に関する協定」でも規定されるなど（TRIPS 4条），WTO全体の基本原則となっている。しかし最恵国待遇原則には，各種の例外が認められているところ，「関税同盟・自由貿易地域」といった地域経済統合は，それらの例外の一つを構成する。関税同盟の場合，参加国間において，参加国の原産品に限らず，あらゆる製品の貿易を自由化し，域外の第三国からの輸入に対しては共通関税を導入して対応する。これに対して，自由貿易協定（FTA）によって構築される自由貿易地域は，協定当事国の原産品に限って，関税障壁を廃止するものである（小室，2007，70〜71頁）。いずれにせよ，これらの地域経済統合は，地域経済統合に参加した国とそれ以外の国との扱いを異ならせるために，本質的に差別的であり，当然に，最恵国待遇原則とは相容れない。しかし，地域経済統合には，貿易自由化を進める点で有益な部分もある。そのため，GATT及びGATSは，それぞれFTAが満たすべき条件を規定し，それらの条件を満たす限りにおいて，最恵国待遇原則の例外として許容されるという枠組みを採用している（GATT24条，GATS 5条）。

②商品貿易の場合

すなわち，商品貿易に関する自由貿易地域の場合は，手続的条件は別としても，第1に，自由貿易地域は，地域外の第3国との関係において，それまで存在していた通商障壁の水準を引き上げるものであってはならない（GATT24条5項(b)）。FTAの目的は，その内部における貿易の自由化であり，第3国との関係で地域内部を保護することではないからである（Matushita *et al*, 2003, p. 351）。第2に，自由貿易地域は，その地域内の原産品について，締約国間の「実質上すべての貿易（substantially all the trade)」を自由化するものでなければならない（GATT24条8項b）。WTO全体の自由化を進めるために，高度の自由化のみを例外として許容する趣旨であり，「実質上すべての」という要件は，一方では，全ての貿易が自由化されることまでは要求しないが，他方，本要件の充足は，質的・量的両側面から判断されねばならず，貿易量とともに，貿易自由化の対象部門の範囲を考慮しなければならないと解釈されている（Matsushita. *et al*, 2003, pp. 356-357）。もっとも，これらの条件の解釈には不明確な部分も多い。WTOの紛争解決手続にFTAが持ち込まれた案件自体少なく（Matsushita. *et al*, 2003, pp. 365-369），判断された事例によっても，なお解釈上明確でない部分が少なくない。しかも，FTAなどの地域貿易協定の内容を審査するために設けられた地域貿易委員会も，厳格なチェック機能は果たしていない（間宮，2012，220～221頁）。このようなWTOによる法的規律の弱さが，各国が，FTAを積極的に推進できる一つの要因となっている。

③サービス貿易の場合

商品の貿易とともに，サービス貿易に対しても，地域経済統合を例外として許容する規定がGATSに置かれている。サービス貿易に関する地域経済統合が満たすべき要件は，第1に，「相当な範囲の分野を対象とする（substantial sectoral coverage)」ことである。「相当な範囲」は，分野の数と影響を受ける貿易量・サービス供給の態様の点から判断され，特定のサービス貿易の態様を排除するものであってはならない（GATS 5条a）。そして第2に，その分野について，全ての差別が実質的に廃止されることである（GATS 5条b）。これらの条件は，商品貿易の場合よりも，範囲と程度の両面で緩和されている。サービス貿易の自由化は，商品貿易の場合よりも困難を伴うことを考慮して，加盟国が約束表で合意した内容にしたがって進められることが予定されている（GATS16条）。要件の緩和は，そのような事情を反映した結果である（Matsushita. *et al*, p. 364）。

④商品貿易・サービス貿易以外の分野

自由貿易協定には，商品貿易とサービス貿易の自由化以外の内容が規定されることが少なくない。日本が締結しているEPAもその例であり，その内容には，知的財産権・政府調達など，WTO協定と重複する部分がある。しかし，商品貿易とサービス貿易以外の分野では，WTO協定に地域貿易協定に対する例外規定は存在しない。そのことは，ある特定のFTAで，上記の2分野以外の分野（例えば，政府調達）について，これまでより高度の自由化が約束された場合には，最恵国待遇原則によって，その内容は，他のWTO締約国に均霑することにならざるを得ないことを意味する。

2　メガFTAとWTO体制

（1）メガFTAの世界的連携の意味

それでは，前述のような大市場国・地域間のFTA（以下，「メガFTA」と呼ぶ）が並行して締結され，大市場が世界規模で連結する状況は，WTOに基づく国際通商秩序にどのような変化を惹起するであろうか。前述の3つのメガFTAが全て締結・発効に成功すると仮定すると，日EU・FAT／EPAは，日・EUという世界の主要貿易国・地域間のメガFTAであるだけでなく，TPPとTTIPと言うアメリカを核とした2つのメガFTAと連携し，メガFTAの世界的連結を実現する意義をも有する。もちろん，他のメガFTAについても同じ意義を指摘できる。要するに，日EU・FTA／EPAとTTP・TTIPが相互に関連付けられる結果，それぞれの進展が，他の発展を促進するという関係が生じる。FTAが，2当事者間の協定である以上，法的には，個々のFTAの内容が同一であることは要求されない。個々のFTAは，当事者の利害に合わせて，それぞれ独自の内容を持って構成されるはずである。しかし，メガFTAが事実上連結するという事態を想定した場合には，個々のメガFTAの締結は，他のメガFTAの締結を促進するとともに，それらの内容を調和させる圧力を生じさせることを認識せざるを得ない。それでは，なぜそのような自由化水準の収斂に向けた圧力が作用するのであろうか。以下に検討する。

（2）メガFTAの連結によって生じる自由化水準の収斂

①関税障壁の場合

まず関税障壁の場合から，そのような収斂へ向かうメカニズムを指摘する。例えば，WTO協定による関税譲許の範囲内で，ある工業製品について，日EU・EPAでは関税撤廃の例外品目として関税率が10％に設定され，他方，TPPでは関税が即時撤廃されることは，法的には当然あり得る。しかし，日本に輸出される，EU 製品とアメリカ製品の品質・価格面における国際競争力に大差がないと仮定すると，上記のように２つのFTA 間で関税率に相違があると，日本市場における競争において，EU 製品はアメリカ製品より価格競争上著しく不利となる。その結果，両 FTA が並行して交渉され，先に調印されたTPP で関税が撤廃されていれば，EU 製品がアメリカ製品より日本市場において不利にならないために，EU は，日 EU・FTA／EPA 交渉において，関税撤廃を獲得しようとすることになり，0％の水準がベンチマークとして事実上機能するはずである。このように，ある国が，複数の FTA を締結する場合には，当該国が大市場国であり，FTA の相手国が当該国市場を重要な輸出市場と認識する限り，当該国が締結する複数の FTA の内容には相互に影響し合い，収斂せざるを得ない側面がある。EU 韓 FTA の内容は，おおむね米韓 FTA に準じるものとなっていると指摘されることは（第３章参照），このことを証明している。但し，農産品の場合には，地域・国ごとに産出される産品の相違が顕著であるので，工業製品と異なり，関税率が収斂する必要性は現実には少ない。米韓 FTA と EU 韓 FTA では，農産品の自由化水準が異なることも，それを示唆している（第３章参照）。

②非関税障壁の場合

このような標準化メカニズムは，関税障壁だけでなく，非関税障壁の場合にも作用する。メガ FTA に参加する大市場間では，国内規制の調和への圧力が働くのである。例えば，工業製品については，各国間の製品基準の相違は，非関税障壁として機能する。ある工業製品につき，輸出国と輸入国で満たすべき基準が異なる場合，輸出国で輸出国の国内基準を遵守して生産された製品を，そのまま輸入国に輸出して販売できるとは限らない。輸入国基準を満たさないからである。そして，日 EU・FTA／EPA では，EU 基準に合致した製品を日本基準に合致したと認めると合意され，他方 TPP には，そのような合意が含まれていなかったと仮定する。この場合，アメリカ基準よりも日本基準の方が，安全・環境等の面でより厳格な基準を定めていたと仮定すると，日本市場において，アメリカ製品は，EU 製品より競争上不利とならざるを得ない。

EU韓FTAでは，自動車について，先行する米韓FTAを考慮して，安全基準の相当部分について，EU基準に適合した自動車の韓国への輸入を当然に認める相互承認方式が採用されているが（後述），それはこのようなメカニズムによるものであり，サービス貿易につき，EU韓FTAが，最恵国待遇原則を規定していることも（7．8条），同様の趣旨である（但し，発効前に署名したFTAを適用対象外にしている）。前述のように，本来，地域経済統合は，最恵国待遇原則の例外であり，域外に対して差別的であるところにその本質がある。しかし，メガFTAが連結する場合には，各当事者は，他のメガFTAの内容とその国産品・国産サービスへの影響を意識せざるを得ず，そのために，最恵国待遇原則を改めて規定し，他のメガFTAによって競争上の不利が生じることを回避しているのである。最恵国待遇原則の結果，個々のFTAの規定にかかわらず，連結するFTA全体としては，同一の内容が適用されることになるからである。

③商品貿易・サービス貿易以外の分野

このような自由化の水準に対する標準化圧力は，地域経済統合に最恵国待遇原則の例外が認められる商品貿易・サービス貿易の分野に限定される。それ以外の分野では，そもそも最恵国待遇原則が適用されるために，各大市場において，競争条件の相違は生じないのである。例えば，政府調達はWTOの政府調達協定によって規制されているところ，政府調達協定には，GATT・GATSと異なり，地域貿易協定に対する例外は規定されていない。したがって，WTO協定の原則である最恵国待遇原則が適用され，複数のFTAが異なる内容を規定したとしても，最も有利な内容が，各当事国・地域に適用されることになる。したがって，政府調達協定に加入しているWTO加盟国間に関する限り，個々のFTAで異なる内容を規定する意味は乏しい。

（3）日EU・FTA／EPAに臨む態度

メガFTAでない，通常のFTAの連鎖の場合にも収斂に向けた圧力が働かないわけではない。例えば，特定の先進国と複数の途上国間で締結される

FTAの場合にも，途上国から先進国へ同じ種類の農産品が輸出されるような事態を想定すれば，やはり先進国が農産品に課す関税額について収斂に向けた圧力が働く。しかし，日本・EU・アメリカと言った，工業製品を生産し，消費する大市場国・地域間で締結されるメガFTAが連結する場合には，市場における消費構造の類似性から，FTAの内容は，相互により強く影響せざるを得ない。したがって，将来の日・EU経済関係の法的枠組みを検討するには，日EU・FTA／EPAだけを独立して検討の対象とすることでは不十分であり，他のメガFTAと合わせて検討しなければならない。

もっとも，個々のメガFTA交渉には，その当事者間に固有の事情が存在するために，他のメガFTAとの関係のみによって，その内容が決定されるわけではないこともまた事実である。各国・地域における産業の競争力は，相手国産業の競争力との関係で相対的に変化せざるを得ず，その意味で，メガFTA間の連結より生じる圧力は，考慮すべき要素の一つに止まらざるを得ない場合もあると推測される。

3　WTOとFTAの紛争処理手続

（1）WTO紛争処理手続の意義

ドーハ・ラウンド交渉の停滞が示すように，WTOを通じた貿易自由化は困難に直面している。21世紀に入って，WTOの貿易自由化機能は低下したと言わざるを得ず，貿易自由化手段の重点は，WTOにおける多国間自由化交渉から，二国間・複数国間のFTAに移行している。FTAの場合には，条件の折り合わない国を排除し，条件が折り合う国の間だけで貿易自由化を進めることができるからであり，一部の国の間で自由化が進むことは，当初は参加しなかった国を自由化に参加させる圧力としても機能する。もっとも，WTOの紛争処理制度の利用は以前にまして活発であり，通商紛争の処理のためのフォーラムとして，WTOは極めて良好に機能している[(2)]。中国によるレア・アースの輸出制限をめぐって，2012年に日本がWTOに提訴し[(3)]，中国政府の措置を

WTO協定違反とするパネル報告が2014年3月に出されたことが示すように，日本も，この紛争処理手続を有効に利用している（松下，2014，833～842頁）。

（2）FTAの紛争処理手続

ところで，FTAも，独自の紛争処理手続を定めるのが通常である。例えば，EU韓FAT第14章は，当事者間の協議（EU韓FTA14.3条）に始まり，協議によって紛争が解決しない場合には，仲裁パネルにより解決する手続を詳細に定めている（同14.4条）。すなわち，当事者より仲裁パネル設立の申請があると（同14.4条1項），3人の仲裁人による仲裁パネルが設立される（同14.5条1項）。仲裁パネルの設立には仲裁人の選任が必要であるが，まず当事者は，合意による仲裁人の選任を試みる（同14.5条2項）。合意が成立しない場合は，予め準備された仲裁人候補者リストから抽選で3人全員が選ばれる。具体的には，各当事者が推薦した者から1名ずつ選任され，最後の1名は当事者双方が議長に選定した者の中から選任される（同14.5条3項，同14.18条）。成立した仲裁パネルは，パネル設立後，原則として120日以内に仲裁判断を下さなければならず（同14.7条1項），下された仲裁判断は，当事者を法的に拘束し（同14.17条2項），各当事者は，仲裁パネルの判断に従うために，必要なあらゆる措置を取らなければならない（同14.8条）。なお，日本がこれまで締結したFTAは，すべて仲裁による紛争解決を採用し，比較的詳細な手続を規定している（経済産業省，2014，803頁）。

（3）両紛争処理手続の整合性の確保

メガFTAを含む，これらFTAの紛争処理とWTOの紛争処理は，どのような関係にあるのであろうか。本来，WTOとFTAは，全く別の国際条約で

---

(2)　WTO発足以来，2012年3月までに，434件の紛争案件が，WTOの紛争解決手続に持ち込まれている（経済産業省，2013，476頁）。

(3)　日本は，2012年3月に，中国のレアアース・タングステン・モリブデンに対する輸出制限措置に対して，WTO協議要請を行った（経済産業省，2013，23～24頁）。

ある。したがって，その解釈・適用が，それぞれ独自に行われることは不自然ではない。しかし，WTOとFTAでは，同じ内容を重複して規定する場合が少なくない。多くのFTAは，WTO協定上の義務をFTAによる義務としても取り込み，そのうえでWTO協定による義務との整合性に配慮することが一般的であるからである。例えば，日シンガポール・EPAは，GATTの内国民待遇規定（GATT 3条）を再度規定している（須網，2009，29～36頁）（同EPA13条）。前述のように，地域経済統合はWTO協定の最恵国待遇原則の例外である。しかし，地域経済統合は内国民待遇原則の例外ではない。したがって，FTAの締結により，FTAの当事者は内国民待遇の義務を免除されるわけではなく，この場合，内国民待遇はGATT・FTA双方による義務として，当事者に課されている。このような義務の重複は随所に見られるところであり，EU韓FTAも，「貿易の技術的障害に関する協定（TBT協定）」の権利義務を確認し，それらが同FTAの一部であることを明示したうえで（EU韓FTA第4.1条），任意規格，強制規格，適合性評価手続について，より詳細に規定する。同EPAは，衛生植物検疫措置についても，「植物衛生検疫措置の適用に関する協定（SPS協定）」上の権利・義務を確認した上で（同5.4条），部分的により詳細に規定している。これらは，結局，WTO協定プラスの内容を規定するものであり，その結果，FTA違反は同時にWTO協定違反を構成することになる。このことは，同一の通商紛争について，FATの紛争処理手続とWTOの紛争処理手続の双方が適用可能であることを意味し，同一紛争が異なる紛争解決制度によって審査されることにより，法規範の統一的解釈が危険に晒される可能性を示唆する。このため，FTAとWTOの紛争処理手続の間にどのような関係を構築するかが問題となる。例えば，北米自由貿易協定（NAFTA）は，紛争当事国に，WTO手続・FTA手続のどちらか一方を選択する権限を認める一方，一旦選択がなされた後は他の手続を利用できないことを定めている（須網，2009，30頁）。EU韓FTAも，同FTA手続の利用が，WTO手続の利用を妨げるものではないことを確認した上で（EU韓EPA，14. 19条1項），当事者がどちらかの手続を開始した場合は，原則として，同一の義務について他の手続を利用できないと定めている（同2項）。また，EU韓FTAは，同FTA第5章の「衛生植物検疫措置（SPS）」については，紛争は，FTAの紛争解決手続によらないことを定めており（同5.11条），第5章にかかわる紛争は，同EPAではなくWTOで解決すべきことになる。このように，どちらか一方の手続のみを利用することにより，矛盾した判断を避けることができるのであり，日EU・FTA／EPAの場合も，同様の規定が挿入されるべきである。

4　非貿易的価値と日EU・FTA／EPA

（1）貿易自由化と相互承認

先進国間の貿易において，関税障壁は，一般的にその重要性が低下している。日・EU間においても，一部の工業製品につき，EU側に高関税が残っているが（経済産業省，2014，166頁），一部の農産品を除けば日本側の関税水準は一般的に低く，少なくともEU側から見れば関税は重要な問題ではない。日本側に存在する通商障壁の中心は非関税障壁にあり，特に日本の国内規制が問題となっている。本来，各国は，基準・認証制度を始め，各国の国内を自由に規制できるはずである。各国は，国民の安全・健康の保護，環境保護，消費者保護等，さまざまな非経済的な政策への考慮に基づいて，製品・サービスが満たすべき基準を独自に定めることが通常である。これらの国内規制は，国内産業の保護を意図するものを除けば，通商への影響を直接に目的としたものではないが，各国の規制内容の相違が貿易制限的な効果を生じることは，前述の通りである。

WTOでも，各国のさまざまな規制基準の相違が通商障壁を構成することを認識して，国内規制の相違に一定程度まで対応している。すなわち，前述のTBT協定は，国際規格を基礎とした強制規格の策定（2.4条），国際標準化活動への積極的参加など，規制基準の調和の方向性を明確に示しており，SPS協定も，検疫措置が偽装された貿易制限となることを防止し，国際基準に基づく調和を目指している（経済産業省，2014，393～399頁）。しかし，それらの規定では，基準の調和・標準化は直ちには達成されず，引き続き各国の国内規制の相違は残っている。国際標準化の推進が，国内規制の貿易制限的効果を解消する手段であることは言うまでもなく，日欧間でも，双方のメーカー間で将来的な国際標準化を見据えた動きが生じていることが報告されている（東レ経営研究所，2013）。しかし，各国の国内規制の相違自体を解消しなくても，その貿易制限的効果を除去することは可能である。それは，貿易相手国の国内規制の内容を，自国の同種規制と同等であると相互に認め合えば，規制の相違は意味をなさなくなるからである。これを「規制の相互承認」と言う。EUでは1970年代末以降，加盟国の国内規制の相互承認が原則として確立し，加盟国の国内規制の調和なく，単一市場を創出することに大きな役割を果たしてきた（須網，2012，257～259頁）。そして，EU韓FTAも，このような相互承認に向けた第一歩を踏み出している。すなわち同EPAは，自動車及び自動車部品について，非関税障壁の除去による相互的な市場アクセスを担保するために，国際標準に基づく規制を推進するとともに，自動車にかかわる基準のうち付属書が特定した部分について，相互に，相手方の基準に適合した製品を自らの基準に適合したものとみなす相互承認を規定する（さらに協定発効後，原則として5年以内に規制の調和をも約束している）（付属書2－C，3条）。要するに，EU韓FTAは，分野を限定しながらも，EU域内で実現している相互承認の考え方を域外第三国との間に，FTAを通じて拡大するものであり，当該分野に関する限り，通常の貿易自由化以上に経済統合の水準を深化させ，市場統合を目指すものと評価できる。したがって，日EU・FTA／EPAにおいても，相互承認の導入の是非，導入するとしてその範囲は，経済統合を推進するために一つの論点となろう。

なお，日・EU間には，2001年に締結された相互承認協定（「相互承認に関する日本国と欧州共同体との間の協定」）が存在する。しかし，同協定の相互承認とは，それぞれの適合性評価機関が実施した適合性評価の結果を相互に承認するものであり，非関税障壁への対応措置であることに変わりはないが，国内基準自体の相互承認とは次元の異なるものであることに留意する必要がある。

（2）WTOによる貿易自由化と非貿易的関心事項

①貿易制限を正当化する理由

最近のFTAは，締約国原産品に対する関税の撤廃だけでなく，より進んだ貿易自由化を目的として，非関税障壁の廃止を含むさまざまな内容を盛り込むために，国内法制度との緊張関係を惹起することが少なくない。各国の国内規制は，貿易とは関係のない，さまざまな公益的理由に基づいて設定されているので，貿易自由化と，それらの非貿易的理由（いわゆる「非貿易的関心事項」）との対立が生じるのである。そのような対立は，国内規制の相互承認を認める場合には一層顕著となりがちである。EUにおける市場統合の深化の過程で，商品・サービスの自由移動の保障と，個人の健康・安全，環境等，さまざまな社会的価値をどのように調整し，均衡させるかが繰り返し議論されてきたことが，そのことを示している（須網，2012，265～270頁）。

この種の問題は，TPPの文脈で指摘されることが多いが，日EU・FTA／EPAについても同様の問題が生じることは避けられない。WTO協定は，貿易制限を正当化する例外事由を具体的に規定しており（GATT20条「一般的例外」・21条「安全保障例外」，GATS14条「一般的例外」・14条の2「安全保障例外」等），EUの域内市場においてすら，貿易自由化は絶対的な要請ではなく，非貿易的理由に基づく貿易制限が例外として認められている。したがって，仮に日EU・FTA／EPAにおいて国内規制の相互承認が議論されるとしても，それは，個々の分野ごとに，さらにその範囲を慎重に限定しながら慎重に進めるべきである。そして，相互承認を認める部分についても，さらに承認の否定を正当化できる公益上の理由を定める必要があろう。

②政治的価値とFTA

非貿易的理由のうち，民主主義，基本的人権などの政治的価値については，特別な配慮が必要である。EU，特に欧州議会は，この間，一貫してEUが締結する国際条約に人権・民主主義に関する条項を挿入する政策を追求し（European Parliament, 2005），通商・投資協定についても，政治協力協定内の人権条項を通商・投資協定と連携させる政策を追求している（European Parliament, 2014)。このような政策の具体化は，EU 韓 FTA にも見ることができる。第 1 に，韓国と EU は，EU 韓 FTA の締結に際して，FTA とともに，両者の関係を包括的に規律する「枠組み協定」を締結している。枠組み協定は，その冒頭において，両当事者が世界人権宣言及びその他の国際人権文書に規定された民主主義，人権，基本的自由，法の支配を信奉することを確認する（枠組み協定 1 条 1 項)。同協定は続いて，価値の共有に基づく政治的対話の実施を規定した後に（同 3 条 1 項)，「政治」，「経済発展」，「持続可能な発展」，「教育・文化」，「正義・自由・安全」等，各分野での協力を規定する章を設け，通商・投資分野では，FTA の締結により協力を推進することを規定している（同 9 条 2 項)。枠組み協定は各協力分野について締結される「具体化協定（specific agreements)」によって補完されるところ，その種の具体化協定は枠組み協定と一体のものとして扱われる（同 43 条 3 項)。そして，当事者が枠組み協定の義務に違反した場合は，他方当事者は，国際法に従って適切な措置を取ることができることが確認されている（同 45 条 3 項)。これらの規定からは，両者が確認した前述の諸価値に当事者が違反した場合には，枠組み協定違反が生じ，枠組み協定と一体である具体化協定の一つである，EU 韓 FTA に基づく義務の履行が停止される事態が生じ得ることが理解できる。

日・EU 間でも，FTA と並行して，より広範な協力関係を設定する政治協力協定の締結が交渉されている。日本政府は，日本が民主主義，法の支配，基本的人権といった基本的価値を EU と共有することをさまざまな機会に強調してきた[(4)]。しかし，実際には，個々の場面で基本的価値にかかわる意見の相違が存在しないわけではない。おそらく，両者の一致を安易に強調することは，両者にとって必ずしも建設的ではなく，抽象的な理念の一致を前提にした上で，それら基本的価値の具体的内容を，日・EU 相互の対話の中で発展させていけるような協力関係の基礎を設定することが，日・EU 間の政治協力協定に求め

(4) 例えば，「第 22 回日 EU 定期首脳会議・共同プレス声明（仮訳)――世界の平和と繁栄のため，共に行動する EU と日本」(2014 年 5 月 7 日)（http://www.mofa.go.jp/mofaj/files/000042985.pdf)。

られているのではなかろうか。

5　日・EU関係の基礎としての日EU・FTA／EPA

現在の企業活動は，一時代前よりも一層国際化している。日本で生まれ，なお日本に本社を置く日本企業であっても，日本で製造された部品を使って日本で生産した製品を，EUに輸出するといった単純なモデルは最早稀であろう。部品は異なる国を移動しながら，その価値を高めて中間製品に成長し，最終的な組み立て製造地に辿り着く。各国から集められた中間製品・部品は，そこで最終製品に仕上げられて最終消費地に輸出されていくのである。

日EU・FTA／EPA，そして他のメガFTAは，このような企業のグローバルな生産・販売活動に対応した法的枠組みを構築するものでなければならない。関税障壁だけが問題であったのであれば，日EU・FTA／EPA締結交渉が開始されることはなかったであろう。関税障壁の点では，日・EUの利害は非対称であるからである。しかし，関税障壁だけが問題ではなかったことが，FTA交渉の開始にEUを向かわせた。EUにとって，直接投資の促進，非関税障壁の除去，市場アクセスの確保が，日EU・FTA／EPAによって解決されるべき課題であったのであり，そこでは，域内市場創設の過程で取り除かれてきた障壁と類似の障壁の除去が開始されようとしている。もちろん，政府間協定であるFTAは，EUのような緊密な関係を日・EU間に構築するものではない。しかし，欧州経済領域（EEA）を見れば理解できるように，域内市場の拡大に，EUのような超国家性は不可欠ではなく，日EU・FTA／EPAは，そのデザイン如何によっては，日・EU間の経済・通商関係を著しく深化させることができる。

法制度は，当事者間の関係を固定化する効果を持つ。日EU・FTA／EPA及び政治協力協定は，日本経済にとって短期的な利益を実現するだけでなく，両当事者間の長期的な経済・通商関係発展の基礎となる発展可能性を持ったものでなければならないだろう。

［付記］本稿は，平成 23〜27 年度科学研究費（基盤研究A）課題番号 2324 3003）による研究成果の一部である。

［補論］

本稿脱稿後，メガ FTA をめぐる情勢は不透明感を増している。現在進行中のアメリカ大統領選挙では，候補者はいずれも TTP への反対又は見直しを政策として主張しており，TPP の発効はなお確実ではない。加えて，2016 年 6 月 23 日にイギリスで行われた国民投票により，イギリスの EU 離脱が支持された結果，本年後半には妥結が予想されていた TTIP 交渉にも新たな不安要素が付け加わった。特にイギリスの EU 離脱に賛成した人々は，EU だけではなく，TTIP にも反対していたという指摘が事実であれば（Lyons-Archambault, 2016），TTIP の成立にも困難が生じるかもしれない。WTO による貿易自由化が依然として困難な現在，もしメガ FTA の連携が頓挫すれば，世界貿易は当面自由化への動きを停止し，更なる自由化の是非それ自体が議論される事態が生じるかもしれない。その意味で，2016 年後半からしばらくは，世界貿易の将来にとって重要な時期となるであろう。

参考文献

経済産業省通商政策局編（2014）『不公正貿易報告書 2013 年版』。
経済産業省通商政策局編（2013）『不公正貿易報告書 2012 年版』。
小寺彰編著（2013）『転換期の WTO——非貿易的関心事項の分析』東洋経済新報社。
小室程夫（2013）『国際経済法［新版］』東信堂。
須網隆夫（2009）「自由貿易協定と直接投資——スパゲティボール現象を利用せよ」須網隆夫・道垣内正人編著『国際ビジネスと法』日本評論社。
須網隆夫（2012）「EU 市場統合の深化と非貿易的関心事項」日本国際経済法学会編『国際経済法講座Ⅰ——通商・投資・競争』法律文化社。
東レ経営研究所『平成 24 年度内外一体の経済成長戦略にかかる国際経済調査事業報告書』（2013 年 3 月）。
松下満雄（2014）「中国のレアアース等輸出制限をガット協定違反とする WTO パネル報告書」『国際商事法務』42 巻 6 号。
間宮勇（2012）「WTO 体制における地域経済統合——市場の統合と分割」日本国際経済法学会編『国際経済法講座Ⅰ——通商・投資・競争』法律文化社。

山澤逸平・馬田啓一・国際貿易投資研究会編著（2012）『通商政策の潮流と日本――FTA戦略とTPP』勁草書房。

European Parliament (2005), Human Rights and Democracy Clauses in the EU's International Agreements (NT/584/584520EN.doc), 29 September.

European Parliament (2014), The European Parliament's Role in relation to Human Rights in Trade and Investment Agreements, February.

Lyons-Archambault, Amanda (2016), "Post-Brexit Global Trade Relations : The Death of TTIP ?," *German Law Journal*, Vol. 17, Brexit Special Supplement, 39, 41.

Matsushita Mitsuo, Thomas J. Schoenbaum and Petros C. Mavroiidis (2003), *The World Trade Organization, Law, Practice, and Policy 351*, Oxford University Press.

（須網隆夫）

第3章
EU韓国自由貿易協定と日本への影響

EUは2006年に新たな通商戦略「グローバル・ヨーロッパ」を策定し，その中で韓国をFTA交渉の優先対象国に挙げて，交渉を行ってきた。11年7月1日に発効したEU韓国自由貿易協定（EU韓FTA）は，「グローバル・ヨーロッパ」策定後EUが締結した最初のFTAである。協定は，関税譲許で高度な自由化を約束したほか，非関税障壁，サービス，知的財産権などの分野を含む包括的な内容となっており，EUでは「新世代のFTA」として高く評価し，同FTAを今後EUが締結を目指すFTAの一つのモデルとして位置付けている。EU韓FTAの発効によって，欧州市場で乗用車，家電製品などで韓国品と競合している日本品は影響を受けており，また，欧州に進出している日系企業にも影響が出始めている。日本企業によるEU韓FTAの影響緩和努力には限界があることから，現在交渉中の日本EU経済連携協定（日EU・FTA／EPA）の早期妥結が待たれている。

1　EU韓FTAの特徴

（1）EU新通商戦略策定後の最初のFTA

EU韓国自由貿易協定（EU韓FTA）は，2011年7月1日に発効した。EU韓FTAの発効によって，韓国にとっては，中国に次いで第2位の輸出先であるEUの関税が5年以内に撤廃されることになった。特に，EUは電気・電子機器，乗用車など2ケタを超える高関税を維持していたことから，韓国メーカーにとって関税の負担がなくなるメリットは大きい。逆にこれら製品で韓国メーカーと競合関係にある日本企業は，韓国製品の関税の削減・撤廃による影響を受けている。一方EUにとっては，同FTAはアジアでの最初のFTAであり，06年にEUが策定した新通商戦略「グローバル・ヨーロッパ」で目指してきた初めての包括的かつ高度なFTAとして，象徴的な意味を持つ。また，EU韓FTAはEUにとって，韓チリFTAや米韓FTAでEUが被っていた，あるいは被る恐れのある不利益を解消することができるという点でも，経済的な意味がある。

「グローバル・ヨーロッパ」でEUはFTA交渉を開始する対象国の選定基準として，①市場の潜在力（経済規模と成長性），②EUの輸出利益を損なう相手国の保護水準，の2点を示した。②は，EUの輸出・投資に対する相手国市場の閉鎖性や，関税水準および非関税障壁に加え，EUの競争相手国とのFTA締結状況などから判断される。EUは，交渉対象地域として特にアジア重視の姿勢を打ち出し，韓国をFTA交渉優先国の一つに挙げた。韓国は07年4月，アメリカとのFTAに合意し，同年6月には署名にこぎつけていた。米韓FTAが合意に至ったことは，EUにとっては2つの意味を持った。一つは米韓FTAの存在によって韓国での欧州企業のビジネスが脅かされる懸念が出てきたことである。もう一つは，米韓FTAで韓国が高度な約束を受け入れたことによって，EUが韓国と高度で包括的なFTAを交渉しやすくなったことである。韓国にとっても，EUは中国に次ぐ重要な輸出先であり，自動車や家電・電子製品で高関税が残るEUとのFTAは，メリットが大きいとして待ち望まれていたものであった。

EUと韓国のFTA交渉は2007年5月に始まり，交渉会合は09年3月までに計8回実施され，同年10月に仮調印に至った。仮調印後も，欧州議会での審議は当初予定していたよりも難航した。これは，欧州自動車工業会（ACEA）などの根強い反対に加え，欧州議会がリスボン条約によって通商分野にも権限を持つようになったことによる。新たな権限を得て通商分野での影響力拡大を目指す欧州議会に対してACEAなどが積極的にロビイングを行った。

以上のような紆余曲折を経ながら，最終的に2009年10月に，EUと韓国はFTAの署名に至った。反対するイタリアと妥協を図るために，当初予定より遅い11年7月1日からの暫定適用開始で合意することになったものの，11年2月には欧州議会がEU韓FTAの同意決議を採択して，EUの手続きは完了した。そして韓国でも批准手続きが完了したことから協定は同年7月1日に正式に発効した。

（2）包括的かつ高度な内容――「新世代のFTA」として位置付け

EU 韓 FTA は，2006年の新通商戦略「グローバル・ヨーロッパ」に基づきEUが結んだ初めてのFTAであり，これまでにEUが結んだFTAとは異なる「新世代のFTA」として位置付けられている。

「グローバル・ヨーロッパ」より前にEUが結んだFTAでは，メキシコやチリとのFTAのように農産品の自由化度が低いか，あるいは地中海諸国との連合協定などのように農産品の自由化は別途交渉するとされていた。しかし，EU 韓 FTA では，農産品も含め，ほとんどの品目の関税を5年以内に撤廃するほか，原産地規則やサービス，知的財産権などでも，過去のEUのFTAより包括的，かつ高度な規定が設けられた。また，欧州議会などの要請に配慮して，環境，労働保護について規定した貿易と持続可能な開発章も設けられている。リスボン条約により欧州議会の権限が強まったことから，こうした規定は今後，EUが締結するFTAでは一層重視されていくことになるものとみられる。

なお，EU 韓 FTA の協定文は15章と議定書で構成されており，第1～6章が物品，第7～8章がサービスの自由化，第9～13章が政府調達，知的財産権などの自由化，第14～15章が紛争解決，履行機関などについての規定となっている。また，議定書は，原産地規則や文化協力に関する議定書などで構成されている。

（3）期待されるFTA効果

EU 韓 FTA によるEU，韓国への定量的な影響については，欧州委員会による委託調査，韓国主要研究機関による調査などがある。韓国の主要機関の調査では，EU 韓 FTA は韓国経済に対しGDP0.1％（中長期的には5.62％）の押し上げ効果があると試算している。産業別では，自動車産業や電気・電子産業

表3－1　FTA 発効後10年以内の EU の関税撤廃の割合

		EU・韓	EU・メキシコ	EU・チリ
品目ベース	鉱工業品	100	100	100
	農産品	98.1	45	69.2
	水産品	100	68.7	98.2
	全体	99.0	90.3	95.9
輸入額ベース	鉱工業品	100	100	100
	農産品	99.5	69.2	73.85
	水産品	100	96.2	90.8
	全体	100	98.1	95.4

注：EU 韓 FTA では EU 側は自由化品目の関税をすべて5年で撤廃。農産品39品目のみ例外扱い

出所：EU・韓は韓国政府資料，EU・メキシコ，EU・チリは WTO 通報文書より作成

へのメリットが大きい半面，農水産業についてはマイナスの影響が想定されている。

EU にとっては，物品では韓国市場で優位にある豚肉，ウイスキー，乳製品などに加え，一般に競争力のあるサービスでの利益が見込まれている。また，今回の FTA で初めて非関税障壁に関する規則を取り入れたことへの期待も大きい。コペンハーゲンエコノミクスなどの 2007 年 3 月の調査では，FTA により物品・サービス輸出は，非関税障壁の削減効果を織り込まない場合でも，EU では 191 億ユーロ，韓国では 128 億ユーロ拡大すると試算している。さらに，非関税障壁の効果を織り込んだ 10 年 5 月の調査によれば，EU の対韓輸出は 330 億～410 億ユーロ増加し，韓国の対 EU 輸出は 340 億ユーロ増加するとしている。また，EU 韓国の貿易は，20 年後には，FTA のない場合と比較して，倍以上に拡大すると試算している。

次に，EU 韓 FTA がどのような内容を含んでいるのかについて概観してみよう。第 2 節では物品貿易の自由化についての具体的な内容を，また第 3 節ではサービス，知的財産権，政府調達などの自由化の取り決めの内容を概観する。

2　物品貿易の自由化――関税譲許，原産地規則，非関税障壁

（1）関税譲許の内容

EU韓FTAの関税引き下げ，撤廃約束（関税譲許）の内容は，米韓FTAに準じ，高度なものになっている。EU側は，5年以内に品目ベースで99.6％，貿易額ベースで100％の関税を撤廃する。10年以内の物品の関税撤廃率は，品目ベースで韓国が98.1％，EUが99.6％，貿易額ベースでは韓国が99.5％，EUが100％となっている（表3-2）。これは，過去にEUが結んだFTAと比べると，格段に自由化度が高い内容となっている（前掲，表3-1）。またEUは前述のように，韓国とのFTAを，2006年の新通商戦略「グローバル・ヨーロッパ」発表後実質的に初のFTAとして「新世代のFTA」と位置づけており，非関税障壁やサービス，知的財産権などでこれまでのFTAより高度で包括的な内容であると評価している。

①鉱工業品

鉱工業品については，EU側は5年ですべての品目の関税を撤廃する。韓国側も7年で関税を撤廃し，10年撤廃の品目がある米韓FTAより高度な自由化を達成している（表3-3）。

EUの関税で日本の関心の高い品目では，テレビ（関税14％）が発効から5年間で撤廃される。また，自動車については，発効から4年目に関税が撤廃されることになっている。中・大型車以外は4段階で均等に関税が引き下げられるが，中・大型車は発効時，1年後は基準税率の30％，2年後，3年後は20％ずつ引き下げられる。上記以外に猶予期間が設けられている品目は，3年撤廃が151品目，5年撤廃が46品目で，これ以外の品目はすべて即時撤廃となる。その結果，2016年7月1日には韓国製鉱工業品に対するEUの関税は全廃されることになる。

②農水産品・食品

韓国は，農産品についても，これまでに締結したFTAと比べて高い自由化

表3-2　EU韓FTAにおける全品目の関税譲許の結果

（単位；億ドル，％）

撤廃スケジュール	韓国側譲許				EU側譲許			
	品目数	シェア	輸入額	シェア	品目数	シェア	輸入額	シェア
即時	9,195	81.7	182.7	66.7	9,252	94.0	318.7	76.6
2～3年	625	5.5	60.6	22.2	282	2.9	68.6	16.7
5年	718	6.4	22.2	8.1	269	2.7	28.1	6.8
5年以内	10,538	93.6	265.5	97.0	9,803	99.6	415.4	100
10年	111	1.0	3.6	1.4				
10年以内	399	3.5	3.0	1.1				
10年超	169	1.5	1.3	0.5				
譲許除外／現行関税	44	0.4	0.0	0.0	39	0.4	0.0	0.0
合計	11,261	100	273.5	100	9,842	100	415.4	100

出所：EU韓FTAに関する韓国政府説明資料

表3-3　EU韓FTAにおける鉱工業品の関税譲許

（単位；億ドル，％）

撤廃スケジュール	韓国側譲許				EU側譲許			
	品目数	シェア	輸入額	シェア	品目数	シェア	輸入額	シェア
即時	8,535	90.7	180	69.4	7,201	97.3	318	76.7
3年	478	5.1	58	22.4	151	2.1	68	16.6
3年以内	9,013	95.8	238	91.8	7,452	99.4	386	93.3
5年	346	3.7	18	8.9	46	0.6	28	6.7
7年	45	0.5	3	1.3	—	—	—	—
合計	9,404	100	259	100	7,398	100	414	100

出所：表3-2と同じ

を約束した。農産品の自由化除外品目の割合を米韓FTAと比較すると，品目ベースではEU・韓は2.8％，米韓は1.1％とEU・韓がやや劣るものの，貿易額ベースではEU・韓は0.2％，米韓は0.9％と米韓を上回る自由化水準となっている。これまで農業の自由化に最も消極的な国の一つであった韓国のこうした高い自由化の約束は，大きな方針転換を示すものとしてEU側では評価している。なお，韓国はEU韓FTAの署名を終えた2010年10月に，FTA

批准に先立ちEUとのFTA影響緩和措置として，10年間に2兆ウォンの国内産業支援策を発表した。これは主に畜産分野を対象としたもので，その他の農水産分野については，04～13年まで123.2兆ウォンのFTA対策措置がすでに実施されている。

韓国の農産品の自由化からEUが得る利益が大きいものの一つとして，特に，ワイン・スピリッツ製品の自由化が挙げられる。

韓国では，ワインに対しては15％，スピリッツに対しては20％の関税が課されていた。ワインについては韓チリFTAにより，チリ産ワインへの関税が2004年の発効から5年で撤廃された結果，韓国市場でチリ産ワインのシェアが急速に伸びた。韓国の赤ワイン輸入市場でのフランス産ワインのシェアは，韓チリFTA発効直前（03年4月～04年3月）の53.4％から，5年後（08年4月～09年3月）には40.9％に低下した。このようなEUにとって不利な状況を改善するため，EU韓FTAでは，ワインの関税を即時撤廃することになった。また，スピリッツについては，ウイスキーは3年，ウオッカ，ブランデー，テキーラは5年，ビールについては7年でに関税を撤廃することになった。

一方，韓国は，主要品目のうちコメ（16品目）を自由化除外品目としたほか，農産品セーフガードなどの影響緩和措置を導入している。

（2）関税払戻制度

関税払戻制度は，交渉の最終局面での最も大きな争点の一つとなった。EUがこれまでに結んだFTAでは，多くの場合，関税払戻制度を禁止している。EU韓FTAでも，EUは，複数の加盟国が関税払戻制度を認めることに強く反対したほか，欧州委員会内部でも，税制・関税同盟局（DG TAXUD）は反対の立場をとった。これに対し，韓国は関税払い戻しがWTOで禁止されていないこと，米韓FTAでも同制度の維持が認められたとして，同制度の維持を主張した。また，EU自身，輸出加工用の部材については，関税の払い戻しや関税停止措置により実質的に部品の関税負担をゼロにする制度を設けている。

このため，EU韓FTAでは，5年後に見直すこと，関税払戻制度を使った部品を使用している製品をセーフガード措置の対象とすることを条件として，最終的に関税払戻制度の存続を認めることになった。

（3）原産地規則

①3種類の原産地基準を決定

FTAの関税引き下げの恩恵を受けるためには，当該産品がFTAの原産地規則を満たす必要がある。原産地規則は，EU韓FTAでは，「『原産地の定義』および行政協力の手法に関する議定書」（以下，「議定書」）で定めており，おおむねEUの原産地規則の規定の仕方を取り入れている。

EU韓FTAでは，原産地として認められるのは，「韓国またはEUですべて産出された産品」，「十分に作業または加工がなされた産品」および「議定書で原産品と認定される原材料のみから産出された産品」であると規定している。

原材料に第三国原産の製品を含む場合には，作業または加工が十分であるかどうかが重要となる。作業または加工が十分であるかどうかは，議定書付属書Ⅱで，品目別に基準が設定されている。EU韓FTAの原産地規則では，原産地基準は大きく分けて付加価値基準のみ，関税分類変更基準のみ，および両者の選択型の3種類がある。このうち，付加価値基準は非原産材料の付加価値の上限を規定する方式であり，また，関税分類変更基準は4ケタレベルでの関税分類の変更を求める方式である。

EUは，交渉の当初においては，過去のFTAに準じて関税分類変更と付加価値税基準の選択を認めないとの立場をとってきたが，最終的に，EUは一部品目で選択を認めるなど，従来の要件からの緩和を受け入れた。

EUでは，こうしたEU韓FTAでの原産地規則の緩和・簡素化は，EUが2005年に開始した原産地規則の改革プロセスの一環としてなされたものとしており，今後のEUのFTA交渉でも原則として採用されていくものと考えられる。

②原産地証明

原産地証明については，自己証明制度が導入された。すなわち，認定事業者，および1回の輸出で6000ユーロを超えない原産品で構成される寄託貨物（consignment）の輸出業者は，インボイス，貨物引渡し通知書などの商業書類に，原産地申告を付すことによって原産地性を認められることになっており，6000ユーロ以上の貨物を輸出する業者は認定事業者となることが求められる。原産地証明の有効期間は1年間である。

（4）貿易救済措置

貿易救済措置については，二国間セーフガード，関税払戻制度セーフガード，農産品セーフガードおよびアンチダンピング・相殺関税を取り決めている。

①二国間セーフガード

EU韓FTAでは，FTAによる関税削減・撤廃が原因で国内産業に重大な損害が生じた場合，関税をMFN（最恵国待遇）税率まで引き上げることができるという二国間セーフガードが認められている。二国間セーフガードは時限的な措置で，それぞれの品目について，原則として関税撤廃後10年の移行期間中に，所定の条件を満たした場合に発動することができる。二国間セーフガードは，WTOのもとで認められている一般セーフガード同様，輸入が増加しているか，国内産業に損害を与えているかなどの調査を経て発動され，調査手続きはWTOセーフガード協定に従うことになっている。

②関税払戻制度セーフガード

関税払戻制度については，5年後に，EU，韓国いずれかの要請に基づき，韓国の関税払戻制度およびEUの再輸出加工免除制度の見直しを行うとともに，次のようなセーフガード措置も導入することになった。

すなわち，EUまたは韓国は，見直しの開始後，域外原産品の部品調達パターンの変化により，国内産業の競争に悪影響を及ぼしている可能性があるとの証拠がある場合，関税払戻制度または再輸出加工免除に対する制限についての協議を要請することができる。協議が不調の場合，当事国は紛争解決手続きの仲裁パネルに問題を付託し，仲裁パネルが要件を満たすと判断した場合，関税払戻制度を適用する国は，裁定から90～150日以内に，還付税率を5％までに

表3-4　農産品セーフガード（SG）の対象品目

（単位；発動水準＝トン，発動税率＝％）

品目	関税撤廃期間	SG 適用期間	初年発動水準	初年発動税率
牛肉	15年	15年	9,900	40
豚肉	10年	10年	163	22.5
リンゴ	フジ20年	23年	7,500	45
	その他10年	10年		
ビール麦，麦芽	15年	15年	14,000	263～502
芋デンプン	15年	15年	37,900	455
ニンジン	15年	18年	300	754.3
砂糖	16年	20年	220	50
アルコール	15年	15年	95	264
デキストリン	12年	12年	37,900	375

出所：韓国政府 EU 韓 FTA 詳細説明資料，協定付属書 3

制限しなければならない，などと定めている。

③農産品セーフガード

EU 韓 FTA は，前述のとおり，農産品も含め高度な自由化を実現している。しかし，一部の主要農産品については，セーフガード措置を認めることで，自由化による影響の緩和が図られている。対象品目は協定付属書 3 に列挙されており，輸入が同付属書に定められた数量を超えた場合に，輸入国は MFN を上限として，付属書に規定された税率まで関税を引き上げることができる。農産品セーフガードは一定期間のみ適用されるもので，協定付属書 3 に規定された期間を超えては適用されない。農産品セーフガードの対象品目は韓国産品のみであり，この措置はもっぱら韓国への配慮として設定されたものである。

④アンチダンピング・相殺関税

アンチダンピング（AD）および相殺関税（CVD）については，EU 韓 FTA ではさまざまな WTO プラスの規定を設けている。EU は，WTO 交渉では，基本的に規律強化に賛成の立場にあることから，米韓 FTA に比べて EU 韓・FTA の規律は強化されている。

まず，EU韓FTAでは，相手国からの輸入についてAD・CVD調査開始の申請がなされた場合，AD・CVD調査開始の15日前までに，AD・CVD調査申請の受理を書面により通知しなければならないとし，CVDの場合は，協議の機会も与えなければならないと規定している。

（5）非関税障壁の撤廃

EUは新通商戦略「グローバル・ヨーロッパ」で，FTAで関税だけでなく非関税障壁の削減・撤廃に取り組んでいくことを明示した。EU韓FTAは，特定の産業部門を対象とした非関税障壁への規制を設けたEUにとっての初めてのFTAである。

協定では，エレクトロニクス，自動車，医薬品，化学品の4分野について，付属書で特別な規律を設けた。また，全体的な規制としては，TBT，SPS，貿易円滑化に関する規律を設けた。

EUは，FTAの署名に際して，「関税撤廃よりさらに重要なことは，EU韓FTAが，EUが特別な関心を有する自動車，医薬品，家電といった産業を含め，あらゆる産業分野にわたる非関税障壁の削減に取り組んでいることである」として，非関税障壁への規律を設けたことを高く評価している。EUは，EU韓FTAが今後交渉するFTAの「ベンチマーク」になるとしており，今後のFTA交渉でも非関税障壁に対する高水準の規律を求めていくことになるものとみられる。

①分野別の約束――エレクトロニクス（電子・電気機器）

エレクトロニクス（電子・電気機器）については，従来，韓国で輸入・販売される電子・電気機器に対しては，自己認証は認められておらず，韓国が指定した韓国の認証機関あるいは韓国が認めた外国機関による認証，すなわち第三者認証を受ける必要があった。このため，EUの輸出企業は自国で得た試験，認証をそのまま利用できず，二重の負担を強いられていた。

こうした状況を受けて，協定付属書では，国内規則を国際標準に徐々に合わせていくこと，「一回の試験」を推進し，実行可能な場合には不要な適合性評価手続きを廃止して供給者による適合性宣言を推進することなどを目的に掲げている。このため，協定ではエレクトロニクス製品について，一定の猶予期間を経て欧州での試験の活用，または供給者適合宣言制度の導入を図ることを定めている。

具体的に規律の対象となっている規則は，電磁波両立性（EMC）に対する規制および安全性に対する規制の2つである。EMC 規制としては，EU では EMC 指令（2004/108/EC）が導入されている。同指令に基づき，EU では供給者適合宣言を導入している。また，安全基準については，製品ごとの供給者適合宣言により，CE マークを添付することになっている。EU についてはいずれも供給者適合宣言を認めており，協定によるルールの変更はない。

これに対して，韓国では，対象の法令ごとに，段階的に供給者適合宣言の導入を進めていくことになる。

このように，電子・電気機器の EMC 基準および安全基準については，段階的な履行期間を経て，一部の例外を除き，第三者認証から自己認証に移行する。自己認証により手続きコストは削減するとみられることから，EU は交渉の重要な成果であると評価している。

②分野別の約束――自動車

自動車の基準も，関税払戻制度などとともに，交渉の最終局面まで争点となった。

自動車の国際基準としては，国連欧州経済委員会（UNECE）の 1958 年協定と，98 年協定がある。58 年協定は，自動車の構造および装置の安全・環境に関する統一基準の制定と相互承認を図ることを目的として策定され，当初，欧州地域での基準として機能していたが，95 年に欧州域外からの加入も念頭に一部改正され，韓国も 2004 年 11 月に同協定に加入した。しかし，58 年協定は基準調和とともに相互承認を含んでおり，最大の生産国であるアメリカは，安全基準に関しては政府認証制度がないため加盟できなかった。そこでアメリカの提案により，58 年協定と並行する補足的なメカニズムとして，認証の相互承認を含まず，基準の国際調和を目的とする新しい協定が策定された。この新しい協定は，98年協定と呼ばれている。

EUは当初，国連の58年協定に盛り込まれている自動車の安全・環境基準にあわせて，韓国に国内基準を改正するよう要求した。しかし，米韓FTAとの関係から，韓国がEUの要求通りに国内基準を変更することは極めて困難であった。このため，EUは韓国に対し国内基準の変更を求めるのではなく，EU基準に基づく車の輸入を認める相互承認方式へと要求を変更した。

最終的に協定は，相手国の基準またはUNECE基準を満たしたことをもって基準を満たしたとみなす承認基準，発効から5年以内の調和義務を課す調和基準に分けて義務を課すこととした。

ガソリン車の車載式故障診断装置（OBD：On Board Diagnostics）規制，排ガス規制については，別途ルールが定められている。まず，ガソリン車のOBD規則については，韓国が米国型のOBDを採用していることから，アメリカに輸出していない欧州メーカーは，ユーロ基準の同等性が認められなければ，韓国に輸出するためにあらためてアメリカ型のOBDを搭載しなければならないという問題があった。この点については，交渉の結果，韓国はユーロ6に準拠するガソリン車については，韓国基準との同等性を認め，ユーロ6に準拠するガソリン車は韓国の基準を満たしているとみなされることになった。

また，排ガス規制については，韓国は非メタン有機ガス（NMOG）に関して，2009年1月から韓国超低排出車両基準（K-ULEV）により平均排出量管理制度（FAS；Fleet Average System）による規制を導入している。これは，カリフォルニア州が採用してきた低排出車両（LEV）基準をベースにしたもので，基準を満たしているかどうかを個々の車両ではなく，メーカーごとの平均で判断するものである。規制は米韓FTAに準じているが，EU韓FTAでは，米韓FTA発効までの暫定措置を設けた（表3-5参照）。

このほか，EU韓FTAは国内税の賦課および排出基準については，当事国が第三国とFTAを結んだ場合も，最恵国待遇（MFN）を求めることとした。この規定により，米韓FTAが発効すれば，国内税（消費税，自動車税）および排出基準については，米韓FTAの合意内容が適用されることになる。米韓

表3-5　排ガス規制に関する基準

EU韓FTA発効後，米韓FTA発効前		米韓FTA発効後	
韓国での販売台数	非メタン有機ガス（NMOG）数値	韓国での販売台数	非メタン有機ガス（NMOG）数値
1～250台	0.047g/km（LEV基準）	1～4,500台	0.047g/km（LEV基準）
251～4,000台	0.039g/km		
4,001～10,000台	0.030g/km	4,501～10,000台	0.037g/km
10,001台～	0.025g/km（LEV基準）	10,001台～	0.025g/km（LEV基準）

出所：韓国政府説明資料

FTAでは，自動車にかかる特別消費税，および自動車税について，対象グループを簡素化し，税を軽減することを約束しており，米韓FTA発効後は，米国製品にこれらの優遇措置が適用されるとともに，EU製品にも適用されることになる。

なお，自動車については，協定の実効的な履行を確保するために「自動車および部品に関する作業部会」を設置し，少なくとも年１回会合を開催することになっている。

③分野別の約束――医薬品・医療機器と化学品

医薬品は，欧州企業に競争力があり，関税の撤廃などで，メリットを受けるとしてEUでは期待の高い産業の一つである。

韓国は医薬品に８％の関税を課しているが，EU韓FTAでは，即時または３年での撤廃を約束した。一方，韓国の医薬品制度については，還付制度についての透明性が非関税障壁として欧州企業の懸念の対象となってきた。このため，EU韓FTAでは，協定付属書で，価格決定・償還制度の策定プロセスの透明性を中心に，一定の規律を設けた。

透明性については，まず，医薬品・医療機器の価格決定，償還に関する法，規則，手続き，行政決定，履行ガイドラインなどの迅速な公開を義務づけた。例えば，韓国は保険償還制度の対象となる医薬品・医療機器を列挙するポジティブ・リスト方式を採用しており，EU韓FTAでは，韓国に対してこうした保険償還制度の対象となる製品リストの公表などの義務を課している。EUでは，透明性に関するルールが規定されたことで，透明性と予見可能性が確保され，欧州企業は利益を得られると評価している。

一方，化学品については，EUが網羅的な化学品規制（REACH法）を導入し，規制を強化したことから，韓国は同分野での協力を求めていた。最終的にEU韓・FTAは協定付属書で，化学品に関する作業部会を設置し，同分野での協力を検討し，議論を図ることを規定した。

④全般的な非関税障壁規制——TBTとSPS

規格などを扱う貿易の技術的障壁（TBT）については，まず，WTOのTBT協定のもとでの権利義務が準用されることを確認したうえで，任意規格（standard），強制規格（technical regulation），適合性評価手続き（conformity assessment procedure）についてより詳細に規定している。

強制規格については，制定，改正時に公聴会を開催する場合，相手国の事業者など関係者に対し，内国民待遇の付与を義務付けた。WTOのTBT協定では強制規格の制定，改正案に対し，当事国が意見を述べることができるとの規定にとどまっているのに対し，EU韓FTAでは透明性がより強化されていると評価されている。このほか，透明性強化のための措置として，強制規格を採択または提案するに際して相手国から依頼があれば，①規格の目的，法的根拠等に関する情報の提供，②強制規格に関する事業者への情報提供のためのメカニズムの設置，などの措置をとることなどでも合意している。

植物衛生検疫措置（SPS）についても，TBT同様，基本的にWTOのSPS協定を確認したうえで，透明性確保などについてより詳細に規定している。まず，透明性については，貿易に影響を及ぼすおそれのあるSPSの適用などに関する情報交換，および具体的な産品に適用される要件について，相手国の要請があれば，通知すると定めている。

このほか，①国際基準策定時の協力，② SPS協定などに定められている「有害動植物または病気の無発生地域および低発生地域」の概念を承認するための協力関係の構築，③動物福祉に関する基準の情報交換の協力，などが規定に盛り込まれている。

3　サービス，政府調達，知的財産権

（1）サービス――通信，環境，法律分野で進展

サービス分野は，EU に競争力があり，事前の影響評価でも大きな利益が得られるとの結果が出ていたことから，EU は米韓 FTA 以上（米韓プラス）の自由化を強く求めた。

これに対し，韓国は，サービスについても米韓準拠を交渉の基本方針とした。特にサービスについては，韓国は米韓 FTA で無条件の最恵国待遇を導入したことにより，EU 韓 FTA で米韓 FTA 以上の自由化を行えば，EU への市場開放は米国への市場開放に必然的につながることになる。このため，韓国としては米韓プラスの付与には消極的で，最終的に EU が米韓プラスを勝ち取ったのは，①通信サービス分野での一部の放送信号の送信に関する規制緩和（発効から 2 年後），②環境サービス分野での生活下水処理サービスに関する内国民待遇（発効から 5 年後），③法律サービスでの自国の肩書きおよび自国での法人の名称を使用可能とすること，の 3 点にとどまった。

ただし，EU 韓 FTA は米韓 FTA より早く適用が開始されたことから，EU はサービス市場の開放による先行利益を得ることになった。例えば，欧州の法律事務所はアメリカに先んじて韓国市場に参入することで，法律サービスを行うための最適なパートナーを確保できることになった。

EU のサービス業界団体である欧州サービスフォーラム（ESF）も，EU 韓・FTA によってサービス貿易の拡大，投資促進などにより直接的な利益が得られることに加え，高い自由化の水準が今後の FTA の先例となるとして高く評価している。

サービスの自由化では，米韓 FTA 同様，EU 韓 FTA でも最恵国待遇が導入された。すなわち，EU，韓国ともに，FTA 発効後に署名した他の FTA で与えた待遇と，同等の待遇を相手国に付与しなければならないと規定している。

EU 韓 FTA におけるサービス自由化の約束の利益を受けられる企業は，①

表3-6　サービス貿易の4つの態様

態様（モード）	内容	典型例
1．国境を超える取引 （第1モード） ⇒サービスの越境取引	いずれかの加盟国の領域から他の加盟国の領域へのサービスの提供	・電話で外国のコンサルタントを利用する場合 ・外国のカタログ通信販売を利用する場合など
2．海外における消費 （第2モード） ⇒サービスの越境取引	いずれかの加盟国の領域内におけるサービスの提供であって，他の加盟国の消費者に対して行われるもの	・外国の会議施設を使って会議を行う場合 ・外国で船舶・航空機などの修理をする場合など
3．業務上の拠点を通じてのサービスの提供 （第3モード） ⇒設立	いずれかの加盟国のサービス提供者によるサービスの提供であって，他の加盟国の領域内の業務上の拠点を通じて行われるもの	・海外の支店を通じた金融サービス ・海外現地法人が提供する流通・運輸サービスなど
4．自然人の移動によるサービス提供 （第4モード） ⇒ビジネス目的の自然人の一時的滞在	いずれかの加盟国のサービス提供者によるサービスの提供であって，他の加盟国の領域内の加盟国の自然人の存在を通じて行われるもの	・招聘外国人アーティストによる娯楽サービス ・外国人技師の短期滞在による保守・修理サービスなど

出所：外務省ホームページ資料

EU加盟国または韓国の法律に基づいて設立された法人で，②EUまたは韓国に登録事務所，中央管理，または主たる営業所を有するものである。また，設立に関しては，EUまたは韓国の自然人もしくは法人が所有または支配する法人が対象となる。

EU韓FTAでは，サービスを越境取引，設立，商用者（ビジネス目的の自然人）の一時的滞在に分けて，それぞれ自由化の約束をしている。「サービスの越境取引」に関する規定はWTO・GATSのいわゆる第1モード，第2モードに相当し，製造業への投資を含めた「設立」に関する規定は第3モード，また「商用者の一時的滞在」に関する規定は第4モードに当たる（表3-6）。

サービスの越境取引，設立については，自由化分野を列挙するポジティブ・リスト方式を採用した。商用者の一時的滞在については，設立の自由化対象分野は原則自由化の対象となり，例外的に留保を付す事項を列挙した。

なお，EUのセンシティブ分野であるオーディオビジュアルサービスについては，別途，文化協力に関する議定書が結ばれている。また，コンピュータサービス，郵便・クーリエサービス，電気通信サービス，金融サービス，国際海上運送サービスについても，特別の規定が設けられている。

①サービスの越境取引——法律サービスなどの自由化を約束

サービスの越境取引については，協定付属書の約束表に記載された分野が自由化の対象となる。具体的には，約束表に記載した分野については，国内事業者と同等の待遇を認める内国待遇が義務付けられるほか，サービス提供者の数の制限，サービスの取引総額または資産総額の制限などが禁止される。そのほか，GATS 同様，透明性の確保，国内規制に関する規定が置かれ，後者の国内規制については，資格要件や技術基準，ライセンス要求などを客観的かつ透明性のある基準に基づくものとする努力義務が課されている。

分野別の約束内容は以下のとおりである。

EU が自由化による具体的な利益を期待している分野の一つが，法律サービス分野である。この分野で EU は，米韓 FTA と同等の段階的な市場開放に加え，法律サービスでの自国の肩書および自国の法人の名称を使用できるようにすることを韓国から引き出した。

自由化は，次の 3 段階で行われる。すなわち，①まず，発効時から，EU 加盟国の法律事務所が韓国に駐在員事務所（FLCO）を設立することを認める。そして，EU 加盟国の資格を持つ弁護士は，外国法諮問士（FLC）の資格を得て，母国法および国際公法に関する法律相談サービスを提供することができる。②発効から 2 年以内に，韓国は，国内法，外国法にまたがる案件を共同で受注するために，FLCO と韓国法律事務所との業務提携を認める。③発効から 5 年以内に，韓国は，EU 加盟国の法律事務所が韓国法律事務所と合弁を組むことを認める。

環境サービス分野では，韓国は米韓 FTA プラスの一つとして，生活下水処理サービスに関する内国民待遇の付与を約束した。具体的には，生活下水処理サービスを公開競争入札により民間に委託する際に，国内事業者と同等の待遇を約束することになった。

通信サービス分野では，一部の放送信号の送信に関する規制緩和（発効から2年以内）が米韓FTAプラスとして挙げられる。現行法では，テレビなどの衛星放送業者は，国内に事業所を設けずにサービスを提供しようとする場合，韓国の国内事業者と提携することが義務付けられている。EU韓FTAにより，EUの衛星通信・衛星放送事業者は，国内事業者と提携することなく，韓国内でサービスを提供することができるようになった。このほか，米韓・FTAと同様，発効から2年以内に基幹通信事業者（電話通信回線などの設備を保有してサービスを提供する事業者）への出資について，100％までの外資比率を認めることを約束している。

金融サービスについても，概ね米韓FTAの規定を導入している。また，その他のサービスについては，郵便クーリエサービスについて，FTA発効から3年以内に通商委員会が，国の独占している郵便クーリエサービスに適用される規制枠組みの原則を策定するとした。

②設立——法人の設立など投資の自由化を約束

協定では，法人の設立，支店，駐在員事務所の設置，既存法人の買収，出資など，相手国への投資の自由化が，設立に関する約束の規律対象である。

設立に関する約束表に記載された分野は，サービスの越境取引同様，市場アクセスへの制限が禁じられるほか，内国民待遇が義務付けられる。禁止される市場アクセス制限としては，サービスの越境取引での規定に加え，①外国資本の比率制限，②事業活動を行ううえで特定の法人形態や合弁企業の義務付け，③特定分野で雇用しうる，または当該投資家が雇用しうる，事業活動に必要な自然人の数の制限，などが挙げられている。

なお，製造業の投資の自由化については設立の規定で扱われているが，，EU韓・FTAでは，，投資家対国家の仲裁手続きなど投資後の保護に関する規定は設けられていない。これは外国直接投資については，従来はEUに交渉権限がなく加盟国のみが権限を持っていたためである。しかし，リスボン条約により，投資もEUの通商権限に含まれることになったため，今後のEUのFTAでは，投資の自由化だけでなく，投資保護規定も設けられることになるとみられる。EU 韓 FTA でも，投資自由化章の見直し規定で，見直しに合わせて投資保護規定の交渉も検討するとしている。

③商用者の一時的滞在についての約束

EU 韓 FTA では，商用者（ビジネス目的の自然人）の一時的滞在についても約束をしている。ただし，約束の対象になっているのは一時的滞在のみであり，就労目的の人の移動や恒久的な居住，移民などに関する措置は含まれない。具体的に自由化の対象となるのは，キーパーソネル（key personnel），大卒研修生（graduate trainees），ビジネスサービスの販売者（business service sellers），契約に基づくサービス提供者（contractual service suppliers），独立の専門家（independent professionals）である。

キーパーソネル（管理職，専門職），大卒研修生の移動の自由に関しては，設立の自由化対象分野については，原則として一定期間の滞在を認めている。具体的には，キーパーソネルのうち，企業内転勤者は 3 年までの滞在，事業出張者は 1 年に 90 日までがそれぞれ認められる。大卒研修生は 1 年までの滞在が認められる。さらに，分野ごとの入国者数の制限や差別的な制限といった措置を課すことが禁じられている。

ビジネスサービスの販売者は，サービスの越境取引および設立の自由化対象分野については，1 年に 90 日までの滞在が認められる。契約に基づくサービス提供者，独立の専門家はただちに約束の対象とはならず，GATS19 条に基づく WTO での交渉妥結から 2 年以内に，通商委員会で，移動に関する約束表を定めた決定を採択することになっている。

（2）政府調達，知的財産権，競争，持続可能な発展

①政府調達——民間資本を活用した公共事業の自由化を約束

政府調達については，EU は自由化約束の対象を WTO 政府調達協定（GPA）から拡大することを要求した。しかし，結果的に EU 韓 FTA で追加的に約束の対象とされたのは，BOT 契約など民間資本を活用した公共事業にとどまり，政府調達の対象は拡大されなかった。また，EU 韓 FTA では，米韓 FTA の

ように約束の対象となる調達基準額のGPAからの引き下げもなされなかった（米韓FTAは中央政府機関の財・サービスの調達基準額を2億1000万ウォンから1億ウォンに引き下げ）。ただ，米韓FTAは政府機関として中央政府のみを対象としているのに対し，EU韓FTAでは地方自治体も対象としている。

民間資本を活用しての公共事業については，EUと韓国で概念が異なるため，韓国，EUそれぞれに異なる定義がおかれた。

BOT（Build-Operate-Transfer）契約は，韓国に適用されるもので，インフラ，工場，建物，施設など政府保有の施設の建設，補修を提供することを目的とする契約であって，契約履行の対価として，調達主体が事業者に対して契約期間中の一定期間，当該建造物について，一時的な所有権，または管理・運用権，使用料の請求権を付与するものをいう，と定義されている。これに対して，公共事業コンセッションは，EUに適用されるもので，公共事業契約のうち，事業の対価が施設の利用権や支払いを伴う利用権のみにあるとされるものをいう，と定義されている。

EU韓FTA付属書9により，韓国は1500万SDR以上のBOT契約の開放を約束した。BOT契約の開放は，この分野で世界的に競争力を持つEUの事業者にとって重要な商業的利益をもたらすものとして，EUは韓国の市場開放の約束を評価している。さらに，韓国のBOT契約開放の約束対象機関は，WTO・GPAの対象に加えて，ソウル市，釜山市，仁川市，京畿道の地方自治体も追加されている。これらのBOT契約には，内国民待遇と無差別原則の適用，入札の公示に明記すべき事項や落札の公表などの義務が課されている。

②知的財産権——実体的規定を盛り込む

知的財産権に関する規定は，地理的表示（GI；Geographical Indications）を除き，基本的に米韓FTAに準じている。ただし，EU韓FTAでは，著作権の保護期間をWTOの知的所有権の貿易関連の側面に関する協定（TRIPS協定）の50年から70年に延長するなど，TRIPSプラス規定を多く盛り込んでいる。また，EU韓FTAでは，①未登録意匠（デザイン）の保護，②特許権，意匠・地理的表示・植物新品種の育成者権への国境措置対象の拡大など，米韓FTA

に見られない規定も盛り込んでいる。なお，知的財産権については，TRIPS協定ではFTAによる例外規定を設けていないため，TRIPS協定の最恵国待遇を通じて，FTAによる保護の強化はWTO加盟国にも均てんされる。

地理的表示の保護は，EUがFTAで重視している分野の一つである。EU韓FTAでは，WTOでも認められているワイン，スピリッツの地理的表示の保護に加え，農産品・食品にも保護の対象を広げた。韓国は64種類，EUは162種類の地理的表示を保護対象としている。また，保護の対象は今後両当事国の合意により拡大することができる。

EUは，WTO交渉でも地理的表示の保護対象の拡大を主張しており，これに対してアメリカやオーストラリアなどは強く反対している。EU韓FTAにおける保護対象の拡大は，今後のWTO交渉を見据えたEUの戦略ということができる。

従来のEUのFTAでは，知的財産権については，実体的な規定が設けられることはなく，既存の条約への加入義務が定められるにとどまっていた。EU韓FTAでは，既存の条約への加入義務ではなく，条約規定の遵守義務を設けている。

加えて，EU韓FTAでは，既存の条約の規定を確認するにとどまらず実体的な義務も規定している。例えば，水際措置の対象については，2010年11月に発表された模造品・海賊版拡散防止条約（ACTA）の最終草案では，特許は水際措置に関する規定の対象から除くとされた。これに対して，EU韓FTAでは，前述のように，国境措置の対象を特許，意匠・地理的表示・植物新品種の育成者権にも拡大すると定めている。ACTAでは導入を義務付けられなかった規制を，EUはFTAを通じて実現したともいえる。

③競争

競争については，EUと韓国は反競争行為についての協力に関する協定を締結し，協定は2009年7月1日に発効している。EU韓FTAでは，同協定に従い，競争法の執行に関する情報交換を行う協力義務を設けている。

④補助金規則

補助金規則については，これまでのEUのFTAでは，補助金に関する規定は一般的なものにとどまり，かつFTAで設けられた紛争解決手続きの対象外とされてきた。

しかし，2006年の通商戦略「グローバル・ヨーロッパ」では，非関税障壁の除去が重視され，そのなかには国家補助に関する規律も求めていくことも含まれた。EUは，EU企業の対等な競争環境を確保するためにも国際的なルールの策定が必要であると主張している。ただし，国際ルール策定は現状では困難であるため，まず，二国間でルール形成を進めていくことが重要であるとし，EU韓FTAはその第一歩であると位置づけている。その結果，EU韓・FTAでは以下のようなWTOプラス規定が設けられた。

①禁止補助金の対象をWTO「補助金および相殺関税に関する協定」(SCM協定) から拡大；SCM協定の禁止補助金に加えて，次の補助金を禁止。

a）金額，期間の制限なく企業の債務を保証する補助金

b）企業再建計画の提出なしに企業に与えられる補助金

②透明性確保のため，EUと韓国は，特定が可能で，国際取引に影響すると思われる補助金について，全体の金額，形式，分野別配分を毎年報告することが義務付けられた。

③制裁を伴う紛争解決手続きの適用

「補助金」については，「競争」と異なり，紛争解決手続きが適用され，当事国は協議を経て仲裁パネルに提訴することができる。仲裁パネルの判断は拘束力を持ち，遵守されない場合，当事国はFTAの義務を停止することができる。

④サービス分野への適用可能性について検討

補助金に関する規定は，当面は，漁業，農業補助金を除く物品への補助金に適用され，サービスへの適用については発効から3年以内に意見交換を行うことになっている。

⑤持続可能な開発——環境，労働に関する規定を盛り込む

これまでのEUのFTAは，政治対話，二国間協力，貿易関連協定（FTAに相当）の三部構成からなる連合協定の一部として結ばれてきた。そして連合協定の中では環境，労働問題は，FTAではなく，二国間協力の中で取り扱われてきた。

しかし，EUでは，リスボン条約により欧州議会の権限が強化されたことから，通商分野での欧州議会の発言力が増してきている。そして，欧州議会の関心が高い分野の一つにFTAでの環境，労働問題の扱いがある。欧州議会は，交渉開始後の2007年12月に採択した決議で，環境親和製品の早期関税撤廃，国際労働機関（ILO）諸条約の批准・実施，市民参加を促すためのメカニズムの設置などをFTAに盛り込むことを求めた。そのうえで，持続可能な開発に関する拘束力のある規定は，FTAの不可欠の要素であると位置づけている。

また，欧州委員会も「グローバル・ヨーロッパ」のなかで，新しいFTAを検討する際には，労働基準，環境保護に関する規定を盛り込むなど，貿易関係を通じた持続可能な開発の強化を進める必要があるとしている。

EU韓FTAでは，環境，労働に関する規定を「持続可能な開発」に関する章で設けている。同章では，それぞれの当事国が独自の環境・労働保護水準を設定できるとしたうえで，国際労働機関（ILO）加盟国として，1998年の第86回ILO総会での「労働における基本的原則および権利に関するILO宣言」に基づき，①結社の自由および団体交渉権の効果的な承認，②あらゆる形態の強制労働の禁止，③児童労働の実効的な廃止，などの基本権の原則を尊重し，実現することなどを約束している。

環境については，多国間環境協定の実効的な履行を約束し，特に気候変動問題については，国連気候変動枠組条約および京都議定書の最終的な目標の達成に向けての約束を再確認し，バリ行動計画に従った将来的な国際枠組みの形成に向けて協力することを約束した。

また，両分野での協力，協定上の義務履行を確保するために，特別委員会として貿易と持続可能な開発委員会を設置し，協定の履行監視のため必要に応じ

て開催するとしている。

4　EU韓FTAが日本企業に与える影響

（1）EU韓FTAの経済効果――日本のGDPや貿易にマイナスの影響

EU韓FTAによるEU，韓国への定量的な影響については，欧州委員会による委託調査，韓国主要研究機関による調査などがすでにある。

例えば，2010年5月のEUの経済影響調査報告書では，EU韓FTAにより，EUについては0.07～0.08％，韓国については0.46～0.84％のGDP押し上げ効果があると推定している。これに対して，日本のGDPは－0.06～－0.07％の影響があると算定しており，これは第三国では最大の影響幅である。また，EUから日本への輸出額は3億5000万～4億ユーロ減少，韓国から日本への輸出額は3億1000万～6億1000万ユーロ減少するとしている。08年6月のEUの貿易持続可能性影響調査では，日本からの輸出が韓国に代替される可能性は最も高いと想定している。

具体的に，EU韓FTAが日本企業にもたらす影響が最も大きいものとして懸念されているのは，欧州市場での韓国企業の競争力の向上，そしてそれに伴う日本企業の競争力の相対的低下である。EU韓FTA発効前の段階で，EUの平均関税率（09年）は5.3％（WTO）と低いが，自動車（乗用車10％，貨物自動車を含めると最大22％），家電（最大14％）などで2ケタの高関税を課している。これらの産業はまさに日本企業と韓国企業が競合している分野であるため，EU韓FTAで韓国に対するこれらの品目の関税が5年以内に撤廃されることによる日本企業への影響は避けられないと懸念されている。

（2）欧州市場での日本企業への影響

韓国，日本がEUに輸出する製品は競合しているものが多く，両国からEUへの輸出の上位50品目を見ると，特に自動車，電子機器で重なり合いがみられる。このため，欧州市場での日本企業への具体的な影響として，EUで2ケタ以上の関税が課されている自動車，家電を中心に，競合する完成品が韓国から無関税で流入することへの懸念が大きい。

特に10％の関税がかかる乗用車では，ガソリン車で3品目（1000cc以下，1000〜1500cc，1500〜3000cc），ディーゼル車2品目（1500〜2500cc，2500cc以上）と，あわせて5品目で競合がみられる。これらの品目はいずれも，3〜5年の間に毎年関税が段階的に削減される。

このほか，韓国からEUへの輸出上位50品目には，冷凍冷蔵庫（税率1.9％），洗濯機（税率2.6％）などもみられるが，これらは品目についても日本品との競合がみられる。サムスン電子はポーランド現地メーカーの買収により，2009年12月に欧州で初めて白物家電の生産拠点を有するに至っているが，輸入関税が撤廃されることで，品揃えのバリエーションを増やすことが容易になる。日本製品はエネルギー効率性などの点で優位に立っているとされているものの，韓国製品との価格競争でコスト削減圧力が強まることは避けられない。また，テレビについては，現状では，日韓ともすでにEU域内に工場を設立し，テレビの輸入はそれほど多くないものの，5年をかけて14％の関税が撤廃されることにより，韓国からEUに直接輸出するという選択肢が生まれ，価格帯やモデルの多様性などの点で，韓国はよりきめ細かな対応が可能になる。

加えて，自動車についてはタイヤ，その他部品・アクセサリー，ディーゼルエンジン部品などの部品でも競合がみられる。このため競合している部品については，現在日本から部品を調達しているEUの自動車メーカーが，韓国からの輸入に切り替える可能性もある。さらに，これらの部品を韓国メーカーが欧州での自動車生産に使用する場合，韓国メーカーはその分，コスト削減が可能になる。

同様に日韓からはテレビ用などの電気・電子機器部品の輸出も多い。自動車のタイヤを除き，これらの部品の関税はすべて即時撤廃の対象である。このため，日本企業は，欧州に進出している韓国企業の部品調達コストの削減による競争激化の影響をすでに受けている。また，間接的な影響としては，EUの関税停止措置への影響も指摘されている。これら品目の一部，モニター，テレビモジュールなどは，EU域内で生産できないという理由で，EUでは5％の関税賦課が暫定的に停止される関税停止措置の対象になっている。しかし，EU韓FTAの締結により，韓国からの部品供給が可能との理由で関税停止措置が廃止された場合，韓国から部品を調達する韓国企業はFTAによって無税で輸入できるのに対し，日本から調達する日本企業は関税の支払いを余儀なくされる。実際，10年にポーランドが現地生産の増加を理由にテレビモジュールの関税停止措置の廃止を提案したこともあり，こうした日本企業の懸念は現実味を帯びてきている。

さらに，次のような問題もある。家電以外の電気・電子機器およびその部品は，WTOの情報技術協定（ITA）によって関税は撤廃されている。日韓からの輸出はITA対象品目も多い。しかし，EUではしばしばITA対象品目に分類されている製品を有税品目に分類する，関税分類問題が生じてきた。例えば，携帯電話はITAの対象品目として関税は無税となっている。しかし，EUでは，GPS付き，テレビ付き携帯電話について，GPSレシーバー，あるいはテレビに分類するという事例が発生した。GPSレシーバーに分類されれば3.7％，テレビならば14％の関税がそれぞれ課されることになる。この問題は業界団体の働きかけなどにより，最終的にすべて携帯電話に分類するという結論に落ち着いたが，日本企業には引き続き，こうした関税分類問題による不確実性コストがつきまとうことになる。これに対して，韓国製品はFTAによっていずれに分類されようと関税は無税となるから関税分類問題は発生せず，日韓製品の間にはコスト差が生まれる潜在的リスクが存在する。

以上のように，EU韓FTA発効による欧州市場での影響としては，①韓国製品に対する関税の完全撤廃による完成品輸入の増加，およびそれに伴う欧州市場での日本からの輸出品や日系企業現地生産品との競争激化，②日本企業の部品調達コストの相対的上昇による現地生産拠点の競争力低下，③関税停止措置の廃止による日本の現地生産企業の相対的コスト上昇，④関税分類問題による韓国企業と比べた相対的な不確実性コストの増大，といった影響が直接的には懸念される。

表3-7　EU韓FTA暫定発効後の韓国の対EU輸出増加額／減少額の大きい品目（上位5品目）

（単位：100万ドル）

	順位	品目名	EUの基本税率	撤廃スケジュール	輸出額 2010/7～12	輸出額 2011/7～12	前年同期比増減額	前年同期比増減率(%)
輸出増加額	1	乗用車	10％	5年	1,520	2,935	1,415	93.1
	2	ジェット燃料および灯油	4.7％	即時	155	774	619	399.0
	3	自動車部品	1.7～19.0％	3年	1,740	1,981	241	13.8
	4	建設重装備	無税～4.5％	3年	330	509	179	54.5
	5	合成樹脂	無税～6.5％	3年	446	605	159	35.5
輸入増加額	1	船舶	無税	―	6,077	3,181	△2,895	△47.6
	2	無線電話機	無税	―	1,499	629	△870	△58.1
	3	平板ディスプレー	無税	―	2,779	2,001	△768	△27.6
	4	個別素子半導体	無税	―	938	405	△533	△56.8
	5	集積回路半導体	無税	―	1,030	609	△422	△40.9
合計			―	―	25,112	27,274	△2,163	△7.9

出所：韓国外交通商部「EU韓FTA発効6カ月の効果分析」（2012年2月）

EU韓FTA発効後の韓国の対EU輸出をみると，こうした懸念は特に乗用車などで現実のものとなりつつある。

韓国外交通商部は「EU韓FTA発効6カ月の効果分析」（2012年2月）の中で，EU韓国FTA発効後6カ月（11年7～12月）の対EU輸出額が前年同期に比べて増加した品目，減少した品目（それぞれ上位5品目）を発表している。それによると輸出額が増加した品目はいずれもFTAによりEU側の関税が撤廃，もしくは引き下げられたもので，韓国がFTAの恩恵を享受したことを示している。一方，輸出額が減少した主要品目はいずれも，もともとEU側の関税がゼロであり，FTA発効の恩恵を受けていない。つまり，対EU輸出不振の原因はFTA発効とは関係なく，EUにおける需要そのものの低迷の影響を受けたものとみられる。

FTAで関税メリットを享受した品目の輸出はそれなりに伸びており，韓国外交通商部では「特に，EU韓FTAの関税撤廃・引き下げ恩恵品目の輸出増加が11年下半期の対EU貿易収支の黒字（約7億1800万ドル）基調の維持に寄与した」「EU韓FTAの経済的効果を短期間の貿易動向で分析するには限界があるが，協定発効後6カ月間の動向を見る限り，同FTAが韓国の貿易拡大に寄与したものと評価される」と結論づけている。

主要輸出品目でみると，輸出額が突出して増加したのが乗用車である。FTA発効前から乗用車の輸出増加が際立つとみられていたが，予想どおりの結果となった。韓国知識経済部は12年3月に発表した資料の中で，乗用車の対EU輸出増加の要因として，①EU市場の特性に合致した戦略車種の投入，②現地マーケティングの強化，③EU韓FTAの発効と日本車の停滞，の3点を指摘している。

また，欧州委員会が2015年3月に発表した資料でもEU韓FTA発効後のEUの韓国からの乗用車の大幅な輸入増が裏づけられている。すなわち，同資料によれば，EUの韓国からの乗用車の輸入は，EU韓FTAが発効した11年7月以降の3年間に，金額ベースで53％増（26億ユーロ→40億ユーロ），数量ベースで25％増（30万台→37万5000台）とそれぞれ増加している。

もっとも，EU韓FTAは韓国車の対EU輸出を有利にする効果ばかりではなく，足元の韓国市場では関税低下により，BMW，ベンツ，アウディなどの欧州の高級乗用車が販売を伸ばしている。このあおりを受けて韓国の大手自動車メーカー，現代自動車の13年の販売シェアが68％と前年より3ポイント低下して6年ぶりに70％を割り込むなどの影響も出ている。

欧州では，金融危機による景気悪化などの影響を受けて，日本企業の間で生産縮小など再編の動きや撤退のケースもが出てきている。もちろん，こうした撤退・生産縮小は，欧州経済の不振や円高などを原因とする日本企業の競争力低下や厳しい環境規制に伴うコスト高など，EU韓FTA以外の影響も大きいことはいうまでもない。しかし，欧州市場での韓国との競合激化が一因となっていることも事実であり，EU韓FTAが追い打ちをかける格好となった。

そして，注意すべきは，日本からEUへの輸出は，すでに欧州で生産を行っているメーカーによるものが多いということである。例えば，日本からの輸出で乗用車は大きな割合を占めるが，ダイハツを除く日本メーカーは欧州で生産を行っている。つまり，日本メーカーは欧州で生産をしつつ，商品ラインアップ，迅速な供給確保などのために輸出も行うことで，欧州での競争力を確保している。したがって，日本からの自動車輸出がEU韓FTAによって相対的に競争力を失うことは，欧州の拠点が競争力を失うことにつながる。

もちろん，日本企業もEU韓FTAの発効の影響を小さくするために様々な工夫をしている。例えば，端的に影響を回避するための手段としては，韓国の拠点，ないしは韓国企業との提携により，韓国からの完成品，部品を欧州市場に供給することが考えられる。

また，EUが交渉を進めるASEAN諸国とのFTAに期待する声もある。ただし，ASEANとのFTA交渉については，EUは2010年から各国別の交渉に切り替えている。EUは13年9月にシンガポールとのFTAで最終合意に達したほかは，現時点でまだ，ASEAN諸国との間で交渉を妥結した国はなく，FTAを利用できるようになるのはまだ先になるものと思われる。

ASEANからの供給という点では，FTA以外にも，一般特恵関税（GSP）の活用も考えられる。特にEUは11年1月よりGSPの原産地規則を緩和・簡素化しており，品目によってはGSPスキームの活用がかなり容易になったものもある。また，GSPではASEANでの累積原産地が認められていることも，活用可能性を検討に値するものにしている。

しかし，こうした企業努力には限界があり，現行の制度を前提としたコスト削減余力も限られている。より重要なことは，EUとの間で経済連携協定（EPA）を結ぶことによって，日・EU間の貿易や投資の促進を図ることである。

2005年4月に日墨EPAが発効したことにより，05年の日本からの対メキシコ直接投資額は前年比3.3倍の6億2962万ドルに達した。この数字には在米日本企業による投資は含まれていないため，実際の数値はこれよりも大きい。特に自動車の分野では自動車関税（50％）の無税枠の拡大と関税の段階的撤廃が約束されたほか，日産，ホンダ，トヨタが増産のための投資を相次いで発表し，部品メーカーの投資も増加した。EPAが投資を促進するきっかけとなった好例である。現在交渉中の日EU・FTA／EPAの早期締結が待ち望まれている所以である。なお，日本政府は，イギリスが2016年6月の国民投票でEUから離脱を決めた後も，2016年内のできるだけ早い時期に日EU・FTA／EPAの合意を目指す方針に変わりはないとしており，交渉の推進力を維持する構えである。同時にイギリスのEUからの離脱後を見据え，いずれイギリスとの間で個別に貿易協定の締結が必要になるものと思われる。

参考文献

伊藤白（2013）『EUのFTA政策――日EU・EPA交渉に向けて』国立国会図書館，調査と情報，第793号。

牧野直史（2011）『EU韓国FTAの概要と解説――海外調査シリーズNo. 384』ジェトロ（日本貿易振興機構）。

苅込俊二（2012）『韓国のFTA戦略――FTA戦略を推進できる要因と日本への示唆』みずほ総研論集，2012年Ⅱ号。

奥田聡（2010）『韓国のFTA――10年の歩みと第三国への影響』アジア経済研究所。

長島忠之・林道郎（2008）『米韓・FTAを読む――海外調査シリーズNo. 375』ジェトロ（日本貿易振興機構）。

CEPS, KIEP（2007）, “A Qualitatve Analysis of a Potential Free Trade Agreement between the European Union and South Korea”,Centre for European Policy Studies（CEPS）, Korean Institute for International Economic Policy（KIEP）.

European Commission（2008）, “Trade Sustainability Impact Assessment of the EU-Korea FTA ; Final Report-（Phase3）”.

European Commission（2015）, “How Trade Policy and Regional Trade Agreements support and strengthen EU Economic Performance”.

（田中信世）

第4章
日・EU 通商関係と日・EU 経済連携協定

WTO（世界貿易機関）ドーハ・ラウンド交渉が停滞する中で，経済連携・自由貿易協定（FTA／EPA）締結の動きがアジア太平洋地域を中心に活発化してきている。2000年代後半以降アジアとのFTA戦略を積極展開するEUと，EU韓FTAの暫定発効（2011年）によりEU市場で競争上不利になることに懸念を強めている日本が，日・EU経済連携協定（日EU・FTA／EPA）交渉を開始した。戦略的グローバル・パートナーシップ構築を目指す協定交渉は，日本が関税撤廃・引き下げを，EUが非関税障壁撤廃をそれぞれ最大の目標としているため，双方の関心分野が非対照的であり，相互利益の均衡が相当に見え難くい中，2016年末までに大筋合意を目指している。

1 日本とEUのFTA戦略

（1）4つのメガFTAと日EU・FTA／EPA

メガFTAとは，表4-1にみるように人口・国内総生産（GDP）・貿易・直接投資などの規模が史上空前のFTAだと定義できる。具体的には，交渉開始順にTPP（環太平洋戦略的経済連携協定：Trans-Pacific Strategic Economic Partnership，交渉開始2010年3月），日EU・FTA／EPA（日・EU経済連携協定，2013年4月），RCEP（東アジア地域包括的経済連携：Regional Comprehensive Economic Partnership，2013年5月），TTIP（環大西洋貿易投資連携協定：Transatlantic Trade and Investment Partnership，2013年7月）の4大FTAを指す。これらのメガFTA交渉がほぼ同時並行して進行していることが注目されよう（図4-1）。このうち，TPPは2016年2月協定に調印済みである。

メガFTAなどに代表されるFTA／EPAの動きが加速してきている背景と

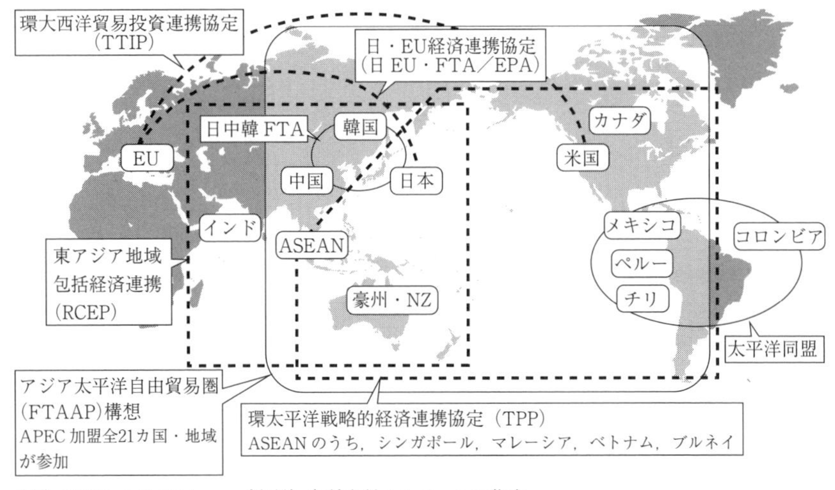

〔注〕破線はメガFTA。　〔資料〕各種資料からジェトロ作成

図4－1　世界の主要メガFTA

出所：ジェトロ（2013），54頁を修正

して，①欧米諸国が経済的関係の深い近隣諸国と北米自由貿易地域（NAFTA），欧州連合（EU）などのように，経済連携の動きを活発化させたこと，②いち早い経済開放によって高成長を遂げたNIEs（新興工業経済群）やASEAN（東南アジア諸国連合）を追って，他の新興国が貿易・投資自由化，市場メカニズムの導入などへ経済政策を転換，FTA／EPA戦略を採用したこと，③WTO（世界貿易機関）ドーハ・ラウンド交渉の不調から，主要国・地域が貿易・投資の拡大を目指して，積極的にFTA／EPAを結ぶようになったことである（経済産業省，2013，57頁）。

WTOに通報されている地域貿易協定（RTA；FTA／EPA，関税同盟を含む）は，1990年27件であったのに対して，2016年2月現在625件と著増している。そのうち，419件が発効済みである（WTOウェブサイト）。

以下では，これらの4つのメガFTAの中で，日EU・FTA／EPAが経済規模的に占める位置を明らかにするために，表4－1で示した統計数値をベースにして，項目別に比較してみたい。

表4－1　4メガFTAの人口・経済・貿易・直接投資の規模

	日EU・FTA／EPA	TTIP	TPP	RCEP
参加国・地域	日本，EU28カ国	アメリカ，EU28カ国	日本，アメリカなど12カ国(1)	ASEAN10カ国，日中韓など6カ国(2)
人口（100万人，2015年，一部の国2014年）	635.1	830.0	819.0	3,521.9
GDP（10億ドル，2014年）	23,101.6	35,823.1	28,018.5	22,711.4
貿易（10億ドル，2014年）(3)	13,623.9	15,961.2	9,340.5	11,393.6
輸出	6,823.3	8,346.2	4,951.7	5,600.2
輸入	6,800.6	7,615.0	4,388.8	5,793.4
直接投資（10億ドル，2014年）(3)	653.4	967.0	919.4	962.7
対外	393.7	617.0	574.3	491.3
対内	259.7	350.0	345.1	471.4

注：(1)シンガポール，ブルネイ，チリ，ニュージーランド，アメリカ，オーストラリア，マレーシア，ベトナム，ペルー，メキシコ，カナダ，日本
(2)インドネシア，シンガポール，タイ，フィリピン，マレーシア，ブルネイ，ベトナム，ミャンマー，ラオス，カンボジア，日本，中国，韓国，オーストラリア，ニュージーランド，インド
(3)当該国・地域のそれぞれ輸出入合計額，対外・対内直接合計額を示す。
出所：UN : *National Accounts Statistics2014,* UN : *World Population Prospects ; The 2015 Revision,* UNCTAD : *World Investment Report 2015, IMF ; Direction of Trade Statistics (May2016)* などから作成

まず，人口規模についてみてみると，日EU・FTA／EPAは6億3510万人，世界総人口の8.8％と，中国・インドを含むRCEPの48.6％の突出したシェアは別にしても，TTIP11.4％，TPP11.3％の他の2つのメガFTAに比べても最も小さい。

次に，経済規模（名目GDP）については，日EU・FTA／EPAは23兆1016億ドル，世界のGDPの29.6％と，TTIP45.9％，TPP35.9％に次いで第3位であり，RCEP29.1％が第4位にとどまる。また，貿易規模（輸出入合計）でみてみると，日EU・FTA／EPAは13兆6239億ドル，世界貿易の36.1％と，TTIP42.3％に次いで第2位で，以下RCEP30.2％，TPP24.8％の順位となっ

ている。

外国直接投資（FDI）の規模（対外・対内投資合計）については，日 EU・FTA／EPA は 6534 億ドル，世界の海外投資合計額の 25.3％で，TTIP37.4％，RCEP は 37.3％，TPP35.6％と第 4 位にとどまる。

以上から，経済規模では，TTIP が 4 メガ FTA の中で最も大きく，貿易規模では，日 EU・FTA／EPA は TPP に次ぐ位置を占めているといえる。もっとも，先進国・地域間の経済連携である日 EU・FTA／EPA，TTIP の経済・貿易規模での優位性を強調することは物事の一面を論じているに過ぎない。むしろ，経済・貿易規模では劣位にある TPP，RCEP には，中国，インド，メキシコ，ASEAN など多くの新興国・地域が参加しており，今後急速に発展する大きな可能性を秘めているといってよい。

（2）拠点的位置の日本，先進国・地域中心の EU

本節では，日本および EU がそれぞれ 4 メガ FTA の中でいかなる位置を占めているのかを論述する。結論を先取りして言うならば，日本が日 EU・FTA／EPA，TTP，RCEP の 3 つのメガ FTA に参加するという最も有利な拠点的なポジションを占めている。次いで，EU はアメリカと同じく 2 つのメガ FTA に参加，4 大経済パワーの一角を占める中国はわずかに RCEP に参加するのみである。以下では，これら 4 大経済パワーと 4 メガ FTA との組み合わせによる世界シェアを示した統計数値のデータに基づいて検証してみる（表 4-2）。

まず，日本が参加する 3 つの FTA の規模を合計すると（重複を除く），人口は 47 億 2220 万人，世界総人口の 65.1％，GDP64 兆 6221 億ドル，世界の GDP 合計の 82.8％，貿易規模は 31 兆 3360 億ドル，世界貿易総額の 83.1％，外国直接投資規模は 2 兆 3041 億ドル，世界の直接投資合計の 89.2％と，いずれも圧倒的なシェアを締めることはが明らかである。

他方，EU は日 EU・FTA／EPA,TTIP の 2 つのメガ FTA に参加している。EU が参加する FTA の規模は，人口は 9 億 5690 万人，世界総人口の 13.2％，

表4－2　4メガ FTA の世界シェア（%）

	GDP		人口		貿易[1]		直接投資[1]	
	10億ドル	%	100万人	%	10億ドル	%	10億ドル	%
日 EU・FTA／EPA	23,101.6	29.6	635.1	8.8	13,623.9	36.1	653.4	25.3
TTIP	35,823.1	45.9	830.0	11.4	15,961.2	42.3	967.0	37.4
TPP	28,018.5	35.9	819.0	11.3	9,340.5	24.8	919.4	35.6
RCEP	22,711.4	29.1	3,521.9	48.6	11,393.6	30.2	962.7	37.3
日本が参加する3メガFTA（日 EU・FTA／EPA＋TPP＋RCEP）	64,622.1	82.8	4,722.2	65.1	31,336.0	83.1	2,304.1	89.2
EU が参加する2メガFTA（日 EU・FTA／EPA＋TTIP）	40,427.8	51.8	956.9	13.2	17,472.2	46.3	1,082.7	41.9
アメリカが参加する2メガ FTA（TTIP＋TPP）	46,515.4	59.6	1,327.2	18.3	21,453.4	56.9	1,457.1	56.2
中国が参加する1メガFTA（RCEP）	22,711.4	29.1	3,521.9	48.6	11,393.6	30.2	962.7	37.3
世界全体	78,046.0	100.0	7,249.5	100.0	37,730.3[2]	100.0	2,582.4[2]	100.0

注：(1)当該国・地域の輸出入合計額または対外・対内直接投資合計額を示す
　　(2)世界の輸出入合計額または対外・対内直接投資合計額を示す
出所：表4－1から作成したもの

GDP は40兆4278億ドル，世界 GDP 合計の51.8％，貿易規模は17兆4722億ドル，世界貿易総額の46.3％，外国直接投資規模は1兆827億ドル，世界の直接投資合計の41.9％のシェアを占めている。前節でも指摘しておいたことであるが，EU のメガ FTA 参加は，日米という先進国・地域中心であり，「世界の成長エンジン」と位置づけられるアジアとの連携が遅れをとっていることである。

アメリカは2つのメガ FTA に参加しているが，規模的には EU よりもやや有利なポジションを占め，TPP 参加によってアジアとの連携強化を図っている点で，EU よりも均衡が取れていている。中国は現在までのところ，RCEP にのみ参加することから，人口規模を除いて世界シェアがいずれも最も低い。

次に，表4－3は日本，EU，アメリカ，中国の4大経済パワーの現行 EPA

表4－3　4大経済パワーのメガFTA締結後のFTAカバー率

（%，2012年末，往復貿易ベース）

	日本[1]	EU[2]	アメリカ	中国[3]
現行FTA	18.9	26.9	39.4	16.6
TPP	19.0		7.5	
RCEP	30.5			19.8
日EU・FTA/EPA	9.8	3.4		
TTIP		14.2	16.9	
合計	73.5	44.5	63.8	36.5

注：(1) TPPとRCEPでの重複があるため各FTAの積み上げ数値は合計と一致しない

(2) EUは域内貿易を除く

(3)中国は香港，マカオを除く

出所：ジェトロ（2013），56頁から作成

／FTAカバー率とFTA／EPA締結後のカバー率を示したものである。現行のカバー率はアメリカ39.4%，EU26.9%と相当高いのに対して，日本18.9%，中国16.6%と低い。

3つのメガFTAに参加している日本が，もしFTA／EPA協定を締結した場合，カバー率が73.5%と飛躍的に高まることになる。これら4国・地域間でアメリカの63.8%，EUの44.5%，中国の36.5%を抜いてFTAカバー率では一躍首位に躍り出ることになり，日本政府が2013年6月に発表した「日本再興戦略」の中で2018年までに70%のカバー率を達成するという目標を超えることになる。EUの場合，域内貿易依存が高いにもかかわらず（輸出63.3%，輸入62.9%，2014年），表4－3では，この部分が除外されているため，FTAカバー率が低くなっていることに留意する必要がある。

（3）EUのFTA戦略，日本のFTA戦略

以下では，EUのFTA戦略と日本のFTA戦略および現在までのEPA／FTA締結状況を論述する。

まず，EUのFTA戦略については，欧州委員会は2006年10月，新通商戦

略のための政策文書『グローバル・ヨーロッパ州――世界で競争する：成長・雇用戦略への EU の貢献』(European Commission, 2006) を発表，その中で日本，アメリカに後れを取っているアジア地域において，ASEAN，中国，韓国，インドなどを FTA／EPA 交渉を最優先する国・地域にあげている。EU が経済成長や雇用の創出を促すために，急速に発展するアジアの経済成長を強力に取り込もうとする戦略である。この時点では，日本を最優先国とはせずに，日本との EPA／FTA には慎重なスタンスをとっている。

その後，欧州委員会が 2008 年 10 月に発表した「グローバル・ヨーロッパ州――グローバル経済における EU のパフォーマンス」(European Commission, 2008) の中で，世界経済の成長センターであるアジア地域との FTA／EPA では日本，アメリカ，中国の 3 極とは明らかに遅れをとっており，将来性が最も高い市場で EU が不振であることが，長期的には EU の世界貿易における地位を損なうとの危惧を表明している。

さらに，2010 年 11 月に欧州委員会が発表した政策文書『貿易，成長，世界問題――EU2020 戦略の中核的要素としての通商政策』(European Commission, 2010) の中で，EU の経済成長の強化，雇用の増加など貿易の利益が EU に還元されるために，アメリカ，日本，中国，ロシア，インド，ブラジルなどの戦略的パートナーとの通商関係の強化を図ることを強調している。

EU は，表 4－4 にみるように，31 カ国・7 地域との FTA／EPA 発効・署名済など全方位的に FAT 戦略を展開しているものの，アジアの国・地域との間で FTA／EPA を締結・発効できたのは，韓国 (2011 年に発効)，シンガポール (2013 年) の 2 カ国に過ぎない。また，EU が目指した ASEAN との地域レベルの FTA 締結は実現していない。

このように，アジア諸国との FTA 交渉が停滞する一方で，欧州委員会は 2012 年 7 月に発表した報告書『成長の外部要因――EU の主要経済パートナーとの貿易・投資関係の進捗報告』(European Commission, 2012) の中で，EU はより高度の FTA を締結することができる，より大きな経済効果も期待できる日本，アメリカとの FTA 交渉に着手することを明らかにした。2015 年 10

表4－4　4大経済パワーのFTA／EPA締結状況

	FTA／EPA締結相手国・地域
日本（発効・署名済・：14ヵ国2地域）	●シンガポール（02）●メキシコ（05）●マレーシア（06）●チリ（07）●タイ（07）●ブルネイ（08）●インドネシア（08）●フィリピン（08）● ASEAN（08）●スイス（09）●ベトナム（09）●インド（11）●ペルー（12）●オーストラリア（15）●モンゴル（署名済）● TPP（署名済）
（交渉中：4ヵ国5地域）	●カナダ●コロンビア●日中韓 ● EU ● RCEP ●トルコ ● ASEAN（サービス・投資）● GCC（湾岸協力会議）（交渉延期）●韓国（交渉中断）
EU（発効・署名済：31ヵ国・7地域）	●海外県・領土（71）●アイスランド(73)●ノルウェー（73）●スイス（73）●シリア（77）● EEA（94）●フェロー諸島（97)●パレスチナ(97)●チュニジア（98）●イスラエル（00）●メキシコ（00)●モロッコ（00）●南アフリカ（00）●ヨルダン（02）●チリ（03）●エジプト（04）●マケドニア（04）●アルジェリア（05）●レバノン（06）●ボスニア・ヘルツェゴビナ（08）● ACP（アフリカ・カリブ・太平洋諸国・地域のうちCARIFORUM15カ国）（08）●コートジボアール（08）●アルバニア（09）●カメルーン（09）●モンテネグロ（10）●セルビア（10）●パプアニューギニア/フィジー（11）●韓国（11）●東・南アフリカ諸国（12）●イラク（12）●中米諸国（コスタリカ，エルサルバドル，グアテマラ，ホンジュラス，ニカラグア，パナマ）（12）●アンデス共同体（コロンビア・ペルー・エクアドル・ボリビア）（12）●シンガポール（13）●カナダ（13）●アルメニア（13）●モルドバ（14）●ジョージア（14）●ウクライナ（14）
（交渉中：8ヵ国2地域）	●メルコスール ●インド ●日本 ●ベトナム ●マレーシア ●タイ ●アメリカ ● ASEAN ●アゼルバイジャン ●カザフスタン
アメリカ（発効・署名済：12ヵ国・3地域）	●イスラエル（85）● NAFTA（94）●ヨルダン（01）●チリ（04）●シンガポール（04）●オーストラリア（05）●中米諸国（コスタリカ，エルサルバドル，グアテマラ，ホンジュラス，ニカラグア）・ドミニカ共和国（06）●モロッコ（06）●バーレーン（06）●ペルー（09）●オマーン（09）●コロンビア（12）●パナマ（12）●韓国（12）● TPP（署名済）
（交渉中：1地域）	● EU
中国（発効・署名済：8カ国4地域）	●マカオ（04）●香港（04）● ASEAN（05）●チリ（06）●パキスタン（07）●ニュージーランド（08）●シンガポール（09）●台湾（10）●ペルー（10）●コスタリカ（11）●スイス（14）●アイスランド（14）
（交渉中：4カ国3地域）	● RCEP ●日中韓 ●オーストラリア ●韓国（合意）●スリランカ ●ノルウェー ●南部アフリカ

注：カッコ内の数字は協定の発効・署名・妥結年を示す

出所：WTO；*Regional Trade Agreements,*（updated March 21,2014），European Commission；*Overview of FTA and other trade negotiations*（updated February 2, 2014），*Overview of EPA negotiations*（updated February 7, 2014），ジェトロ「世界と日本のFTA一覧」（2015年7月現在）などから作成

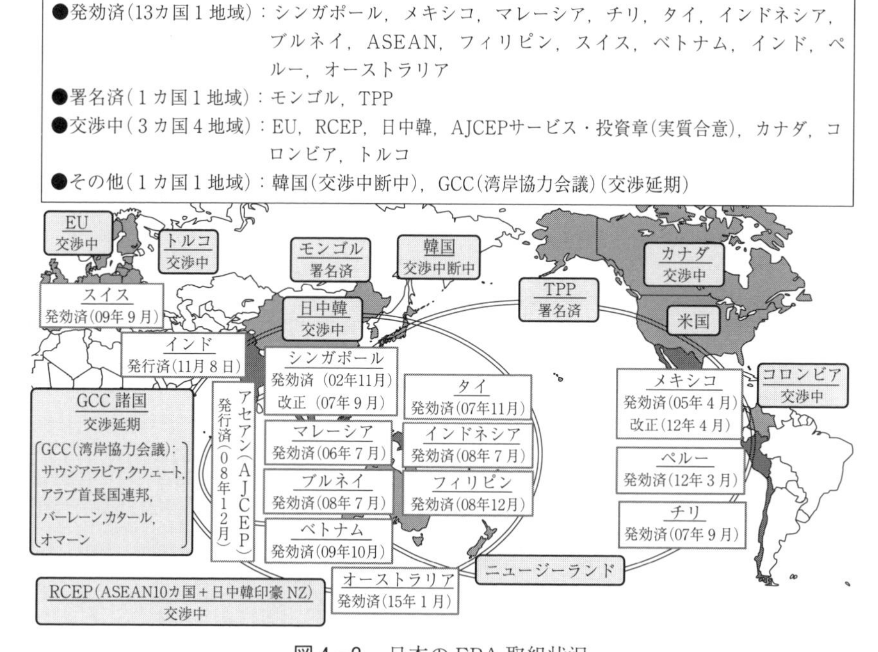

図4－2　日本のEPA取組状況

出所：経済産業省ウェブサイト（2015年10月更新）を修正

月に発表された新貿易，投資戦略「万人のための貿易――より責任ある貿易・投資政策に向けて」(European Commission, 2015) の中でも，日本（日EU・FTA／EPA)，アメリカ（TTIP）との交渉促進を強調している。

他方，日本のFTA／EPA戦略は，アジア太平洋地域の国・地域を中心に展開されてきており，4つのメガFTAのうち，3つのメガFTAに参加するなど，4大経済パワーの中で最も優位なポジションを占めていることは前節で検証したところだ。今後，日本は多面的にFTA／EPAを進めていき，貿易相手国・地域の大部分をカバーする「経済連携のネットワーク」の構築を目指すことになろう（前述したように，2018年までに現在の18.9％からFTA比率70％達成）（通商白書，2013，59ページ)。

表4－4および図4－2で示したように，日本と14カ国2地域との間でEPA

／FTA がすでに発効・署名済であり，4カ国・5地域と交渉中（1ヵ国・1地域は交渉中断・延期）である。現在，アジア太平洋地域以外の主要国・地域として最大の貿易相手先である日 EU・FTA／EPA 交渉が 2016 年中の大筋合意を目指して本格化している。日本がこれまでに欧州地域・国と FTA／EPA 条約締結できたのはスイス（2009 年）のみであり，また，日本にとっては先進国との間では最初の FTA／EPA 条約となる。

2　EU の対日戦略の展開と日本の対応

（1）戦略的パートナーシップ関係の構築

1990 年代に入ってポスト冷戦時代の新たな日・EU 関係の模索が開始された。1991 年 7 月に日・EC 首脳によって採択された「日本と EC およびその加盟国との関係に関するハーグ共同宣言」は，自由，民主主義，法の支配と人権の尊重，市場原理，自由貿易の促進を謳い，双方が共通の関心をもつ政治，経済，科学，文化など広範な分野での対話と協議，協力を追求することを目的としたものであった。

この共同宣言を受けて，日本と EC の首脳協議が毎年 1 回開催されるなどトップレベル対話が 1991 年から制度化されたほか，さまざまなレベルの政治・経済対話・交流が多チャンネル化し，また，1995 年 3 月からは規制改革対話が開始されるなど日 EU 間の相互信頼が着実に高まった。

1993 年 11 月発効した基本条約である「マーストリヒト条約」によって，EU が発足し，欧州統合の一層の深化・発展に向けて新たな段階へと大きく踏み出すことになった（注：マーストリヒト条約発効後は，例えば，「日・EC 首脳協議」を「日・EU 首脳協議」というように表記していることに注意してほしい）。

さらに，1999 年 1 月からは EMU（経済通貨同盟）が発足し，EU の長年の悲願であった単一通貨ユーロが創出されるなど，EU 側の大きな動きがみられた中で，2000 年 7 月，日・EU は「日欧協力 10 年」宣言に合意した。その結果，2001 年 12 月，その後の 10 年間にわたる，より緊密な日・EU 間の協力を目指す宣言とそのための具体策を明記した「日・EU の協力のための行動計画」が日・EU 首脳協議で採択された。

この「共通の未来の構築」と題された行動計画は，①平和と安全の促進（国連改革，核不拡散，人権，朝鮮半島など），②万人のためにグローバルな活力を活かした経済・貿易関係の強化（双方向の貿易・投資パートナーシップ，情報・通信技術協力，WTO，開発・貧困など），③地球規模の問題と社会的課題への挑戦（高齢化社会・雇用，環境，教育，テロなど），④人的・文化的交流の促進（学術，青少年，地域間交流など）を日本と EU の政治的コミットメントとして共同で実施し，問題の解決を目指すことを表明している。

2009 年 12 月に EU の基本条約である「リスボン条約」が発効する中で，2011 年 5 月の日・EU 首脳協議において日・EU 関係に相応した次元に高めるための方途として，「政治，グローバル，その他の分野別協力を包括的に対象とし，拘束力を持つ協定」および経済連携・自由貿易協定（FTA／EPA）について並行した協議交渉のためのプロセスを開始することで合意し，現在交渉が進んでいるところである。

そのうち，「日・EU 戦略的パートナーシップ協定」（SPA）については，日・EU 共同宣言（1991 年）および日・EU 行動計画（2001 年実施，2010 年終了）の基本的目的を踏まえて，①自由，人権，民主主義，法の支配といった日・EU 間の基本的価値および原則の確認，②日・EU 関係の強化，世界および地域の平和，安定および繁栄の達成などを目的として，日・EU 間の一般的な協力方針の規定，③日・EU 間の協力の進捗をレビューし，協力を推進する方途を探求するための協議メカニズムの設置を，SPA 協定の内容に盛り込む方向で日・EU 間交渉が進められているところである。もう一つの FTA／EPA については，第 4 節において詳しく論じている。

（2）外交関係の深化

日・EU（EC）関係の推移は，概ね表 4－5 の通りである。日本と EU（EC）との外交関係が樹立されたのは，EEC（欧州経済共同体）が発足した翌年の

1959年10月のことであり，きわめて早い時期であった。この時，駐ベルギー日本大使がEEC，ECSC（欧州石炭鉄鋼共同体），EAEC（欧州原子力共同体；ユーラトム）の3共同体機関の日本政府代表に任命された。

EC（欧州共同体）が基本条約である「ローマ条約」で規定された過渡的期間を1969年末に終了し，1970年以降，ECの共通通商政策と対外通商交渉権限がEC委員会（現在の欧州委員会）に移管された。これに伴って，日本との包括的な貿易協定締結交渉が開始されたが，日本製品に対するECの共通緊急輸入制限制度（セーフガード）の導入について日本側が強く反対したため，交渉は合意に至らず，日・EC間には包括的貿易協定は存在しない。この間，ECは1974年7月，アジアで初のEC委員会代表部（現在の駐日欧州連合代表部，大使館に相当）を東京に設置した。また，日本側も1979年1月，ブリュッセルにEC日本政府代表部を設置，外交関係の深化・拡大に取り組んできた。

1980年代前半を通じて，日・EC間の貿易不均衡（日本側の大幅な貿易黒字）がいよいよ拡大したことと，この不均衡が次第に長期化し，構造化していったことから，EC側はいわゆる「日本問題（ジャパン・プロブレム）」を提起した。

EC外相理事会が1985年6月，1986年3月に2度にわたり不均衡是正についての「対日宣言」を採択し，EC側の対日要求を即時実施するよう迫った。さらに，1987年5月のEC外相理事会は，日・EC間の貿易不均衡問題に進展がみられないとの強い懸念を表明，日本側は国内市場開放に向けた対応に追われた。

1990年代に入って，1991年7月に採択された「日本とECおよびその加盟国との関係に関するハーグ共同宣言」を契機に，ポスト冷戦時代の新たな日・EC関係の模索が開始された。ハーグ宣言を受けて，日・EU（EC）首脳協議が定期化（毎年1回）されたこと，また，1995年3月からは規制改革対話が行われるようになったことは，前述したとおりである。

1994年7月，欧州委員会が，初の包括的な対アジア戦略文書「新アジア戦略に向けて」（European Commission, 1994）を発表して以後，EUのアジア重視の姿勢が一段と鮮明になった。現在，アジアとの関係強化がEUの対外政策の

表4－5　日・EU 関係の推移

時期	主要事項
1959年10月	●駐ベルギー日本大使，３共同体機関の日本政府代表に任命
1974年７月	●駐日 EC 委員会代表部設置（2009年から駐日欧州連合代表部に変更）
1979年１月	● EC 日本政府代表部設置（1996年から欧州連合日本政府代表）
1983年９月	●日・EC トロイカ外相協議発足（2010年から日・EU 外相協議）
1984年５月	●日・EC 閣僚協議発足
1985年６月	● EC 外相理事会，対日宣言採択（1986年３月，２回目の対日宣言）
1991年７月	●「日本と EC およびその加盟国との関係に関するハーグ共同宣言」調印 ●日・EC 定期首脳協議発足（1995年から日・EU 首脳協議に変更）
1993年11月	●マーストリヒト条約発効，EU 発足
1995年３月	●日・EU 規制改革対話発足
1994年７月	●欧州委員会「新アジア戦略に向けて」発表
1995年３月	●欧州委員会「欧州と日本――次のステップ」発表
1996年３月	●アジア欧州会合（ASEM）首脳会議発足
1999年１月	●単一通貨「ユーロ」誕生
1999年10月	●日・EU ビジネス・ラウンドテーブル発足
2000年７月	●「日・EU 協力の10年」宣言に合意
2001年３月	●対日輸出促進策 EXPROM（Gateway to Japan）設置
2001年４月	●日・EU 相互承認協定（MRA）調印
2001年12月	●日・EU 首脳「日・EU の協力のための行動計画」採択
2004年７月	●対日投資促進策「Invest Japan」設置
2006年６月	●対日直接投資加速プログラム策定
2006年10月	●欧州委員会「世界で競争するグローバル欧州――EU の成長・雇用戦略への貢献」発表
2008年10月	●欧州委員会「グローバル欧州――グローバル経済における EU のパフォーマンス」発表
2010年４月	●日・EU 外相協議発足（日本・EU トロイカ外相協議終了）
2010年11月	●欧州委員会「貿易，成長，世界情勢――EU 2020戦略の中核的要素としての通商政策」発表
2012年７月	●欧州委員会「成長の外部要因――EU の主要経済パートナーとの貿易・投資関係の進捗報告」発表
2013年４月	●日・EU 首脳，SPA・FTA／EPA 交渉開始決定
2013年６月	● SPA・FTA／EPA 交渉開始
2015年10月	●欧州委員会「万人のための貿易――より賢明な貿易・投資政策に向けて」発表
2016年末	● SPA・FTA／EPA 交渉大筋合意を目指す

出所：筆者作成

優先項目の一つと位置づけられている。事実，1996年3月，EU は ASEM（アジア欧州会合）首脳会議の開始など，多角的レベルでのアジアとの政治対話や経済協力など関係強化に積極的に取り組むようになった（田中，2010，195ページ）。

さらに，1995年3月，欧州委員会は対日政策文書「欧州と日本――次のステップ」（European Commission, 1995）を発表，「EUと日本は多くの共通点を持ち，安定した多角的経済システムとグローバルな安全保障の維持に主要な利益を共有していること」などを指摘し，日本がEUにとっての重要なグローバルパートナーであるとの位置付けを行っているなど，EUの対日政策の指針となった。また，これを契機に，日・EU関係は1990年代前半までの「摩擦と対立」の時代から，共通の価値観を共有する「対話と協調」の時代へと向かうこととなった（田中，2010，219～220頁）。

2000年代以降の日・EU関係の推移については，第2節(1)において，戦略的グローバル・パートナーシップ関係の構築を目指して，「日EU戦略的パートナー協定」締結交渉中であること，および第1節(3)において，日本のFTA戦略およびEUのFTA戦略を取り上げている。また，第2節(3)において，日・EU間の協議・対話の制度的枠組みについて言及している。さらに，第4節において，2013年4月から始まった日EU・FTA／EPAの持つ戦略的意義，協議・交渉の経緯，日・EU双方の関心分野および課題などを論じている。

(3) 日・EU間の協議・対話の制度的枠組み

日・EU間の経済関係の深化・拡大にともなって，日・EU（EC）議員会議（1978年発足），日・EU（EC）トロイカ外相協議（1983年～2009年，2010年から日EU外相協議），日・EU（EC）閣僚協議（1984年発足），日・EU（EC）定期首脳協議（1991年発足），日・EU規制改革対話（1995年発足），民間レベルの日・EUビジネス・ラウンドテーブル（1999年発足）など様々なレベルの対話・協議の場が設置されて今日に至っている。以下では3つの主要な日・EU協議，対話について取り上げる。

まず，1991年7月発足した日・EU（EC）定期首脳協議は，毎年1回，東京，ブリュッセルで交互に開催されている。定期首脳協議の目的は，1991年のハーグ共同宣言に明記されているように，双方が共通の関心を有する政治，経済，科学，文化その他の主要な国際的な問題に関して，双方の首脳が相互に通報し，協議するよう，確固たる努力を行うことである。また，双方は，適切な場合には，いつでも，立場の調整に努めるとしている。日・EC 首脳レベルの既存の対話のチャネルが十分に機能していなかったことが，首脳協議の定例化を促した最大の理由である。

次に，1994 年の日・EU 間の合意により，1995 年 3 月に開始された規制改革対話は，日・EU 間の貿易および投資交流に関するビジネス環境の改善および規制協力促進を目的として，双方で相手方に対する規制改革提案書を毎年交換している。規制改革対話は，高級事務レベル協議で双務的な観点から話し合う場を提供するものであるとともに，提案された課題に関する進捗状況を詳細に評価し，また，最重要課題については，問題解決のために重点的に協議する仕組みになっている。欧州委員会が 1997 年 11 月に初めて，対日規制改革要望リストを日本政府に提出して以来，日・EU 規制改革ハイレベル協議の場に追加的な要望リストを提出している。

ちなみに，2010 年 2 月のハイレベル協議では，EU 側から提出された投資関連規制，政府調達，金融サービス，郵政事業，航空輸送，自動車，医療・化粧品，食品安全・農産品などの対日要望リスト，日本側から提出された EU 域内投資環境（商法・商慣行，滞在労働許可書，雇用・社会保障など），規格・基準認証，貿易・関税，環境規制，情報・知的財産権，情報通信技術，金融サービス，税制，検疫・食品安全，医療・医薬品などの対 EU 要望リストが議論されている。

また，民間レベルの日・EU 間の対話のチャネルも重要である。1999 年 10 月発足した日・EU ラウンドテーブル（EJBRT）について簡単に言及しておこう。EJBRT は，日・EU の主要企業の CEO（最高経営責任者）や経営幹部などトップマネジメントで構成されており，日・EU 間のビジネス協力に寄与することを目的に，日本政府および欧州委員会への政策提言を行うための議論の場である。年 1 回開催される年次総会では，日・EU 間の経済，貿易，投資などの分野の具体的な課題に絞って協議し，日本政府および欧州委員会に対して提言をおこない，両政府は過去 1 年間進捗状況報告書（プログレスレポート）を提出することになっている。2016年4月には日EU・FTA／EPAに関する提言書「EUと日本――持続可能な成長に向けて一歩を踏み出す」を提出し日EU・FTA／EPA交渉の促進を要望している。

3 日・EU間の貿易と直接投資の実態

（1）概況

日・EU合計のGDP（国内総生産，2014年，国連統計）は23兆1016億ドルと，世界のGDP78兆460億ドルの29.6％を占めることになる。このうちEUのGDPは18兆4969億ドル，世界のGDPの23.7％，日本のGDPは4兆6047億ドル，世界のGDPの5.9％をそれぞれ占めている。

つぎに，貿易規模（輸出入合計，2014年，IMF統計）についてみると，世界貿易37兆7303億ドルのうち，EUが32.1％の12兆1129億ドル，日本が4.0％の1兆5110億ドルに上り，日・EU合計では13兆6239億ドル，世界全体の36.1％のシェアに達している。

さらに，外国直接投資額（対内・対外合計，2014年，UNCTAD統計）については，日・EUの直接投資額が6534億ドル，世界の直接投資額2兆5824億ドルの25.3％のシェアを占めている。このうちEUの投資額は5377億ドル，20.8％のシェア，日本の投資額は1157億ドル，4.5％の割合である。

また，直接投資残高ベース（対内・対外合計，2014年末，UNCTAD統計）でみてみると，世界全体の直接投資残高49兆2293億ドルに占める日・EUのシェアは37.1％ときわめて大きく，残高規模も18兆2861億ドルに上る。このうち，EUの残高は16兆9223億ドルで34.3％と圧倒的な比率の示しているのに対して，日本の残高は1兆3638億ドルで，2.8％のシェアに留まっている。

日EU・FTA／EPAの経済・貿易規模については，第1節（1）で説明したように，他のメガFTAと比較した場合，TTIPに次いで大きなものとみなされる。それでは，日EU間の貿易・直接投資の実態はどのように位置付けられるのだろうか。

（2）日・EU間貿易の特徴

まず，日・EU間の貿易依存度（双方の貿易総額に占める比率，2015年，財務省統計）をみてみると，日本の対EU貿易依存度は，輸出10.6％，輸入11.0％となっており，輸出ではアメリカ（20.1％），中国（17.5％）に次いで第3位，輸入では中国（24.8％）に次いで第2位（11.0％）と，日本にとってEUは主要貿易相手地域・国となっている。

これをEU側（域内貿易を除く。2014年，EUROSTAT統計）からみてみると，対日輸出シェアが3.1％，第6位，対日輸入が3.2％，第5位となっている。EUの域外輸出相手国の第1位はアメリカ18.3％，第2位が中国9.7％，第3位がスイス8.2％である。他方，EUの域外輸入相手国の第1位が中国18.0％，第2位がアメリカ12.2％，第3位がロシア10.8％となっている。このように日・EU間の貿易規模は双方の経済・貿易規模から考えて相対的に低水準に止まっているといえよう。

日・EU間貿易の特徴として，まず第1に，1960年代の早い時期から日本側の貿易黒字が2010年代初めまで，一方的に継続してきたことである。しかも，この黒字幅が年々大幅に拡大するという構造的な傾向にあった。これが日・EUの「摩擦と対立」の時代の元凶となった（表4－6）。しかしながら，最近4カ年の貿易収支構造が大きく変化し，日本の貿易収支尻が赤字に転化するという，約50年ぶりの大きな貿易構造の転換点として特筆できる画期的な動向である（表4－7）。

第2に，日本の対EU貿易比率（シェア）について輸出シェアが10～11％台，輸入シェアが9～11％台の水準に横這い傾向にあることである（表4－8）。第4節（2）で言及しているように，日EU・FTA／EPAの施行によって日・EU間貿易が大幅に増加することが期待されているところから，最近の双方の貿易依存度の停滞傾向に歯止めをかけることが出来るうえに，むしろ上昇させることさえ可能となろう。

第3に，日本側の輸出商品構造は，資本財・耐久消費財に極度に集中化（71.1％，2015年）していることである。とくに，乗用車・同部品，原動機，

表4-6　日本の対EU貿易の推移（1960～2010年）

（単位：億ドル）

	1960年	1970年	1980年	1990年	2000年	2010年
輸　出	1.7	13.0	167.0	535.2	805.8	867.3
輸　入	2.1	7.4	78.0	350.3	477.9	661.9
収支尻	▲0.4	5.6	89.0	184.9	327.9	205.4

出所：財務省貿易統計，ジェトロ貿易統計から作成

表4-7　最近5年間の日本の対EU貿易

（単位：億ドル）

	2011年	2012年	2013年	2014年	2015年
輸　出	954.1	817.4	721.7	720.8	660.0
輸　入	802.9	835.2	789.9	777.5	712.7
収支尻	151.2	▲17.8	▲68.2	▲56.7	▲52.7

出所：表4-6と同じ

表4-8　日本の対EU貿易比率

（単位：%）

	2011年	2012年	2013年	2014年	2015年
輸　出	11.6	10.2	10.0	10.4	10.6
輸　入	9.4	9.4	9.4	9.5	11.0

出所：表4-6と同じ

コンピュータ部品，映像機器，科学光学機器，半導体など高度先端技術集約的・高付加価値製品が主流である（図4-3）。

他方，日本側の輸入商品構造は乗用車・同部品，科学光学機器，原動機など資本財・耐久消費財のシェアがかなり高いものの（38.6%），医薬品，有機化合物など化学製品（32.5%），食料品（9.6%）の比率も大きく，輸出商品構造ほど高度に集中化していないが，日・EU間での産業内貿易が進んでいることは確かである（図4-4）。

現在，日・EU間の主要な経済貿易問題は，規制緩和・投資関連の分野にシフトしている。したがって，現在，協議交渉中の日EU・FTA／EPAについて，特にEU側の最大の関心分野は，規制緩和などの非関税障壁の軽減撤廃問

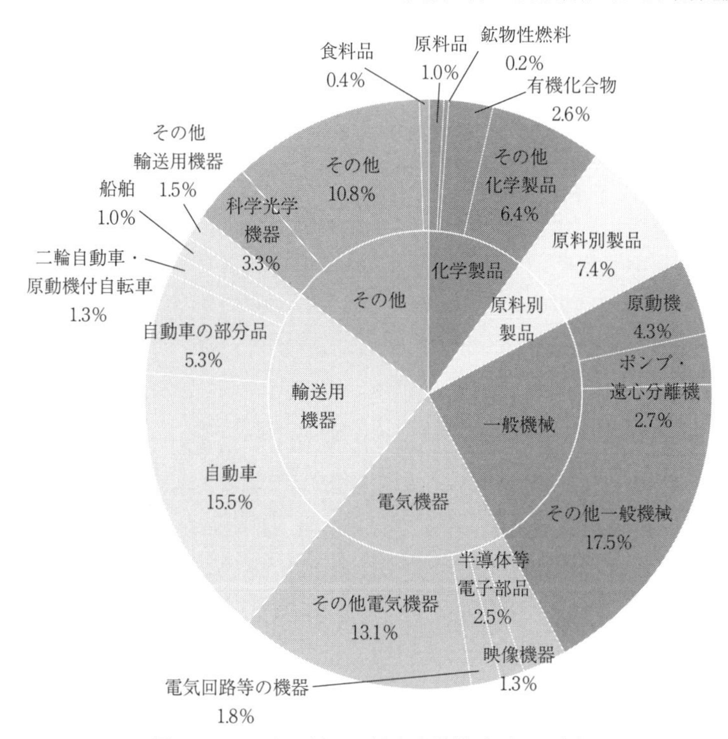

図4－3　日本の対 EU 輸出商品構造（2015年）
出所：外務省ウェブサイト『日 EU 関係』（2016年5月）

題である。交渉の経緯および主要関心分野および事項については，第4節で取り上げている。

今後は，日本側では前述した規制改革対話の一層の強化に加えて2002年1月に発効した電気通信機器，電気製品，化学品，医薬品に関する相互承認協定（MRA：Mutual Recognition Agreement）の実施（双方の認証結果を相互に承認する制度）による日・EU 間貿易に携わる企業の負担軽減，市場アクセス改善などを通じて双方の貿易促進を促すこと，あるいは，EU 側も2001年3月からスタートした EU の中小企業の日本市場進出のための EXPROM（Gateway to Japan）などの対日輸出・投資促進努力を継続していくことが必要不可欠である。

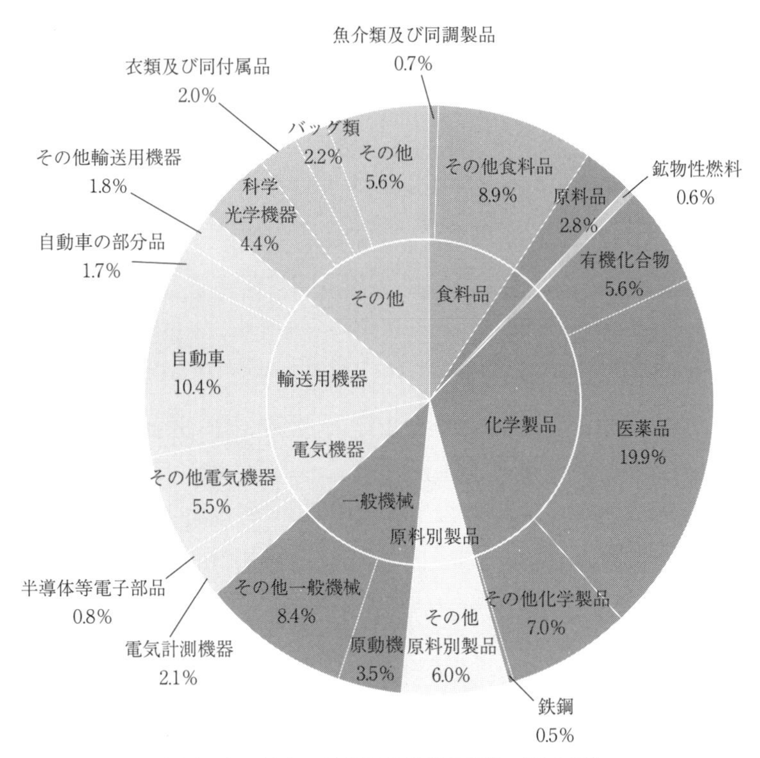

図4－4　日本の対 EU 輸入商品構造（2015年）

出所：図4－3と同じ

（3）日・EU 間の直接投資の特徴

次に，日・EU 間の直接投資の実態についてみてみると，日本の外国直接投資残高に占める EU 向け直接投資残高のシェアは 22.9％（財務省統計，2015 年）で，アメリカの 33.3％に次いで第２位，EU からの直接投資の受入残高のシェアは 41.0％で，アメリカのシェア 28.1％を抜いて第１位と，この数年来きわめて重要な地位を占めてきていることは注目されるところである（表4－9，表4－10）。

EU 側からみると，EU の対域外直接投資残高に占める対日シェアは 1.9％（Eurostat 統計，2012 年）となっており，第１位の対米直接投資残高のシェアの 31.7％と比べても大きな開きがある。他方，EU の日本からの直接投資受け入

表4－9　日本の対外直接投資（EU，米国，世界）

（国際収支ベース，ネット・フロー，億ドル，構成比：%）

	2011年	2012年	2013年	2014年	2015年	2015年末残高合計・構成比	
欧州	398.4	310.2	322.3	275.5	345.7	3,024.6	24.0
EU	360.5	290.2	310.0	261.2	337.6	2,886.6	22.9
ドイツ	21.7	18.0	26.5	31.2	26.7	208.3	1.7
イギリス	141.3	118.8	133.2	65.4	152.1	892.3	7.1
フランス	1.2	22.9	▲2.4	16.6	6.0	131.6	1.1
オランダ	53.5	86.4	86.4	56.1	83.1	1,043.3	8.3
ベルギー	▲1.7	5.0	26.8	8.4	9.3	174.1	1.4
ルクセンブルク	3.3	▲0.7	9.2	37.6	29.9	117.8	0.9
アメリカ	147.3	319.7	437.0	483.3	448.9	4,187.9	33.3
全世界	1,088.1	1,223.6	1,350.5	1,363.5	1,307.5	12,590.1	100.0

出所：財務省，日本銀行，ジェトロの統計から作成

表4－10　日本の対内直接投資（EU，米国，世界）

（国際収支ベース，ネット・フロー，億ドル，構成比：%）

	2011年	2012年	2013年	2014年	2015年	2015年末残高累計額・構成比	
欧州	12.0	8.9	10.6	32.4	▲85.0	930.9	46.0
EU	45.4	▲30.1	14.0	27.0	▲82.0	829.8	41.0
ドイツ	0.2	4.5	0.1	11.8	▲32.0	62.2	3.1
イギリス	17.9	12.1	6.2	4.6	▲13.6	160.0	7.9
フランス	34.4	▲4.6	▲6.5	17.9	11.9	255.3	12.6
オランダ	0	▲4.4	5.4	0.7	17.0	307.5	15.2
ルクセンブルク	▲4.1	▲44.3	12.8	10.9	2.2	64.6	3.2
スウェーデン	▲2.6	▲0.6	5.1	▲11.0	▲6.3	12.4	0.6
アメリカ	▲32.0	▲1.1	13.8	68.3	51.9	569.3	28.1
全世界合計	▲17.0	17.6	23.6	184.3	▲0.4	2,024.9	100.0

出所：表4－9と同じ

表4-11　日本・EUの外国直接投資残高（ストック）対GDP比

（2005年，2010年，2014年）

	世界	EU	ドイツ	フランス	イギリス	アメリカ	日本
対外直接投資残高（ストック）対GDP比（%）	25.0 31.4 33.7	36.1 52.6 56.4	32.4 42.8 41.0	28.7 44.2 44.9	50.3 67.9 53.8	27.8 32.1 36.3	8.5 15.1 25.8
対内直接投資残高（ストック）対GDP比（%）	23.4 30.0 33.6	29.7 41.9 49.6	16.6 21.0 19.3	17.2 23.8 25.6	35.2 45.4 56.5	21.5 22.9 31.1	2.2 3.9 3.7

（注）上段数値：2005年，中段数値：2010年，下段数値：2014年
（資料）UNCTAD: *World Investment Report2015* からジェトロ作成
（出所）ジェトロ・ウェブサイト資料から作成

れ残高のシェアは4.3%となっており，第1位の対米シェア39.5%と比較しても相当の開きがある。いずれにしても日・EU間の直接投資の余地は，とくにEUの対日投資の分野で充分に可能性があるものとみられることである。

日・EU間の最近5年間の直接投資のいくつかの特徴について述べると，第1に，日本のEU向け直接投資額は毎年の金額（フロー），投資残高（ストック）ともに，EUからの直接投資額を大幅に上回っていることである。

第2に，日本の対EU直接投資額（対外・対内いずれも，ネット・フロー）がおおむね増加傾向を示しており，EUはいまやアメリカと肩を並べるほどの重要な投資交流パートナーとなっていることである。2015年末現在の日本の対外直接投資残高ではEUはアメリカに次いで第2位の金額に達している他に，対内投資残高ではEUがアメリカを上回って第1位である。

第3に，やや視点を変えて，日・EUそれぞれの外国直接投資の特徴を比較してみると，1国の経済規模を示していると考えられるGDP（国内総生産）に対して，EUの対外直接投資規模と対内直接投資規模が大きな割合を占めていることである。これに対して，日本の方はこの割合が非常に小さいことである。

表4-11は，日本，EU，アメリカ，世界の4つの国・地域の2005年，2010年，2014年の3つの時期の対外直接投資残高の対GDP比を比較したものである。

まず，EUの2005年，2010年，2014年の対外直接投資残高の対GDP比はそれぞれ36.1％，52.6％，56.4％ときわめて高い割合に達している。また，対内直接投資残高の対GDP比もそれぞれ29.7％，41.9％，49.6％とかなりの高水準である。

さらに，EU主要3カ国をみてみると，イギリスの外国直接投資の規模が自国の経済規模と比べて非常に大きいが，ドイツ，フランスはイギリスほど大きくないものの，日本に比べて高い水準に達している。EU各国は市場統合，通貨統合などを通じて自国の経済開放度を高めつつ（もっとも，イギリスはユーロに参加していないが），相互依存度を深化させてきたが，外国直接投資の面でEU投資主要国間に格差が生じていることがわかる。

他方，日本の対外直接投資の対GDP比が2005年8.5％，2010年15.1％，2014年25.8％と年を追って上昇してきているが，世界的にもまだ相当に低い水準に止まっている。他方，対内直接投資の対GDP比がそれぞれ2.2％，3.9％，3.7％と，世界的にみても異常に低い水準であることが明白である。換言すれば，日本の外国企業の受け入れ余地がまだまだ大きいことを明白に物語っている。

なお，EUに進出している日本企業の現地法人数（金融・保険業，不動産業を除く）は2015年3月現在，2518社で，海外に進出している日系企業総数2万4011社の10.5％を占めている。このうち，非製造業1771社，製造業747社で，非製造業の比率の方が高くなっている。業種別では卸・小売業が最も多く，次いでサービス業，輸送機械，化学・医薬，運輸業，情報通信機械などの分野である。

進出国別でみると，イギリス611社を筆頭に，ドイツ544社，オランダ357社，フランス274社など西欧地域に加えて，チェコ72社，ポーランド65社など中・東欧地域への日系企業の進出も盛んである（経済産業省『平成26年度海外事業活動基本調査』による。チェコ・ポーランドの日系企業数は平成25年度基本調査のもの）。

また，日本に進出している外資系企業は，2015年3月現在，3332社で，このうち欧州系企業は1464社と全体43.9％を占めており，アメリカ系企業862社，25.9％を大きく上回っている（経済産業省「平成26年度外資系企業動向調査」による）。

EUからの対日直接投資促進については，2004年6月に開催された日・EU定期首脳協議において「日・EUの双方向投資促進のための協力の枠組み」が合意され，2004年7月，ジェトロ（日本貿易振興機構）にEUなどからの外国企業の対日直接投資に関するワン・ストップ・ショップ・サービスを提供する日本側窓口「Invest Japan」が設置された。さらに，2006年6月から「対日直接資加速プログラム」が実施されている。双方向の直接投資は，とくに新技術や経営ノウハウの導入により日本経済およびEU経済を活性化し，雇用機会を創出し，双方に大きな利益をもたらすことが大いに期待される。

4　EPA協議・交渉

（1）協議・交渉の推移

日EU・FTA／EPA協議・交渉の推移は，概ね表4-12に記したとおりである。2013年4月の交渉開始から2016年4月までに16回の交渉会合が行われている。この間，EU理事会は2014年6月，欧州委員会から過去1年間の対日交渉の進捗状況，とくに日本側の非関税撤廃と政府調達の取り組み状況について説明を受け，日本の軽自動車の税制改正など非関税措置の進展，商品貿易の市場アクセス・リスト（関税撤廃・引き下げ）の交換，調達分野（鉄道車両）の進展などを評価して，交渉継続を正式に了承した。現在，交渉会合は第2段階に入っており，日・EU首脳は，2016年中の大筋合意を目指すことで意見の一致をみている。

欧州委員会の対日FTA／EPA交渉権限（マンデート）の中で，以下の3つの内容が重要である。

①（自動車など）日本の非関税障壁（NTB）は，EU側のいかなる関税引き下げとも並行して（in parallel）撤廃されなければならないこと。

表4-12　日EU・FTA／EPA協議・交渉の動向

時期	協議・交渉の概要
2009年5月	日・EU定期首脳協議で日EU・FTA／EPAを促進する旨を表明
2011年5月	日・EU定期首脳協議で「スコーピング作業」（交渉範囲・交渉日程など大枠の確定作業）を開始することに合意
2012年5月	EU外相（貿易相）理事会がスコーピング作業の終了を宣言
2012年7月	同作業の終了を受け，欧州委員会として交渉権限（マンデート）をEU外相（貿易相）理事会（EU加盟国）に求めることを正式に決定
2012年11月	EU外相（貿易相）理事会が欧州委員会に交渉権限を付与することを決定
2013年3月	日・EU首脳電話会談で，日EU・FTA/EPA交渉開始することを決定
2013年4月	第1回交渉会合開催（ブリュッセル）
2013年6月	第2回交渉会合開催（東京）
2013年10月	第3回交渉会合開催（ブリュッセル）
2014年1月	第4回交渉会合開催（ブリュッセル）
2014年3月	第5回交渉会合開催（東京），市場開放リストの交換
2014年4月	EU側の交渉レビュー（交渉継続の可否の決定）
2014年5月	日・EU定期首脳協議で，日EU・FTA／EPA交渉の早期妥結を確認
2014年6月	EU側が1年後のレビュー結果に基づき交渉継続を決定
2014年7月	第6回交渉会合開催（東京）
2014年10月	第7回交渉会合開催（ブリュッセル）
2014年12月	第8回交渉会合開催（東京）
2015年2月	第9回交渉会合開催（ブリュッセル）
2015年4月	第10回交渉会合開催（東京）
2015年7月	第11回交渉会合開催（ブリュッセル）
2015年9月	第12回交渉会合開催（東京）
2015年10～11月	第13回交渉会合開催（ブリュッセル）
2015年11～12月	第14回交渉会合開催（東京）
2016年2～3月	第15回交渉会合開催（ブリュッセル）
2016年4月	第16回交渉会合開催（東京）
2016年5月	G7サミットで交渉促進する旨の共同声明を発表（伊勢志摩）
2016年末	大筋合意を目指す

出所：筆者作成

②欧州側のセンシティブな部門を保護するためのセーフガード条項を導入すること。

③交渉開始から1年以内に，非関税障壁および日本の鉄道・都市交通などの政府調達市場開放のために，日・EU間で合意されたロードマップ（行程表）で進展がなければ，欧州委員会は交渉を停止する（pull the plug）権限を保持

すること。

欧州委員会は，交渉マンデートの中に，1年後の見直し条項が含まれた理由として，対日交渉に反対するか，懐疑的な一部業界を説得するために必要だったことを明らかにしている。

（2）日EU・FTA／EPAの戦略的意義

EUは日本にとってアメリカと並んで，多くの基本的価値を共有する国際社会の一極を構成する重要なグローバルパートナーである。日・EU合計の名目GDPは世界の29.6％（2014年，以下同じ），貿易規模（輸出入合計）は，世界貿易の36.1％を占めるほど経済的に重要な地位を占めている。日EU・FTA／EPAの経済・貿易規模が4メガFTAの中でもTTIPに次いで大きいことは，第1節（1）で論じた。それにも拘らず，重要なグローバルパートナーである日・EU間の貿易・投資規模が小さく，経済連携が不十分な状況に置かれているため，日・EUが貿易・投資面でそれぞれの潜在力を充分に発揮していないことを第3節（2）で説明した。

日EU・FTA／EPAが合意できれば，関税撤廃や投資ルールの整備などを通じて日EU間の経済・貿易・投資交流が活発化し，さらに，雇用創出，企業の競争力強化などによって，日本経済およびEU経済が大いに刺激されて，より高い成長が期待できる。EU側の試算によると，日EU・FTA／EPAは，EUのGDPを0.8％増，対日輸出を32.7％増，日本の対EU輸出を23.5％増，EUの雇用を42万人も新たに生み出すなどの経済的効果をもたらすと予測している。

さらに，中国，インド，ASEAN（東南アジア諸国連合）などの新興国や後発国が台頭するグローバル経済において，日本はアジア太平洋経済圏（TPP，RCEPなど）のハブとして，EUは大西洋経済圏（アメリカとのTTIPなど）のハブとして，2つの経済圏および世界経済の安定的成長に大幅に貢献することができる。また，グローバルな貿易・投資ルール作り（規制の調和，政府調達，知的財産権，環境，労働など）の先導役を担うことで，停滞するWTOドーハ・ラウンドを補完することができるだろう。

EU は2000年代半ば以降アジアに対する FTA 戦略を積極的に取り組んできたものの，アジアの国・地域との間で FTA／EPA を締結・発効できたのは，韓国（2010年，11年から暫定適用），シンガポール（2013年）の２カ国にとどまっていることは，第１節(３)で論述したとおりである。世界経済の成長センターであるアジア地域との FTA／EPA では日本，アメリカ，中国の３大経済パワーとは明らかに遅れをとっている EU にとって，日 EU・FTA／EPA 協定締結は，アジアにおける FTA 戦略の巻き返しの好機とみなしてよいだろう。

他方，日本はアジア太平洋地域以外の主要国・地域として最大の貿易相手先である EU との FTA／EPA 締結交渉は，日本がこれまで先進地域・国と FTA／EPA 締結できたのはスイス（2009年）のみであり，日本にとっては先進国との間では最初の本格的な FTA／EPA となる。

（３）日・EU 双方の関心分野・優先課題

①日本：関税撤廃が最大目標

日本側は主として，自動車・電子製品などに対する関税撤廃・引き下げ，EU 側は自動車・医療機器・鉄道車両などに対する非関税障壁撤廃を最大の交渉目標としている。双方の関心分野が異なる非対称的な交渉であるため，相互利益の均衡が見えにくく，協議の進展を阻む要因となっている（表4-13）。

日・EU 間の輸出入品目の有税・無税の構成比をみてみると，それぞれ交渉分野の重点の置き方に差異が出てくることも当然である。日本の主たる関心分野は，対 EU 輸出の約65％が有税となっており，EU 側の鉱工業品などの高関税の撤廃・引き下げ（例：自動車10％，電子機器14％など）によって EU 市場における日本製品の競争条件を改善することが日本側の最優先課題であることは明らかである。

特に，これらの分野で日本と激しく競合する韓国は，EU との間で FTA 協定が2011年７月に暫定発効しており，日本側の最大関心品目である自動車の場合，韓国から輸入される小型車は2014年７月に，大型車は2016年７月に関

表 4-13　日本・EU の主要関心分野・優先課題

関心分野	日本側優先課題	EU 側優先課題
市場アクセス	●トラック（22%），自動車（10%），薄型テレビ（14%）などの関税撤廃・引き下げ ●IT 製品の関税分類の明確化	●チーズ（22.4〜29.8%），ハム（高級品8.5%，低価格品1Kg 当たり最大614円），ワイン（15%か，1リットル当たり125円の安い方），バター（35%）など農産加工品の関税撤廃・引き下げ ●軽自動車に対する税優遇措置の撤廃
基準・認証	●欧州化学品規制（REACH）などの規制の単一市場の実現	●自動車・医療機器などに対する規格・基準の国際基準・EU 基準への調和・相互承認 ●化粧品・医薬品・食品などに対する規制の国際基準・EU 基準への調和・相互承認
競争・公共調達	●公共事業の入札への参加制限の撤廃	●鉄道・都市内交通の調達市場への参入
知的財産権		●チーズ，ワイン，ハムなどの欧州産地のブランドの保護 ●模造品・海賊版・密輸品対策の強化
投資・サービス	●会計士など専門職資格の相互承認 ●GATS のコミットメントを上回るサービス貿易の自由化（注） ●在欧邦人の企業内転勤者の移動の自由化	●ガス・電気・郵便事業などへの参入規制の撤廃 ●通信・金融サービス・物流・運輸などの分野の公平な競争環境 ●外国企業に対する投資環境の改善

注：GATS（WTO のサービス貿易に関する一般協定）
出所：筆者作成

税がゼロになっている。自動車部品はすでに撤廃済みで，トラック，電機についても 2016 年までに全廃される予定である。

しかしながら，2016 年 4 月まで開催された 16 回の交渉会合にもかかわらず，EU 側から自動車・電子機器などの関心品目の関税撤廃のオファーがほとんど示されておらず，日本側の再三の要求にもかかわらず，進展がみられない。

② EU：非関税障壁撤廃・政府調達参入を最優先

一方，EU の対日輸出額の約 70％は非課税で関税撤廃の恩恵は小さい。EU 側の主たる関心事項は，自動車，食品，加工食品，医療機器，医薬品などの分野における非関税障壁（NTB），政府調達分野（鉄道など）である。

全般的に日本，EU ともに関税水準は低い。WTO 協定税率（MFN 税率）は，農産品・加工食品・飲料など一部のEUからの輸入品に対して高関税が適用されているもの，平均でEU5.2％，日本5.1％となっている。

したがって，EU側の最優先課題は，自動車，化学品，電子製品，食品安全，加工食品，医療機器，医薬品などの分野における非関税障壁の撤廃・軽減や政府調達分野（鉄道など）へのEU企業の参入拡大などである。

これまでに，日本側は一部の農産品の関税引き下げ，軽自動車の税優遇の撤廃，鉄道車両などの調達分野での改善などをオファー，交渉協議の継続に繋がっているものの，EU側から追加の要求リストが示されるなど交渉の先行きを複雑にしている。

（4）今後の交渉の課題

今後の日EU・FTA／EPA交渉の行方を見定める上で重要となるいくつかのポイントを指摘しておきたい。

まず，EUが日本側の最重要課題としている自動車・部品の関税引き下げにいつ応じるかという問題であろう。その場合，日本側が非関税障壁の撤廃と鉄道車両などの調達市場の開放の面でどの程度のオファーができるかが最大の決め手になろう。交渉の最終局面で，交渉全体の利害得失を考慮しつつ，バランスのとれたパッケージ・ディール（一括取引）が必要になるだろう。

次に，日EU・FTA／EPA交渉は，すでに署名済みのTPPおよび交渉中のTTIP交渉と相当に連動している部分があるので，TPPの批准やTTIP交渉の行方を見定めつつ，対処しなければならないことである。EU側は，TPP交渉の成果を日EU・FTA／EPAに取り込むように日本側に強く求めてくることは充分に予想できる。

TTIP合意が先行すれば，米EUがデ・ファクト（事実上）の国際貿易ルールを決めてしまう事態になる。日本としては，TTIPと重なるテーマが少なくないので，日EU・FTA／EPA交渉の場で，EUとしっかり向き合う必要があろう。

最後は，イギリスのEU離脱後の動向に充分注意を払うことである。おそらく，2017 年初めにはイギリスと EU との間で離脱交渉が始まることになろう。今後 2 年間にわたって脱退協定と新たな英・EU 協定の締結のための交渉がつづくことになる。日 EU・FTA／EPA 交渉の先行きに大きな影響を与えることは確実である。

参考文献

経済産業省（2013）『通商白書』。

久保広正，田中友義編著（2011）『ヨーロッパ経済論』ミネルヴァ書房。

ジェトロ（2013）（2014）『世界貿易投資報告』。

田中友義（2010）『EU 経済論――統合・深化・拡大』中央経済社。

経済産業省『平成 26 年度海外事業活動基本調査』。

経済産業省『平成 26 年度外資系企業動向調査』。

European Commission (2015), Trade for all, Towards a more responsible trade and investment policy (October 2015).

European Commission (2012), *External sources of growth-Progress report on EU trade and investment relationship with key economic partners* (July 2012).

European Commission (2010), *Trade,Growth and World Affairs, Trade policy as a core component of the EU's 2020 Strategy* (November 2010).

European Commission (2008), *Global Europe. EU performance in the global economy* (October 2008).

European Commission (2006), *Global Europe, competing in the world. A Contribution to the EU' Growth and Jobs Strategy* (October 2006).

European Commission (1995), *Europe and Japan : next steps* (March 1995).

European Commission (1994), *Towards a new Asia strategy* (July 1994).

（田中友義）

第5章
日・EU 経済連携協定と市民社会

本章においては，日・EU 経済連携協定（Economic Partnership Agreement, EPA），日・EU 自由貿易協定（Free Trade Agreement, FTA）の交渉において，両地域における市民社会（Civil Societies）が重要な役割を果たすことが期待されている点を論じる。

すなわち，まず EU では，どのようなプロセスを経て通商政策，とりわけ FTA（自由貿易協定）締結に関する意思決定が行われるのかを概観する。次に，FTA 締結について，EU では市民社会がいかなる地位にあるのかを論じた後，その中心的な機関である欧州経済社会評議会（EESC, European Economic and Social Committee）の役割について紹介する。次に，EU の市民社会あるいは消費者にとって，日・EU 間の FTA がどのような意味を有するのかを検証する。最後に，日 EU・FTA／EPA により，双方の経済関係再強化が重要であることを論じる。

1　EU における通商交渉に関する意思決定プロセス

（1）通商政策の意思決定フロー

EU において，FTA 締結に際して重要とみられる点は，貿易交渉を行う権限である。すなわち，この権限は EU 加盟各国にあるのではなく，専ら EU 全体の利益を考慮する欧州委員会に属するのである。FTA 締結のプロセスを具体的に述べると，次のようになる。EU が域外国と FTA 交渉を行おうとすると，まず欧州委員会が締結を検討している FTA について，非公式に対象国と対話を行う。一方，欧州委員会は EU 市民から幅広い意見を聴取し，その影響などを評価したうえで，EU 理事会（Council of the European Union）に交渉権限の付与を要求する。なお，EU 理事会とは，EU 加盟各国の関係閣僚から構成され，意思決定を担当する機関である。FTA の場合，加盟各国の貿易大臣，あるいは通商政策担当大臣がメンバーとなっている。EU 理事会は，理事会内部で議論を行い，その結果，欧州委員会に交渉権限を付与する。具体的には「交渉指令（Negotiating Directive）」を採択するのである。日 EU・FTA／EPA の場合，2012 年 11 月，欧州委員会にこの権限が授与された。

EU 理事会が交渉権限を欧州委員会に付与すると，欧州委員会は主席交渉官（Chief Negotiator）を任命し，その下で交渉チームを編成し，EU を代表して対象国と交渉に当たる。その際，交渉会合が行われるたびに，欧州委員会は交渉の内容・状況について，EU 理事会及び欧州議会に対して，報告することになる。

交渉により合意が成立すると，合意文書が作成され，加盟各国に送付される。その後，欧州委員会の正式な提案が行われ，EU 理事会が交渉の終了を決議すると，貿易担当の欧州委員により合意文書に署名が行われる。この文書は欧州議会に送付され，ここで承認されることになる。ただ，後述するような混合協定の場合，権限は加盟各国にも及ぶ可能性があり，その場合には各国で批准が行われる必要がある。

ところで，既述したように，貿易交渉，あるいは貿易分野における交渉については，専ら EU に決定権限があり，加盟各国には権限がない。ただ，近年の FTA にあっては，比較的幅広い分野が交渉の対象となる傾向がある。すなわち，関税引き下げだけではなく，知的財産権，環境，労働などの分野も交渉の対象となっているからである。さらに，そもそも EU における通商政策の目標は，EU の価値観を広めることにあるため，近年では，FTA と同時並行で政治協定を交渉することが多くなっている。事実，EU 韓 FTA 交渉においても，政治協定が締結されたし，現在，交渉が行われている日 EU・FTA／EPA でも戦略的パートナーシップ協定（SPA, Strategic Partnership Agreement）も同時に交渉されている。

その場合，FTA 交渉は，事実上，EU だけではなく加盟各国にも意思決定権限が及ぶ可能性が強い。あるいは，FTA と SPA が同時に締結することもありえる。このように，協定内容が加盟各国にも権限が及ぶ分野をカバーする場合——通常，「混合協定」と称される——には，EU のみならず加盟各国も批准を行う必要がある。なお，EU が排他的権限を有する分野だけに限定し，暫定的に発効される協定も存在する。

他方，EU 市民の直接選挙によって，議員が選出される欧州議会（European Parliament）は，通常，貿易に関係する事項については決定権限を有するものではない。ただ，幅広い分野を対象とし，当該の分野の決定には欧州議会の共同決定手続きが要求される場合には，欧州議会の決定が必要となる。このためもあって，FTA 締結に際し，欧州議会の意見を無視できなくなってきたといえる。既述したように，近年の FTA では貿易以外の分野もカバーする傾向があること，欧州議会の権限強化が進んでいることなどを考慮すると，なおさらである。とりわけ利害が錯綜する分野，例えば社会的に影響が大きな自動車産業が焦点となるような FTA では，EU 側としても合意形成が容易でなく，相当な時間を要する可能性がある。さらに次節で述べるが，欧州委員会は，EU の市民社会の意見を聴取し，これを交渉・協定に反映させることも必要である。このように，EU では，FTA 交渉から批准・発効に至るプロセスは簡単ではない。

因みに，欧州委員会によると，EU 貿易政策の目標は次のような点にあるとされている。

・商品やサービスの新しい市場を開拓すること，
・投資機会を拡大し，投資を保護すること，
・実質的にすべての関税を削減することにより，安価な貿易を実現すること，
・共通の貿易ルールを策定し，技術的及び衛生上の規格・基準を設けることなどにより，迅速な貿易活動を可能にすること，
・知的財産権，競争法，政府調達など，貿易活動に影響を及ぼす分野について，当該国のコミットメントを取り付けることにより，双方の貿易環境をより予測可能なものにすること，
・社会的あるいは環境問題に関して，当該国との透明性のある対話，協力を強

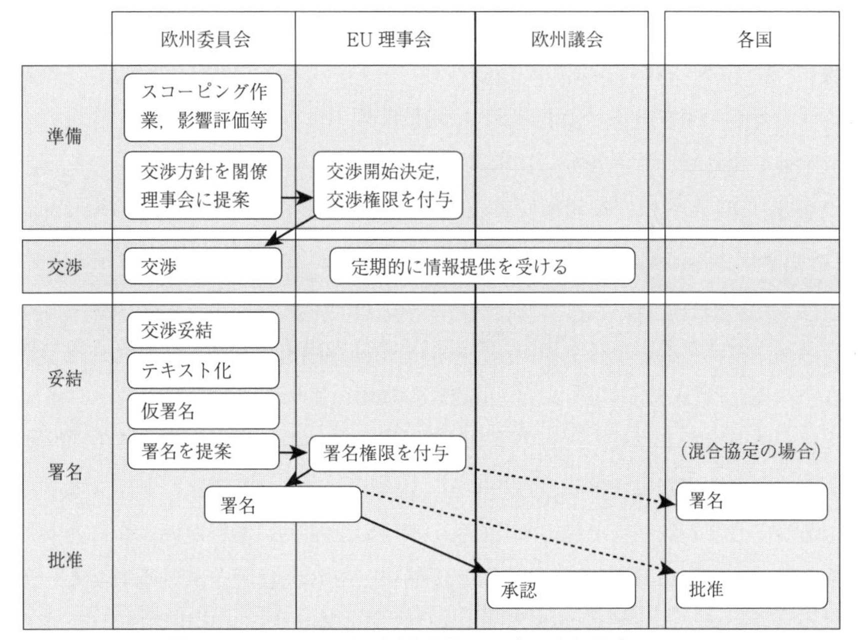

図5－1　EU における通商交渉に関する意思決定フロー

出所：European Commission, "Trade Negotiation step by step", pp. 7
(http://trade.ec.europa.eu/doclib/docs/2012/june/tradoc_149616.pdf)

化することにより，持続的な開発を支援すること，である。

EU は，このような内容からなる貿易政策を実施することにより，通商上の利益を追求するだけではなく，EU の持つ普遍的価値——市場経済，民主主義，人権保護，法の支配，環境の保護など——を広めて行こうとしているのである。

このようにして，EU では通商交渉に関する意思決定が行われるのであるが，これを図示したものが図 5－1 である。

（2）通商政策決定プロセスの特徴

ここで EU における通商交渉，とりわけ，その意思決定プロセスに関する特徴を指摘しておきたい。重要な点は様々な利害関係者の登場である。すなわち，従来から通商交渉となると，政府，選挙区を抱えた政治家，関係する産業，労働組合などが関係者となって交渉が繰り返されることが常であった。ただ，EUでは，加えて幅広い利害関係者が意思決定に関与していることが重要である。その結果，実際の交渉は欧州委員会が専ら担当するとしても，事実上，加盟各国さらには欧州議会の同意をも必要とする。周知の通り，2013年7月から加盟国数は28カ国に達しており，その産業構造，社会構造はまちまちであり，通商協定による利害は加盟各国間で錯綜する。たとえ加盟各国の同意を得たとしても，さらに欧州議会の同意も必要となる。加えて，次節で述べるように，EUでは様々な分野に市民社会の声を反映させねばならない。

すなわち，EUがFTAを締結するための合意形成は容易でない。他方，日EU・FTA／EPAの交渉当事者である日本政府も，EUにおける情報収集に困難を伴うといわざるをえない。本交渉は時間を要するとみられる背景である。

2　日EU・FTA／EPAと市民社会

（1）EUにおける市民社会

前節で述べたように，日・EU間の貿易交渉は，まず欧州委員会と日本政府が担っている。ただ，それぞれの交渉主体の背後には，各国産業界・労働組合など様々な組織が「圧力団体」として要求を繰り返している。ただ，近年，貿易交渉においても非政府組織（Non-Governmental Organization, NGO）あるいは非営利組織（Non-Profit Organization, NPO）といった市民社会（Civil Societies）が重視されるようになっている。その背景には，EUにおける意思決定の透明性に対する要求が一段と高まっている点を指摘できる。

事実，日・EUに先行したEU韓FTAにおいては，労働と環境に対する双方のコミットメントを規定しているが，その際，双方のコミットメントの実施状況を監視するための市民社会を含む機構が設立されている。すなわち，同協定の「第13章貿易及び持続可能な発展」によれば，「本協定は，貿易と持続可能な発展の分野での新しい基盤を打ち立てるとともに，環境と労働の分野においてEUと韓国との間の緊密な対話と継続した取り組みを可能にする」とされている。具体的には，環境，労働及び産業界からバランスのとれた代表者を含む市民社会諮問グループ（civil society advisory group）がEU及び韓国においてそれぞれ設立されている。なお，このグループは，年2回，持続可能な発展の実施について議論するための市民社会フォーラムを開催している。ただ，韓国における市民社会フォーラムについては，政府により恣意的にメンバーが選出されているといった批判が相次いでいる。様々な価値観から形成される市民社会を代表する団体の選出は容易でないともいえる。

それでは，EUにおける市民社会とは，どのようなものであろうか。わが国と対比しながら，その特徴を概観してみよう。ヨーロッパにおいて，市民社会という概念が生み出されたのは，古代ギリシャ・ローマ時代にまでさかのぼることが可能である。当時，アテネ・ローマなど都市国家に居住する人々が市民であり，これらの市民が所属し，形成する社会が市民社会であった。18世紀に至ると，国家と市民社会は分離するようになるが，それ以降，国家と市民社会との間は，相互に補完し，場合によっては，市民社会が国家の動向をチェックするという役割を担うことになる。

さらに現代においては，グローバリゼーションの進展という背景の下，国家など既存の枠組みにとらわれず，むしろ既存の枠組みを超えた新たな枠組みを構築しようとする動きも目立ち始めている。このため，欧州では多くの市民社会はネットワークを形成するようになり，EUへの働きかけを強めている。市民社会といっても，例えば，専門性について，それぞれが優位・劣位を有している。EUにおいては，各国の社会構造あるいは歴史が相当異なっているからでもある。ただ，ネットワークを形成することにより，加盟各国の市民社会で相互に補完することが可能となり，そのプレゼンスを高めているという点も重要である。ネットワーク化という面で相対的には後れをとっている日本の市民社会と対照的な動きである。通商交渉における市民社会が活発にその役割を演じるようになった背景ともいえる。

例えば，1974年に創設され，環境問題を取り扱っている「欧州環境ビューロー（European Environmental Bureau : http://www.eeb.org/)」を例にとってみよう。ここには，2016年央時点で，30カ国に及ぶ150以上もの団体が加盟しており，その結果，1500万人にも達する個人をカバーし，環境問題についてEUに対して意見表明を行っている。そのため，EU側としても無視しえないし，これら意見をEUの政策に反映せざるをえない。勿論，多様な団体が加盟しているということで，意見を集約することは容易でないという問題もある。ただ，EU加盟国数を上回る諸国のNGOから構成され，かつ，ブリュッセルにオフィスが所在し，EUの諸機関と密接な協議を行っているということから，場合によってはEUの政策をリードすることもありえるという。

また，EU側からみても，透明性を高めるという観点から，市民社会の意見を反映することが重要とみられるようになっている。意思決定を担う主たる機関はEU理事会であるが，ここには加盟各国政府から閣僚が派遣される。従って，たとえEU全体の利益になる事項であっても，各国の利害が錯綜する場合，合意形成は容易でない。また，意思決定に当たり，加盟国の人口などを考慮した特定多数決制が対象とする分野が拡大している。このこともあって，実際には加盟国に対して，説明責任が生じることが多い。この点は，後述する「民主主義の赤字」に関係するといえる。その場合，各国政府には属していない市民社会の意見は重要な説得材料になりえる。

2001年7月，欧州委員会は「欧州ガバナンス白書（European Governance-A White Paper)」を発表したが，そこにはEUにおいては市民社会が重要な役割を果たしていることを明記している。なお，この白書は以下のサイトから入手できる（http://ec.europa.eu/dgs/communication/pdf/comm-initiatives/2001-european-governance-white-paper-com2001_0428_en.pdf#search='EU + White + Paper + Govenancee'）。

また，市民社会の声を反映した条約として有名となったのは，1998年6月に署名された「オーフス条約（Aarhus Convention)」である。「環境に関する情報へのアクセス，意思決定における市民の参加，司法へのアクセス条約（Convention on Access to Information, Public Participation in Decision-making and Access to

Justice in Environmental Matters)」との副題を持つ同条約においては，環境保護政策について，市民社会は人々の意見を表明するという重要な役割を果たしていると記されている。なお，2016年5月現在，同条約は，EU及びEU主要国を始め世界で計47カ国が批准している（なお，日本は未締結である）。

ここで日本における市民社会の存在について，若干，言及しておきたい。本FTA交渉においても，対韓国FTAと同様，日・EUの市民社会との間で対話を行うことが要求されており，日本においても市民社会の関与が求められるとみられるからである。ただ，EUと比べ，あるいは他の先進国と比べ，日本における市民社会の規模は限られたものにとどまっている。その背景には，かなりの程度，制度的な要因が働いているとみられる。すなわち，日本では1998年に特定非営利活動促進法が成立するが，それ以前には公益法人として認証されることは，厳しく制限されてきた。その結果，団体名義での銀行口座開設，職員雇用などが著しく困難であった。また，日本は少ない会員数，少ない専門家，少ない予算額，狭い活動地域といった問題を抱えており，政府による政策に対する影響力はごく限定せざるをえないという点も重要である。このことはEUにおける事情と大いに異なっている。

（2）民主主義の赤字とマルチレベル・ガバナンス

ここで，何故にEUでは市民社会が注目されるようになったのか，あるいは，市民社会に注目せざるをえないかという点について，さらに詳しく触れておきたい。この点は，いわゆる「民主主義の赤字（democratic deficit）」と密接に関係する。

まず，一般的なEUにおける意思決定プロセスをごく簡単にみておきたい。その際，中心になるのは欧州委員会，EU理事会及び欧州議会である。それぞれの役割を要約すると，次のようになる。

ここで注目したい点は欧州議会である。一般に，法治国家において議会は，意思決定，すなわち，立法権限を有する。このため各議員は選挙区から選出される。すなわち，国民の意思が反映されるのであり，議会が正統性（legitima-

表5-1　EU の主要機関とその役割

主要機関名	機能
欧州委員会	法案の発議，EU 法の制定（EU 理事会による委任の範囲内）EU 法遵守の監視，予算執行，第三国との交渉などである。一国でいう閣僚に該当する28名の欧州委員は加盟国から派遣される。ただし，これら欧州委員および委員会スタッフは各国から独立し EU 全体の利益を追求しなければならない。
欧州理事会	各国首脳（大統領あるいは首相など）および欧州理事会常任議長・欧州委員会委員長から構成される。EU の政治的意思決定機関として EU の進むべき方向性を決定する。ただし，立法権限はない。2009年12月発効のリスボン条約によって欧州理事会常任議長職（いわゆる「EU 大統領」）が創設された。
EU 理事会	各国政府代表から構成される。各国外相からなる「外務理事会」などが該当する。EU の意思決定を行う立法府として機能する。EU 理事会の議長国は半年ごとのローテーションとなっている。例えば，2014年前半はギリシャ，同年後半はイタリアである。また，2015年は前半ラトビア，後半ルクセンブルグ，さらに2016年前半オランダ，後半スロバキアが予定されている。
欧州議会	欧州市民の直接選挙によって選出された751名の議員（28カ国）から構成される。選挙は5年ごとであり，第1回選挙は1979年に実施された。議員は国別ではなく党派別にグループを形成する。もともと諮問・監督機関として発足したが，予算の承認・新規加盟国の承認・欧州委員人事の承認などの権限を獲得してきた。現在では，EU 理事会と共同決定を行う分野が広がっている。このように欧州議会の権限は強化されてきたといえるが，単独では立法府として機能するまでには至っていない。

出所：筆者作成

cy）を有するとされる背景である。ただ，EU において欧州議会は，上述したように，次第に権限強化が図られてきたとはいえ，十分な立法権限を有しているとは言い難い。かなりの分野において，EU 理事会と共同決定権限を有するにすぎないのである。換言すれば，EU においては，欧州議会と EU 理事会が共に立法府といえる。また，EU 法案の提出権限は欧州委員会にあることも重要である。

その EU 理事会は，前述のように各国政府から閣僚が出席し，特定多数決，議題によっては全会一致により，意思決定を行うことになっている。このため，国民は，各国の総選挙により政府を選出し，政府が EU 理事会における意思決定を行うために閣僚を出席させるのであるが，EU 理事会では，場合によっては，当該国民の意思に反する決定を行うことになる。すなわち，EU 各国民からみると，その意思とは異なった EU 法が採択され，その EU 法は当該国民を拘束することもありえる。要するに，各国民とEU理事会との距離が遠いといえるのである。EUにおける「民主主義の赤字」とは，このようなことを指摘している。こうした「赤字」を回避するためには，EUレベルにおける市民の声をEUの政策に反映させるメカニズムが重要となる。

次に，「民主主義の赤字」を克服する方法として，「マルチレベル・ガバナンス（Multi-level Governance）」の重要性が指摘されるようになった点について触れてみたい。すなわち，各国内の地方レベル，各国レベル及び欧州レベルという複数のレベルで意思決定に関与することが必要だという点である。ここで注目したい点は，EUレベルでの意思決定である。既に環境問題に関する組織の活動について紹介をしたが，それ以外にも例えば，企業及び労働組合による働きかけも同様であり，この分野における動きを紹介したい。

ここでは，まず，EUにおけるソーシャル・パートナーについて論じたい。周知の通り，1993年の市場統合に関連して，当時のドロール欧州委員長の呼びかけにより，社会労働政策について論議するため，EUレベルでの対話が行われた。そこでは，ソーシャル・パートナーとして労働側から「欧州労働組合協議会（EUTC）」が，また経営側からは「欧州産業連盟（UNICE）」が参加し，EUレベルでの社会政策について協議した。その結果に基づき，欧州委員会が「社会憲章（Social Charter）」，さらには，この憲章に基づく指令案をいくつか提案した。欧州労使協議会（European Works Council）指令などである。

このようにソーシャル・パートナー間で行われる対話は，通常，ソーシャル・ダイアログと呼ばれるが——直訳すれば，社会対話ということになる——，いずれにせよ，わが国では余り一般的ではない。このソーシャル・ダイアログという概念が条約で規定されたのは，古く1985年の「単一欧州議定書」にまで遡ることができる。さらに1997年のアムステルダム条約を経て，労使対話がEUにおける社会労働政策に反映することが法的に可能となった。

ただ，社会労働政策に関係するのは労使だけではなくなった。高齢者，貧困者，あるいは移民など様々なグループも，社会労働政策への関与を求めるようになってきた。一方，彼らは多くのNGOを設立しており，これらのNGOは，労使以外の利益団体として，政策への制度的関与を求めるようになったのである。いわば，ソーシャル・ダイアログがシビル・ダイアローグへと変化していったのである。こうした背景の下，1995 年，欧州レベルの NGO20 団体がソーシャル・プラットフォームを組成し，様々な問題について EU への働きかけを続けるようになった（http://www.socialplatform.org/）。なお，この団体は，2016 年時点で 48 団体を包摂し，欧州域内で 2800 もの NGO をカバーする巨大組織へと発展している。

ところで一般に，ある国が国際社会において発言権を強化し，相手国に当該国の影響力を及ぼすためには，様々な手段がありえる。軍事力を背景とした「ハード・パワー」，文化あるいは政治的価値観を背景とする「ソフト・パワー」などが，これらに該当する。さらに，イアン・マナーズによれば，EU は「ノーマティブ・パワー（規範力）」を有する。すなわち，EU が有する規範，基準，あるいはルールを様々な分野においてグローバル・スタンダードに格上げするなどにより，国際社会における地位を高めるということである。

具体的には，高等教育における ERASMUS プログラム，化学物質に関する RoHS 規制，REACH 法，競争政策，会計原則，発展途上国に対する援助におけるコンシショナリティなどである。このような多岐にわたり，かつ利害が錯綜する分野において，EU 加盟国政府が十分な対応能力を有しているとは言い難い。従って，EU としては，より多くの利害関係者が活躍する NGO とのダイアログを通じて，彼らの声を反映することにより，グローバル・スタンダード設定という面でリードすることが可能となる。FTA 協定に市民社会の声を反映するメカニズムを要求する背景には，EU と同様に市民社会の声を反映させるメカニズムを普遍化することによって，EU の規範，さらには影響力を高めようとしているのかもしれない。

（3）欧州経済社会評議会

ところで，EU においては，EU の一機関として欧州経済社会評議会（European Economic and Social Committee, EESC）という機構が存在している。わが国では十分には知られているとは言い難い本評議会について，若干，紹介しておきたい。なお，同評議会のURLは次の通りである（http://www.eesc.europa.eu/）。

この機構は，市民社会における様々な経済的・社会的プレーヤーの代表で構成されており，欧州委員会，欧州理事会，欧州議会など主要な機関に対して，市民社会の意見を表明することが任務となっている。その他，本評議会は次のような3つの補足的な任務を有している。まず第1は，市民社会に対して国家レベルで，また，欧州レベルでもEUの政策に対して，より深い関与を求めるように働きかけることである。第2は，EUと市民との間で，そのギャップを解消するように努力することである。また，第3は，EUの域外国における市民社会との連携を図ることである。こうした性格を有する同評議会は，対韓国のみならず対日FTA交渉において主要なプレーヤーの一つとなり，活発な活動を続けている。

同評議会のメンバー350人は，EU加盟国から，概ね人口に応じた割合で選出され，欧州理事会によって任命される。任期は5年である。これらのメンバーは，大きく3つのグループに分けられる。経営者，労働者，及びその他のグループである。また，その他のグループとは，NGO／NPO，消費者団体，教員組合，中小企業経営者団体あるいは農民団体などから選出されるのであり，今回のFTA交渉では重要な役割を果たしている。

EUの機関は，特定の法案，あるいは政策に対して本協議会に意見を求めることができる。また，場合によっては，意見を求めることが必要となっている。今回の日EU・FTA／EPA交渉においてもそうである。いわばEUの市民という目線から提出された意見であり，「参加型民主主義」の下では，EUとしてはこれを尊重することになる。他国とのFTA交渉と相違する点といえるであろう。

問題は，日本において，同様の機構が存在しているとは言い難い点である。FTA交渉において，企業・産業，あるいは労働組合の意見は反映できるとしても，NGO／NPOを交渉にどのように取り込むのか，現段階では明確になっていないからである。従って，日本において市民社会グループをどのように意思決定，さらにはEPA に取り込むかは重要な課題となっている。なお，2014年1月に同評議会で開催された本協定に関する公聴会では，①日本はEU にとって重要な貿易パートナーであることを認めつつ，②日本には依然として重要な非関税障壁が残されていること，③日本においては労働者の保護が十分でないことなどから，これらの点で日本側に改善がみられるようだと，本FTA は締結すべきであり，その結果，日・EU 双方の消費者にメリットが生じると結論付けている。

3　日・EU 協定と日本とEU の経済

（1）消費者・市民社会にとってのFTA

本節では，日EU・FTA／EPA が市民社会に対していかなる影響を及ぼすかについて考察してみたい。

まず重要な点は，市民社会という存在である。この概念については既に前節でみている。ところで，いずれの諸国，とりわけ先進国においては，市民社会を構成するNGO のなかでも消費者団体は極めて重要な地位をしめている。その背景には次のような点がある。すなわち，各国経済，さらには市民社会を構成する多くの家計・個人は，消費者としての側面を有している。また，彼らは消費行動における意思決定に必要な情報を得るにはかなりの困難を伴う。このため，消費者は消費者団体を形成し，ネットワーク化することにより，企業，あるいは場合によっては，政府と交渉することを通じて，情報ギャップを埋め合わせようとするのである。

このことから，FTA が市民社会に及ぼす影響を分析する場合，なかでも重要な地位を占める消費者，あるいは消費者団体にとってFTA がいかなる点で効果を及ぼすのかという分析が必要であるといえる。こうした点から，ここでは，消費者にとってFTA とはいかなるものであるのかという点で議論を進めたい。

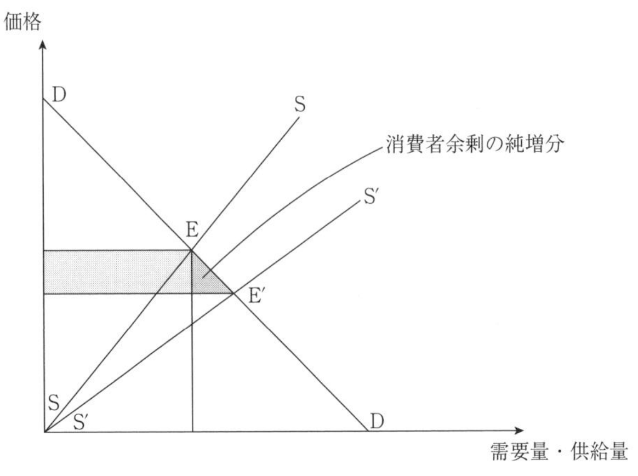

図5－2　貿易創造効果

出所：筆者作成

一般にFTAを締結することにより，様々な影響が及ぶ。とりわけ近年のFTAは，単に関税撤廃だけではなく，投資，サービス貿易，知的財産権の保護制度，競争政策，人の移動など幅広い分野を対象とするだけに，なおさらである。ただ，ここでは，とりあえず関税撤廃を中心とする静態的効果と，投資・生産性向上などを通じた動態的効果に2分して考察を進めたい。

まず，静態的効果のなかで重要とみられる点は，貿易創出効果（Trade Creation Effect）である。図5－2は縦軸に価格，横軸に需要量・供給量が示されている。ここで，A国における輸入品に対する需要曲線（DD）及び供給曲線（SS）を示している。初期の時点では，需要曲線と供給曲線の交点であるE点で市場が均衡している。

ただ，もし関税が撤廃されれば，A国における価格は低下するため，曲線は右側にシフトしS'S'となる。その結果，新たな均衡点はE'に移動する。これにより，価格は低下するとともに消費者余剰は増加する。すなわち，関税撤廃により輸出国における生産が増加し，かつ新たな貿易が創出されることになり，その結果，輸出国の生産者にメリットが生じると同時に，A国の消費者もメリットを受けることになる。この消費者余剰は，図の斜線部で示されている。す

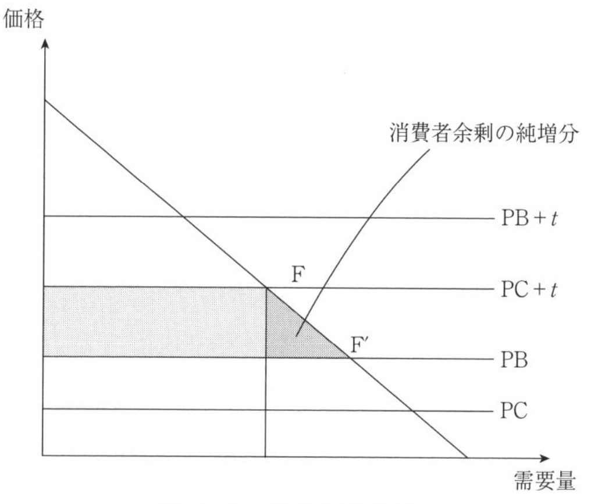

図5－3　貿易転換効果

出所：筆者作成

なわち，一定の価格の下で，最大限支払ってもよいと考える額と実際に支払う額の差額であり，図5－2でいうと自由貿易締結によって獲得する消費者のメリットといえる。

次に貿易転換効果（Trade Diversion Effect）も重要である。図5－3によれば，域外国Bと域外国Cが当該の財を生産しているとし，それぞれの価格をPB及びPCとする。また，ここではPB＞PCと仮定する。すなわち，当該の財について，C国の方がB国より効率的な生産を行っていると考えるのである。また当初，域内国Aは，B国及びC国に対して同率の関税を賦課しているため，A国消費者にとってみると，輸入価格はPB＋t＞PC＋tであるから，均衡点FでC国からの輸入が決定される。その価格はPC＋tである。

ここで，A国はB国とだけ自由貿易協定を締結すると仮定すると，B国で生産される財に対しては関税が賦課されないことになり，A国におけるB国財の価格はPBとなる。その場合，PC＋t＞PBとなるかもしれない。これにより，均衡点はFからF'へと移行する。その結果，A国の消費者には斜線部に該当する消費者余剰の増分が発生するが，C国の生産者は輸出機会を失うことになる。すなわち，貿易はC→AからB→Aへと転換することになる。ただ，B国及びC国がA国と自由貿易協定を結べば，もとのように，効率的な生産を行っているC国は，再度，貿易機会を獲得することになる。いずれにせよ，A国の消費者からみれば，自由貿易協定によって，消費者余剰を得る可能性が強い。

具体的に，これらの点を述べてみよう。他章で紹介されているが，現在，EUでは自動車に対して10％，さらには電子機器（例えば，ディスプレー）に対して14％の関税を賦課している。換言すれば，EUの消費者は，これらの関税分だけ割高な財を購入していることになる。もし，日・EU間でFTAが締結されれば，暫定期間を経過した後，日本製品を含む海外製品の購入価格は，その分だけ低下することになり，EUの消費者は図で述べた消費者余剰を獲得することになる。

同様の点は，日本の消費者にとっても該当する。日本では，バター，チーズさらにはワインなど農業製品に対して，比較的高率の関税を賦課している。例えば，バターは35％（ただし，関税割当枠内），プロセス・チーズには40％が課せられている。また，ワインについては価格の15％ないしはリットル当り125円の関税である。いうまでもなく，こうした高関税が賦課されているのは，わが国農業の保護が主たる目的である。FTAにより，これらの関税が撤廃ないしは引き下げられれば，日本の消費者はより安価な輸入品を購入することが可能となる。

一方，EUは，日本における非関税障壁の撤廃を要求している。その一例は，医薬品である。辻（2009）によると，1999年から2007年の間，アメリカ，EU，日本のいずれかで承認された医薬品は計398薬剤あった。このうち，約90％がアメリカ，EUで承認されているにもかかわらず，日本で承認されたのは，半数にとどまっている。また，アメリカ及びEUで世界初承認から，それぞれ承認ラグが0カ月及び2.7カ月であったのに対して，日本で承認されたのは41.0カ月であったという（いずれも中央値）。すなわち，初承認から日本で実際に承認されるまで，EUより3年強遅れることになる。このことは，EUの医薬品業界にとって日本への輸出を困難にしている他方，日本の消費者には新薬の利用可能性を低下させていることになる。もし，本FTA締結によって，例えば，日本で新たな承認が必要でなくなり，こうしたドラッグラグが軽減されるとすれば，日本の消費者は大きな恩恵を受けるとみられる。EUは，これ以外にも，例えば，政府調達あるいは自動車などの規格といった面で非関税障壁が存在するとしている。

なお，既述した貿易転換効果の具体例は，次のように説明できる。すなわち，既述したように，EUは韓国とFTAを締結しており，いずれ近いうちに韓国製品は無税でEUに輸出されることになる。この結果，EUでは，日本製品から韓国製品に転換される可能性が強い。

上記がFTA締結による一時的かつ静態的効果であるが，それ以外にも動態的あるいは，ダイナミックな効果もありえる。すなわち，貿易や投資の自由化が進む結果，外国製品あるいは外国企業の参入が促進されることから，競争も促進される他，技術移転も進むことなどにより，生産性が向上することもありえる。

（2）日本企業にとってのFTA

上では，消費者からみた自由貿易協定のメリットを論じた。ただ，企業の観点からも同様の結論を得ることができる。

近年，ICT化の進展により，世界の有力企業の財務データを瞬時にして入手することが可能となった。これにより，主として先進国企業の財務分析が急速に進展するようになった。様々な分析・結論が得られているが，そのうち，次のような観察が注目される。

いま，企業を国内企業，輸出企業，輸出・直接投資企業の3つのカテゴリーに分け，それぞれの生産性を比較すると，最も生産性が低いカテゴリーは，国内企業であり，次いで輸出企業，さらに最も生産性が高いカテゴリーは，輸出と直接投資企業という傾向がある。すなわち，企業の国際化と生産性の間には正の相関関係が観察されるのである。

このように生産性と国際化の間にみられる相関関係を因果関係という点から考察すると，次の2点が考えられる。1番目は，高生産性が国際化をもたらすという仮説であり，「自己選別（self-selection）仮説」と称される。要するに，高い生産性を実現しており，高い固定費を支払う企業のみが国際化を進めることができるということである。換言すれば，企業にとって国際化とは，かなり負担を強いるものであり，それに耐えうる企業のみが国際化を実現できるということである。

ところが，逆の因果関係も考えうる。すなわち，国際化が進めば高生産性が実現するというもので，通例，「学習効果（Learning by exporting）仮説」と称されている。例えば，海外の企業と競争し，あるいはアライアンスを結ぶことにより，技術移転，あるいは技術面で相乗効果が生じるかもしれない。異質の取引先あるいは従業員を雇用することにより，意思決定の合理化，あるいは意思決定の分権化が起こり，その結果，組織をより効率的なものに変えることが可能かもしれない。多くの研究によれば，わが国企業の場合，学習効果が重要とされている。すなわち，企業経営者が海外経験を積んだり，あるいはエンジニアが海外の技術者と交流を行ったりすることが，企業の国際化度を高め，その結果，企業の生産性を高まる傾向があることを推察できる。自由貿易の締結により，財・サービス，さらには投資交流が盛んになれば，上記でいう学習効果仮説が妥当する可能性が高めると考えられるのである。先進国の集まりであるEUと自由貿易協定を締結することは，こうした点からも評価できるであろう。

（3）日・EU 間貿易依存度向上に向けて

日本とEUのGDPを合計する20.3兆ドル，世界のGDPに占めるシェアは，27.8％に達する（2015年現在）。また両者はいずれも成熟した社会を有している。その結果，互いに共通する課題を抱えている。少子高齢化，年金問題，エネルギー・環境問題などである。また，視野を世界に向けると，共同して取り組むべきグローバル・イシューも数多く存在する。地球温暖化，貿易の自由化，発展途上国支援などである。こうした課題に取り組むためには，いずれにとっても相互の協力が必要となっている。一方，日・EU いずれにとっても中国が重要な貿易パートナーとなっていることもあり，両地域の経済依存度は低下し

表5-2　日・EU双方における相互依存度の推移

(a)わが国貿易におけるEUのシェア

(%)

	2003	2005	2007	2009	2011	2013	2015
わが国輸出	15.3	14.7	14.8	12.5	11.6	10.0	10.6
わが国輸入	12.8	11.4	10.5	10.7	9.4	9.4	11.0

資料：財務省

(b)EUの貿易における日本のシェア

(%)

	2003	2005	2007	2009	2011	2013	2015
EUの輸出	4.7	4.1	3.5	3.3	3.1	3.1	3.2
EUの国輸入	7.7	6.3	3.0	4.7	4.0	3.3	3.4

注：対域外貿易に占めるシェア
出所：EUROSTAT

つつある（表5-2参照)。わが国貿易におけるEUの地位，逆にEU貿易における日本の地位は，傾向的に低下しているのである。表5-2によれば，わが国輸出に占めるEUのシェアは，2003年の15.3％から最近ではわずか10.6％へ，また，わが国輸入に占めるEUのシェアも，同期間，12.8％から11.0％へ低下している。一方，EUの域外輸出に占める日本のシェアは，2003年の4.7％から2015年には3.2％へ，さらにEUの域外輸入に占める日本のシェアは，同期間，7.7％から3.4％へ低下したのである。また，投資面についても同様である。すなわち，依然として互いに重要な地位にあるものの，強化されつつあるとはいえない。

成熟した社会が抱える課題，さらにはグローバル・イシューに双方の市民社会が共同で取り組むためには，ベースになる経済関係の再強化が必要である。日EU・FTA／EPAが実現・締結すれば，こうした貿易及び投資面における相互依存度が再び高まり，双方の市民社会が一層連携を深めうることである。

参考文献

久保広正（2003）『欧州統合論』勁草書房。
経済産業省（2007）『2007年版通商白書』。
藪下史郎・清水和巳編著（2007）『地域統合の政治経済学』東洋経済新報社。
辻香織（2009）「日本におけるドラッグラグの現状と要因――新有効成分含有医薬品398薬剤を対象とした米国・EUとの比較」，『薬理と治療』第37巻6号。
仁科一彦（2011）『高等研報告書1001グローバリゼーションと市民社会』財団法人国際高等研究所。
久保広正・田中友義編著（2011）『現代ヨーロッパ経済論』ミネルヴァ書房。
田中素香・長部重康・久保広正・岩田健治（2011）『現代ヨーロッパ経済第3版』有斐閣。
久保広正・海道ノブチカ（2013）『EU経済の進展と企業・経営』勁草書房。
Hiromasa Kubo (2012), "A EU-Japan Free Trade Agreement : Toward More Solic Economic Relations", Center for Asian Studies, IFRI.

（久保広正）

第6章 EUハイテク産業と隣接サービス産業

ハイテク産業がその研究開発能力と規模の経済をダイナミックに活かし，日・EU双方の経済成長をけん引し，加速していくためには，ハイテク隣接サービス産業（知識集約型サービス産業：KIS）を含めたさらなる貿易自由化が必要である。

EUのハイテク産業は宇宙・航空，医薬品などの部門が国際市場において優位であり，ドイツ，イギリスおよびフランスがその付加価値生産額で中東欧，北欧よりも優位となっている。EUにおいては1990年代以降，単一市場統合と経済社会統合の深化が進んだ結果，ハイテク産業部門においても，フランス，ドイツなどの航空機産業にみられるように，EU域内の生産要素移動が促進され，より経済合理性の高い国際分業が実現されている。このように，EU域内ではアメリカとカナダ2国間に観察されるような成熟隣接国間の相補的な国際分業関係に近づいている。

競争的なハイテク貿易関係から相補的な関係に移行するためには，ハイテク最終製品の貿易だけでなく，それらの半製品（中間財）貿易の拡大と，航空運輸，電子・通信サービス，対事業所サービス，研究開発などのKISのさらなる貿易自由化が模索され続けなければならない。

これを実現するためには，モノ，カネだけでなく，知識・情報，人々などの自由往来を促進するための国際的制度創りが政策課題となる。世界有数のハイテク産業を抱える日本と，単一市場統合時に非関税障壁撤廃の豊かな経験を有しているEUが日・EU経済連携協定によって結ばれれば世界経済発展にとって大きな貢献となろう。

1　ハイテク産業の特徴とハイテク市場の動向

（1）ハイテク産業と自由貿易制度

EU統計局（Eurostat）と経済協力開発機構科学技術局（OECD-DSTI）は，研究開発比率と知的財産権取得割合が相対的に高い製造業をハイテク産業（電子通信機器，情報処理・事務機，光学・精密機器，航空機，医薬品など）と位置づけ，その他の残りの製造業を準ハイテク，準ローテクおよびローテクと段階的に分類して，製造業全体をハイテクからローテクまで4段階[(1)]の産業活動に分類している。これら4部門の構造変化を分析するための統計データベースとして，構造分析データベース（**ST**ructural **AN**alysis Database：STAN[(2)]）をDSTIが毎年作成・公表している。

以下，Eurostat-OECD定義のハイテク産業について，経済成長理論及び国際経済理論との関係を整理しておこう。

①経済成長理論から見たハイテク産業の特徴

ポール・ローマー，チャールズ.I.ジョーンズ，P.R.クルーグマン，M.オブズフェルドなどによれば，ハイテク産業の特徴は，

1）企業の研究開発リスクの水準が他産業より相対的に高い。

2）知識のスピルオーバー効果があり，社会的厚生水準の拡大に貢献する[(3)]。

3）ダイナミックな規模の経済が生じ，収穫逓増と不完全競争が生じやすい。

などの3点に要約することができる。

1）の特徴から，ハイテク産業が「知識集約型」または「技術集約型」であること，2）と3）の特徴から経済成長を加速する「高度成長型」であること，1）と3）の特徴から，「制度依存型」であることをそれぞれ指摘できる。

②国際経済理論から見たハイテク産業と自由貿易の関係

ハイテク産業が規模の経済をダイナミックに活かし，経済成長全体をさらに

---

(1) 準ハイテク産業は医薬品以外の化学品，産業機械，自動車，その他交通輸送機器など，準ローテク産業はゴム・プラスティック，冶金，造船など，ローテク産業は繊維，皮革・履物，パルプ・紙，食料品，飲料，たばこなどからそれぞれ構成されている（http://www.oecd.org/sti/ind/48350231.pdf）。

(2) STANには，日本，フランス，ドイツ，アメリカ，韓国，カナダ6カ国を含むOECD加盟32カ国の産業別国内生産額，従業員数，国際投資，貿易などの統計数値が編集・公表されている。

(3) 企業が手にする研究開発成果としての超過利潤の受け取り水準の拡大が社会的厚生水準の増大よりも常に過小となりやすい。

加速するためには，グローバルな大規模市場への進出に際して，フェアな競争環境の構築とその維持発展が必要となる。そのためには，財，サービスの自由貿易制度の構築が必要不可欠であるだけでなく，特許制度，技術標準化など，技術そのものに関わる制度創りとハイテク商品およびその隣接サービスの取引市場全般に関わる著作権制度，公正取引監視制度，紛争処理などの仕組み・制度創りが必要となる。

経済発展の力強い原動力となるハイテク産業の活力を，制度構築後においてもダイナミックに維持するためには，財だけでなく，サービスに関わる取引市場全般のさらなる透明化と公正性の確保に関わる国際的合意の頻繁な確認と，それに基づく実効性のあるさらなる自由貿易制度の提案が必要不可欠となる。

（2）ハイテク産業及び隣接サービス産業のEU域内生産動向

本節ではハイテク産業をEurostat-OECD定義によるハイテク産業4部門に自動車産業を加えた5部門の産業（以下，単にハイテク産業Cと略す）とし，Eurostat Input-Output tablesからこれら5部門の統計数値を抜き出して分析を進めた。また，ハイテク隣接サービス産業については，OECDの知識集約サービス（Knowledge Intensive Service（KIS））13部門分類[(4)]を利用して，Eurostatが作成・公表しているEurostat Input-Output tablesからこれらKISの生産額などの数値を抽出して分析した。

EUのハイテク産業Cにおいて，その国内付加価値産出額（以下，VA産出額という）が大きい国を上位から並べると，ドイツ，イギリス，フランス，アイルランド，イタリアの順となる。これに対して，スペイン，オランダなどのハイテク産業CのVA産出額はドイツなど上位5カ国に比べてその規模において小さく，ハイテク産業Cの産業規模（国内生産額）に占めるVA産出額の割

---

(4)　研究開発，その他運輸サービス，金融付帯サービス，機械設備レンタルサービス，保険・年金サービス，レクレーション・文化およびスポーツサービス，コンピュータサービス，郵便・電子通信サービス，金融サービス（保険，年金サービスを除く），教育，行政・防衛，社会保険サービス産業およびその他対事業所サービス産業の13部門。

合として見ても，さらに小さいことを指摘できる。デンマーク，フィンランド，ポーランド，ハンガリー，チェコでは産業規模よりもVA産出額の割合の方がさらに小さくなっている。このように，中東欧，北欧諸国においてVA産出額が国内生産額に占める割合が小さいことは，国際的な工程内分業において，これらの国々は，相対的により低い付加価値工程がより大きな割合を占めている状態，つまり，相対的な低付加価値工程の国際分業を担っていることを意味している。この点については，後の「3　ハイテク製品の工程内分業と隣接サービス産業の国際展開」においてあらためて議論する。

EUハイテク産業CおよびKISを構成する18部門の2000年から2007年までの域内生産額の推移を図6-1に取りまとめて示した。

産業規模では，その他の対事業所サービスがもっとも大きく，社会保険，行政・防衛と続き，準ハイテク産業の自動車部門が顔を出し，以下は，教育，金融，郵便・電子通信サービス，コンピュータサービス，レクレーション・スポーツ，保険・年金などと再びハイテク隣接サービス産業部門が続く。次に，準ハイテク産業の電気機械・設備機器部門をはさんで，機械設備レンタルサービスなどのサービス部門が続く。ハイテク産業の一角を形成している医療・精密・光学機器，コンピュータ・事務機などのハイテク製造業は18部門中の17位と18位を占めているにとどまっている。EUにおいてはハイテク経済活動の大部分はハードからすでにソフトに移行している。

これらハイテク産業Cおよびその隣接サービス産業（KIS）の生産額の推移を同じ図6-1で観察すると，準ハイテク産業である自動車部門のEU域内生産額が2000年には約5000億ユーロ，2007年に約7000億ユーロと順調に成長しているのに対して，電気機械・産業機械，ラジオ・テレビ・通信機器などの準ハイテク製造業部門はほとんど成長していないことがわかる。KISの成長率はハイテク産業C全体より高く，生産規模もこの期間については常に大きかったことがわかる。

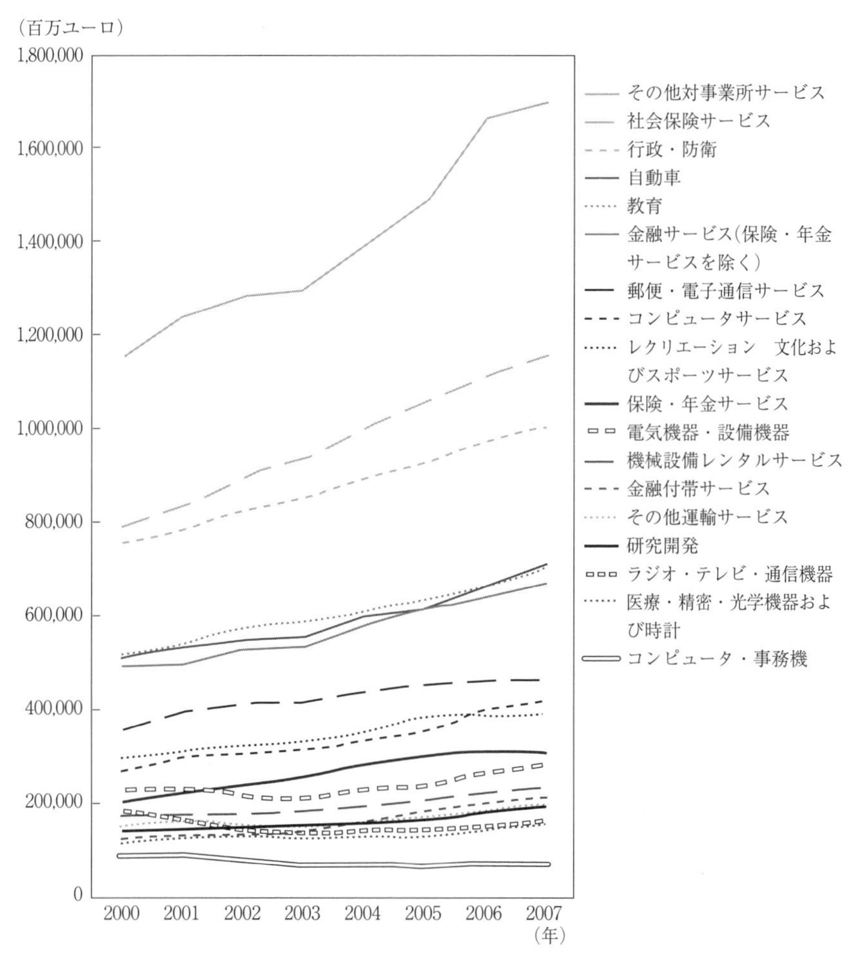

図6-1　EU ハイテク産業C及び隣接サービス産業（KIS）の域内生産額推移

出所：STAN および Eurostat Input-Output tables (2000-2007) から著者作成

（3）EU ハイテク産業（5部門）の輸出入動向

①輸出動向

EU28 域内からの輸出全体に占めるハイテク産業（5部門）（ハイテク産業C）の割合は 2012 年において 15.6％だった。その構成割合を見ると，航空機と電子通信機器の輸出が全体の 46.1％を占めていた。

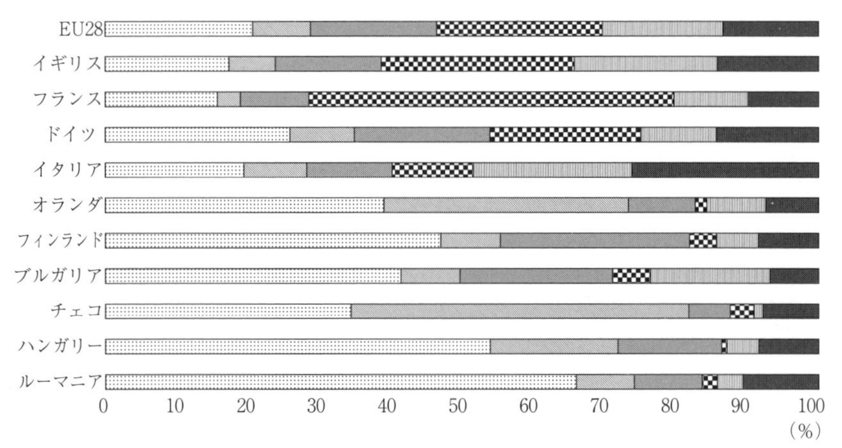

図6－2　ハイテク製品別輸出構成のEUメンバー国間比較（2012年）

出所：High-tech statistics, 2012から著者作成

国別にハイテク製品（ハイテク産業Cが出荷する製品）の輸出割合を見ると，ドイツが1位で，次いでオランダ，フランス，イギリス，ベルギーの順番となっている。

EUメンバー国別のハイテク製品輸出構成割合を図6－2でより詳細に見れば，電子通信機器はルーマニア，ハンガリー，フィンランドなど，コンピュータ・事務機はチェコ，オランダなど，科学機器（光学・精密機器）はフィンランド，ブルガリアなど，航空機はフランス，英国など，医薬品は英国，イタリアなど，その他ハイテク製品はイタリアなどとなっており，このことから輸出競争力を有するハイテク製品がEU域内で分業されていることがわかる。

このように，EU28メンバー国はそれぞれの得意とするハイテク分野が異なっており，多様な国際分業構造となっている。また，サービス経済化がもっとも進んだ英国経済のハイテク製品輸出構成比がEU28全体の輸出構成比と相似していることは注目に値する。

②国内投入と輸入比率の動向

Eurostat Input-Output tables 各年データ（2000-2007）から，EUハイテク産

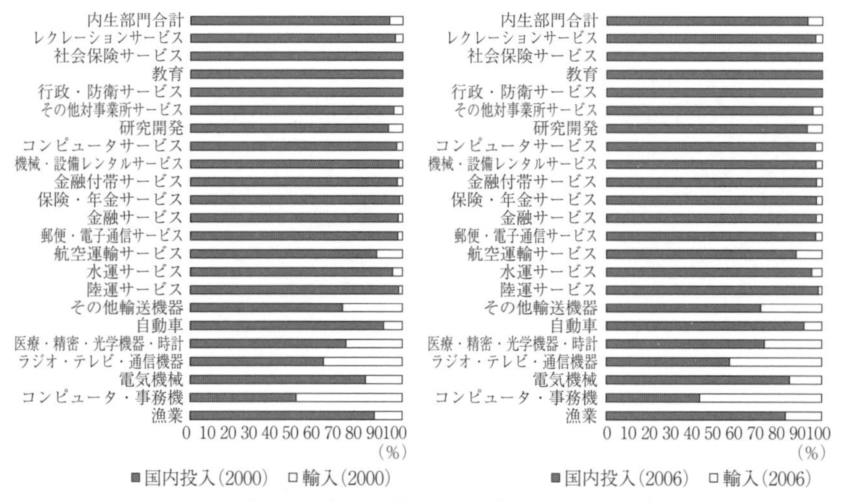

図6－3　EU 国内中間財投入対輸入中間財投入割合（2000年，2006年）

出所：Eurostat Input-Output tables (2000-2007) から著者作成

業Cとその隣接サービス産業（KIS）への国内投入と輸入の比率の推移を見ると，図6－3の最上段棒グラフ白色部分に示されているとおり，内生部門からの投入合計では2000年と2006年の時点で輸入財の中間財としての投入比率がそれぞれ7％程度でほとんど差が生じていないことがわかる。

しかし，ハイテク産業を個別産業部門ごとに見ると，例えば，コンピュータ・事務機の輸入中間財割合は2000年に50％弱だったものが2006年に60％近くに増加しており，域内生産部品・部材よりも域外からの輸入中間財（部品・部材など）がより多く使われるようになってきていることがわかる。同様に，ラジオ・テレビ・通信機器について見ると，2000年に30％台だったものが2006年に40％を超えている。逆に，電気機械では2006年に輸入からの中間財投入割合が減少している。

次に，輸入部門からのKIS部門への中間財投入割合を同じ図6－3で見ると，航空運輸サービスが10％を超え，他のサービス産業より大きい輸入割合となっており，研究開発（7％程度），その他対事業所サービス（4％程度），水運サービス（3％程度）などが内生部門合計の水準よりも高いことがわかる。2000

年と2006年の比較をすると，グラフ全体に大きな変化はなく，輸入中間財投入割合の変動が大きくなかったことも指摘できる。なお，社会保険，教育，行政など，政府の直接サービス部門への輸入部門からの中間財投入割合はゼロだった。

（4）成熟隣接国間のハイテク製品貿易の動向

EUにおいては，域内非関税障壁の段階的な撤廃により，1990年代半ばまでに単一市場統合が完成している。その後，フランスとドイツのハイテク分野の国内生産がどのように変化したのかを見ておく。これによって，国境を接して隣接する経済成熟国間での自由貿易拡大による国内産業への影響の一端を検証できる。近い将来の日EU・FTA／EPA締結時のそれぞれのハイテク産業への影響を推し量る際に参考となろう。

ここでは，フランスとドイツの隣接二国間に加えて，比較対象地域としてアメリカとカナダおよび日本と韓国のハイテク産業推移を観察してみることとした。

これらの国のハイテク産業の生産規模は，その規模が大きい順番に並べると，アメリカ87兆円（119円/ドルで換算），日本47兆円，韓国23兆円（0.12円/ウォンで換算），ドイツ23兆円（150円/ユーロで換算），フランス19兆円，カナダ4.7兆円（100円/ドルで換算）となっている。

①フランスとドイツのハイテク産業比較

図6-4にドイツ（左側）とフランス（右側）のハイテク～ローテク4部門産業の生産動向を対比して示した（1991～2007年）。単位が共通の百万ユーロとなっているので生産動向を比較しやすいように縦軸の目盛りをほぼ揃えてある。

ドイツのハイテク産業（図6-4実線表記）の生産額は，1991年に約895億ユーロだったものが2007年に約1745億ユーロと2倍弱に増加し，フランスは同期間に約739億ユーロから約1325億ユーロと約1.8倍となった。その結果，航空機，医薬品などを含むハイテク産業の仏独の差は，1991年の単一市場統合完成前の時点から社会経済統合の深化がさらに進んだ2007年の時点との間

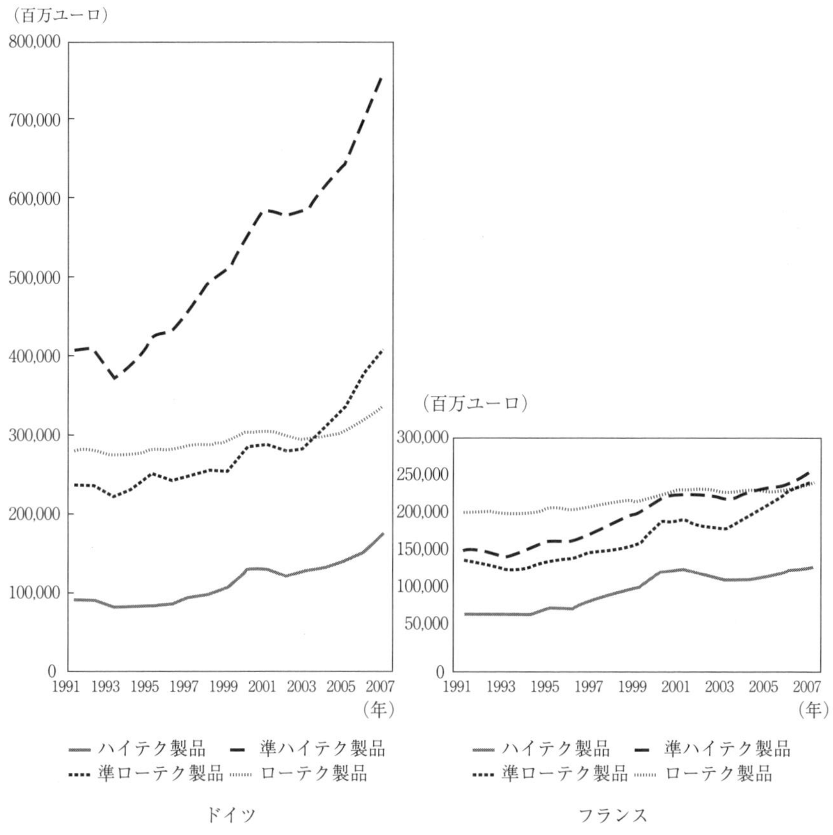

図6－4　ドイツとフランスのハイテク産業の動向（1991-2007）
出所：OECD-DSTI STAN から著者作成

で，155億ユーロから420億ユーロへと2.7倍に拡大した。自動車，工作機械，電気製品，医薬品以外の化学製品などの準ハイテク産業（破線表記）のフランス・ドイツの差は，1991年に2500億ユーロ程度だったものが，2007年には5000億ユーロ超まで約2倍に拡大した。さらに，ゴム製品，建設などの産業を含む準ローテク産業（点線）のフランス・ドイツの差も1200億から1500億ユーロへとやや拡大した。差が大きく拡大しなかったのは繊維産業などを含むローテク産業（細点線）だけだった。

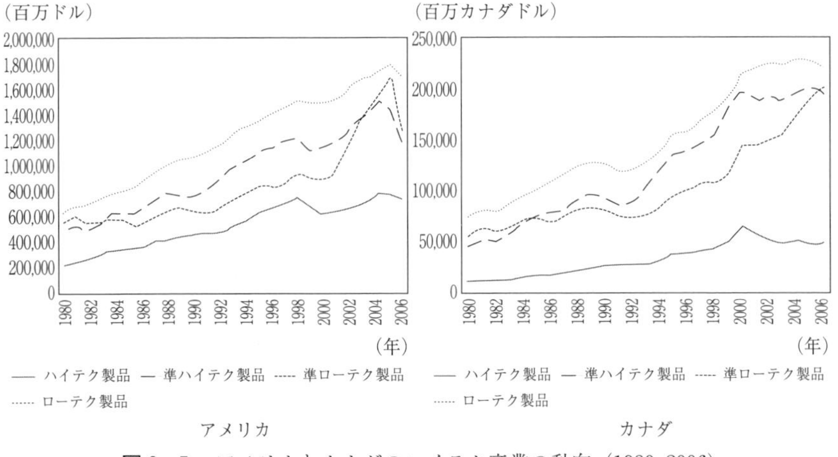

図6－5　アメリカとカナダのハイテク産業の動向（1980-2006）
出所：OECD-DSTI STAN から著者作成

以上のことから，EU の単一市場統合とその後の東方拡大・経済社会の連携強化の進展で，フランス側のハイテク産業，準ハイテク産業がその生産規模でドイツに比べて劣後となってきたことがわかる。すなわち，生産要素の国際的な自由移動が可能となったことで，経済活動をけん引すると期待されているハイテク産業だけでなく，経済成長にとってもっとも重要な産業基盤の形成・強化に寄与する準ハイテク産業部門のドイツ・フランスの差異がさらに拡大したことが指摘できる。この点については，ARTUS et VIRARD がその著書「工場なきフランス」で同様のことを指摘している。

②アメリカとカナダのハイテク産業比較

図6－5にアメリカとカナダのハイテク～ローテク4部門の国内生産額の推移を比較した結果を示した。アメリカとカナダのハイテク産業生産額は1980年にそれぞれ2022億米ドルと89億カナダドルだった。これが，2006年には7292億米ドルと472億カナダドルと双方とも拡大したことがわかる。

両者の推移には，その生産規模に大きな差があるものの，ローテク産業が1970年代から2006年までの長期間にわたって常にその生産規模において他のハイテク産業等よりも優位にあり，以下，準ハイテク，準ローテク，ハイテク

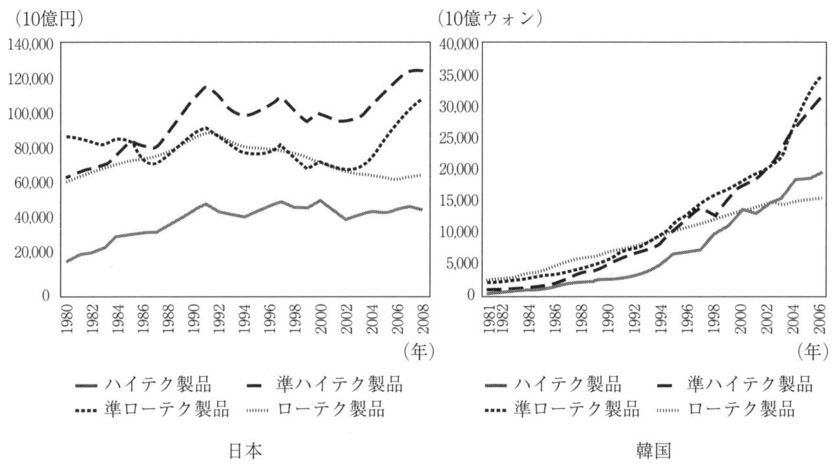

図6-6　日本と韓国のハイテク産業の動向（1980-2006）
出所：OECD-DSTI STAN から著者作成

という順番となっている。

1994年に成立した北米自由貿易協定（NAFTA）の影響が図6-5から読みとれるとすれば，自動車などの準ハイテク産業と建設，ゴム工業などの準ローテク産業のカナダ側の生産伸び率が1994年以降アメリカよりも大きかったことを指摘できよう。このことから中位技術レベルの製造業が米国からカナダにシフトした可能性を類推できる。しかし，両国関係においては，製造業におけるハイテクからローテクまでの産業構造（生産高割合）の推移が中長期的に安定していることから，1994年以前からアメリカとカナダの関係は成熟した単一市場に近い関係だったのではないかとも考えられる。

③日本と韓国のハイテク産業比較

図6-6に日本と韓国のハイテク～ローテク4部門生産額の動向を1980年代から2006～2008年までの期間について比較した結果を示す。これによると，日本のハイテク産業生産額は1980年に約20兆円だったものが2008年までの19年間に約47兆円と2.4倍弱に拡大し，韓国は1981年に約5兆ウォンだったものが2006年に約194兆ウォンと16年間で40倍弱に拡大していることが

わかる。1990年まで成長を続けてきた日本の準ハイテク，準ローテクおよびローテク産業群は図6－6右側の図の中央部から右に示すとおり，1991年以降2005年まで継続して減少傾向を示している。これに対して韓国の場合は，同期間に，ハイテクからローテク産業まで，すべての製造業において急成長を維持している。このように，日韓の間には特に1991年以降の期間について成長パターンに大きな違いがあることが指摘できる。

以上見てきたとおり，製造業をハイテク～ローテク産業4部門に分類してドイツ・フランス，アメリカ・カナダおよび日本・韓国の産業構造の長期動向を観察したことで，EUの単一市場統合，NAFTAの域内関税の引下げなどによって隣接成熟経済が相互により高い経済効率へとシフトし，経済連携の深化が生じたことが推測される結果となった。一方，日本と韓国の関係については，EU，NAFTAのような経済連携深化の動きとは異なり，韓国の急成長と日本の成熟化という孤立した関係にとどまっているように見える。

2　自動車部門を含む輸送機器産業の動向

世界の輸送機器（自動車・航空機・船舶・鉄道車両など[5]）の生産額総計は，世界産業連関データプロジェクト（WIOD）において，その他地域（RoW）を含めて推計されており，2011年時点で約4.7兆米ドルとなっている。内訳は，EU27が約1.3兆米ドル，中国（CHN）が約8300億米ドル，アメリカ（USA）が約6300億米ドル，日本（JPN）が約5400億米ドルなどとなっている（図6－7）。その他世界（(RoW) 3900億ドル)，韓国（KOR）(2400億ドル)，カナダ（CAN）(2200億ドル)，ブラジル（BRA）(1400億ドル)，インド（IND），メキシコ（MEX），ロシア（RUS），インドネシア（IDN），オーストラリア（AUS），トルコ（TUR）および台湾（TWN）がその後ろに続いている。

また，EU27，アメリカ，カナダなどの輸送機器最終財生産額が中間財生産

(5) ここで言う輸送機器産業とは，Eurostat産業分類（NACE）34（自動車，トレーラおよび半トレーラ）および35（その他輸送機器）に対応する産業部門である。

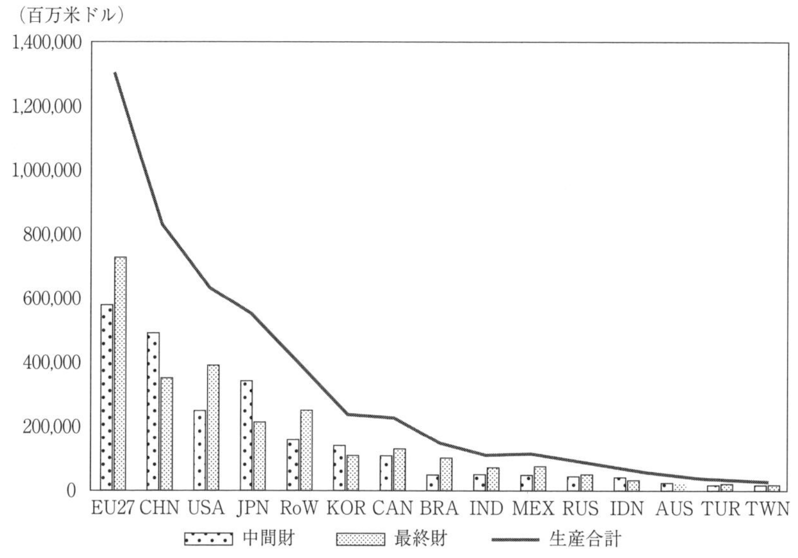

図6－7　世界の輸送機器産業地域・国別生産額（2011）
出所：WIOD から筆者作成

額より大きいのに対して，中国，日本，韓国，インドネシア，台湾などでは対照的に中間財生産額が最終財生産額より大きく，逆転している。この中間財貿易の1995年～2011年の16年間の変化に注目して以下の分析を進める。

（1）輸送機器の最終消費仕向け地域変化

日本およびEUから全世界へ最終消費財として輸出された輸送機器[(6)]の総額は，1995年にそれぞれ491億ドルと719億ドルだった。一方，中間消費財として輸出された輸送機器の総額はそれぞれ470億ドルと415億ドルだった（後注 p. 165 参照）。

1995年のEUからの輸送機器最終消費財仕向け地別輸出構成比は，中東，アフリカなど，その他地域（RoW）向けが53.0％と最も大きく，半分以上を

(6)　ここで扱う輸送機器産業の数値は，WIOD 産業連関表の数値を使用しているため，Eurostat-OECD のハイテク産業定義でハイテク産業に分類されている宇宙・航空機産業（NACE : 35.3）を含む（自動車 NACE : 34 およびその他輸送機器 NACE35 の合計）。

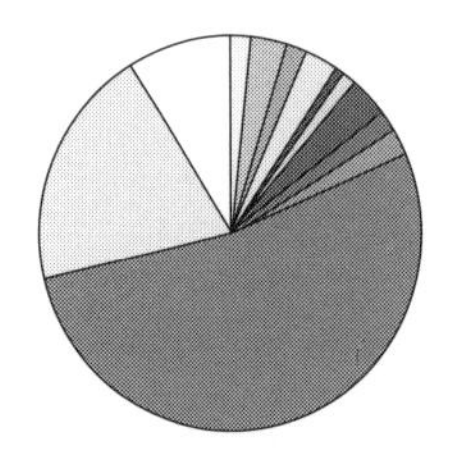

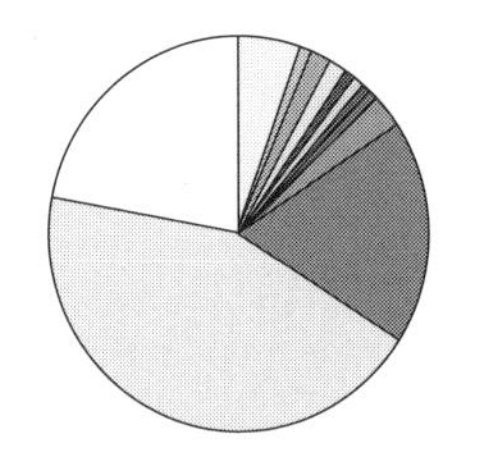

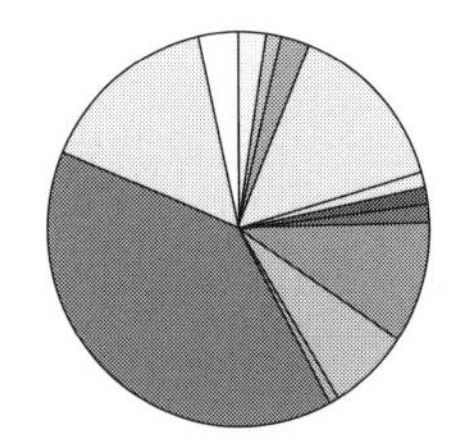

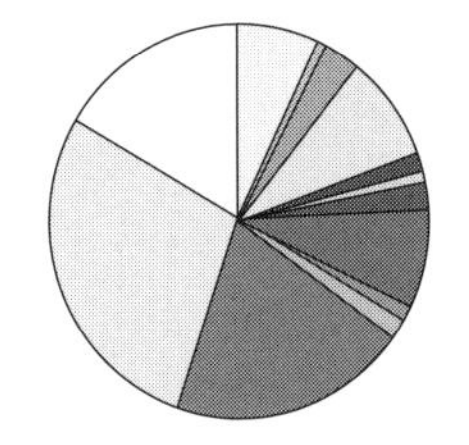

図6-8　日本またはEUから輸出された輸送機器の地域別最終消費（FCE）割合の推移（1995，2011）

出所：WIOD国際産業連関表から著者作成

占めていた。第2位はアメリカ市場向け（19.6％）となっている。日本市場向けは，アメリカ向けの半分程度（9.1％）にとどまっていた（図6-8左上）。

これに対して，日本からはアメリカ向け輸出が43.8％と半分近くを占め，第1位となっている。第2位はEU向け22％，第3位がその他地域（RoW）向け（18.5％）となっている（図6-8右上）。すなわち，1995年のEUからの日本向け輸送機器最終財輸出割合は10％弱にとどまっていたが，日本からのEU向けは20％強となっており，非対称だった。

WTOが機能しはじめた1995年から16年が経過した2011年には以下に述べるとおり，世界の輸送機器最終財の輸出仕向け地が大きく変化した。すなわち，EUから全世界への輸送機器最終財輸出額は719億ドルから2130億ドルに拡大し，日本からは491億ドルから1005億ドルへと拡大した。自由貿易に積極的に取り組んできたとみられるEUからの輸出が3倍に増加している点が重要である。EUはWTOの世界貿易自由化の仕組みを活用してきたのであって，輸送機器分野については地域間協定の締結を必ずしも急ぐ必要はなかったと考えられる。

2011年のEU産輸送機器の最終消費仕向け地域別輸出割合は，日本（3.2％），アメリカ（15.5％），その他地域向け（39.2％）とそれぞれ縮小した。その一方で，中国向けが14.1％と急拡大し，続いて，ロシア向け（10.0％）およびトルコ向け（6.9％）がそれぞれ拡大した（図6-8左下）。

この変化の重要な点の一つは，EUの対日輸出割合が9.1％から3.2％へと1/3に縮小し，その貿易相手としての順位をトルコの次の第6位へと大きく下げた点である。同じ期間に日本の対EU輸送機器輸出もまたその全体に占める割合が22.0％から16.8％へと低下している（図6-8右下）。

こうした日・EU間の貿易パートナーとしての地位の相対的低下は，EUの輸出先として，中国，ロシアおよびトルコが顕著に増加した結果であり，それぞれの地域ごとに，より重要な貿易パートナーが出現したことを意味している。

いずれにしても，輸送機器分野では，世界市場という消費市場全体の拡大が顕著である。このように，1995年から2011年の16年間に輸送機器最終財に関する世界貿易が拡大したという意味で，WTOなどの自由貿易体制の地球規模での浸透がこうした変化の背景となっていると考えることができよう。

（2）輸送機器の中間消費仕向け地域変化

前節において，完成車などの輸送機器最終財の貿易拡大が進んだことを見てきた。本節では，車体，エンジン，自動車部品などの半製品，すなわち中間財の貿易拡大について検討を加える。

EUから域外への輸送機器中間財輸出は1995年に415億ドルだったものが，2011年には1502億ドルへと3倍強の拡大を示した。これを中間財輸出額対最終財輸出額の比率として観察すると，58％（1995年）から70％へ（2011年）へ

EU27から域外輸出された輸送機器の地域別中間消費(ICE)割合(1995)

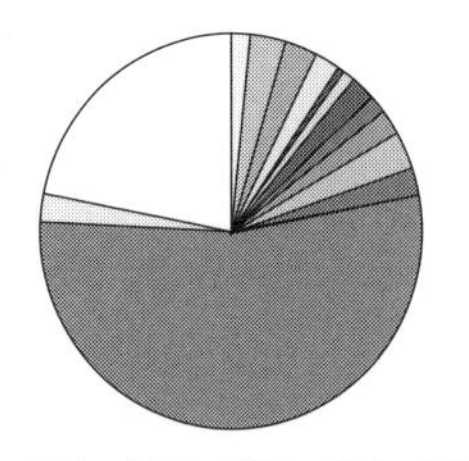

□AUS ▤BRA ▤CAN □CHN ■IDN □IND ■KOR
▤MEX ▤RUS ▤TUR ▤TWN ▤RoW □JPN □USA

日本から輸出された輸送機器の地域別中間消費(ICE)割合(1995)

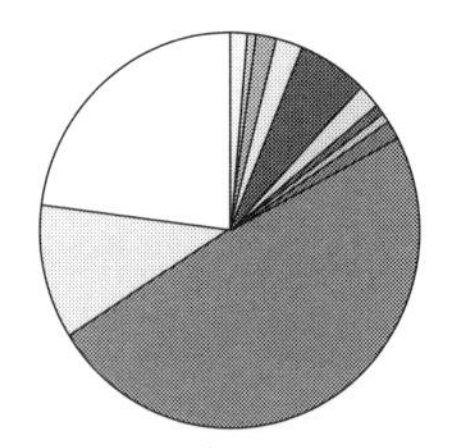

□AUS ▤BRA ▤CAN □CHN ■IDN □IND ■KOR
▤MEX ▤RUS ▤TUR ▤TWN ▤RoW □EU27 □USA

EU27から域外輸出された輸送機器の地域別中間消費(ICE)割合(2011)

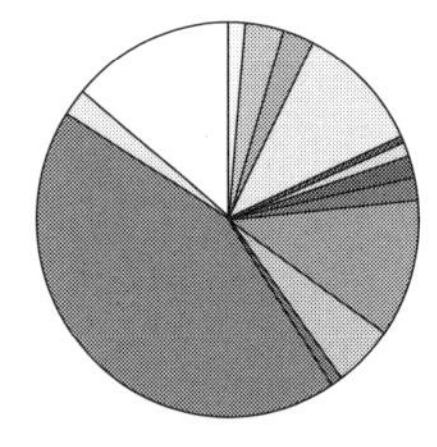

□AUS ▤BRA ▤CAN □CHN ■IDN □IND ■KOR
▤MEX ▤RUS ▤TUR ▤TWN ▤RoW □JPN □USA

日本から輸出された輸送機器の地域別中間消費(ICE)割合(2011)

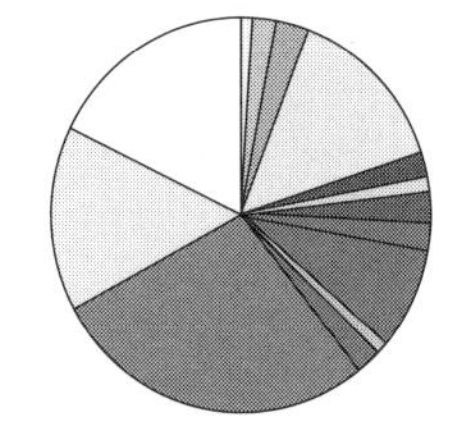

□AUS ▤BRA ▤CAN □CHN ■IDN □IND ■KOR
▤MEX ▤RUS ▤TUR ▤TWN ▤RoW □EU27 □USA

図6－9　日本またはEUから輸出された輸送機器の地域別中間消費（ICE）割合の推移（1995，2011）

出所：WIOD国際産業連関表から著者作成

と拡大したことがわかる。この変化からEUの輸送機器輸出が最終財輸出から中間財輸出へとシフトしたことを指摘できる。

EU域外への輸送機器中間財の地域別消費（輸出仕向け先）割合を図6－9左側上下の図で見ると，仕向け地として最も大きな割合を占めているのは，1995年と2011年とも，その他地域（RoW）（53.4％から43.5％）とアメリカ（22.7％から14.0％）向けとなっており，いずれも輸出仕向け地としてその割合を減じている。日本は，ブラジル（3.3％），トルコ（3.2％），カナダ（2.9％），韓国（2.6％），台湾（2.2％）の後に位置しており（2.1％），中国（2.1％），メキシコ（1.5％）の前に位置していた。

2011年にはロシア（11.5％）と中国（11.2％）がEUからの中間財輸出割合

を大きく伸ばした。以下，トルコ（5.1％），ブラジル（3.3％），カナダ（2.7％），メキシコ（1.7％）などとなっている。日本へのEUからの中間財輸出割合は，2.0％と微減したが，その順位は1995年の第8位から変化しなかった。

EUから日本への完成車輸出が同期間に9.1％から3.2％へと激減した傾向に比べれば中間財輸出は，金額で増加し，割合で見て微減にとどまった。このことから，EU輸送機器産業から見た半製品，部品，原材料などの輸送機器中間財貿易相手先としての日本の存在はやや微妙な立場にあると言えよう。

一方，日本からの輸送機器中間財輸出額については，1995年に470億ドル，2011年に779億ドルとなっており，EUに比べると明らかにその金額ベースの伸び率が低く，最終財との割合を比較しても96％から78％へとEUの場合と逆に減少していることがわかる（図6－7の最終財と中間財輸出の国別棒グラフ参照）。

日本の輸送機器中間財の地域別消費（輸出仕向け先）は，図6－9右側上下に示すとおり，EUの場合と同様に，1995年においても2011年においても，その他地域向け（48.8％から28.0％）とアメリカ向け（22.6％から18.0％）が大きかった。しかし，いずれもその構成比は減じている。1995年にはEU向け（11.2％）とインドネシア向け（6.1％）の比重が大きかったが，2011年にはEU向けウェイトが14.8％と拡大した。インドネシア向けは0.5％と激減している。こうした日本からの輸送機器中間財輸出の仕向け地先の変化は，直接投資による現地事業所の稼働，企業間協力関係の構築などによる工程内国際分業の進展が大きな要因となっている。

（3）さらなる自由貿易の推進

前節において1995年から2011年までの中間財消費の地域別構成を詳細に検討した。その結果，輸送機器産業においても電子・光学機器産業と同様に中国向けとその他地域向け中間財輸出が日本とアメリカでは2003年以降急速に，EUでは1995年以降着実に拡大してきたことがあきらかとなった。この国際的な工程内分業動向は，図6－10に示す「輸送機器中間財消費地域別構成の推

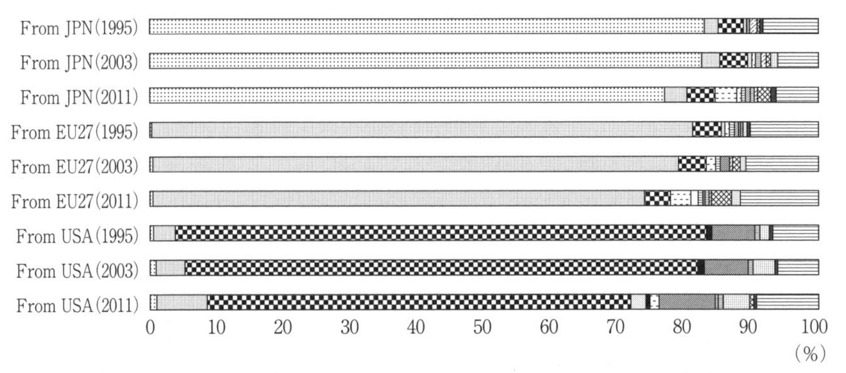

図6-10　輸送機器中間財消費地域別構成の推移（1995年，2003年，2011年）

出所：WIOD 国際産業連関表から著者作成

移」においても確認することができる。

図6-10をより詳細に観察すると，日本，EUおよびアメリカのいずれにおいても，後述するとおり，ハイテク産業部門の一つである電子・光学機器中間財消費地域別構成の推移（図6-11）に比較して輸送機器産業の内生部門消費割合は10％ポイント近く小さい。電子・光学機器のようなハイテク産業に比べると，自動車などの準ハイテク産業では大陸間の水平貿易による工程内国際分業がまだそれほど成熟していないと考えられる。換言すれば，自動車産業においては，これからまだ自由貿易の利益が開拓可能であると言えよう。

例えば，輸送機器関連の半製品の貿易については，WTO情報技術協定（ITA）に比肩する自由貿易の仕組みが存在しないことを指摘できる。このITAとは，1996年に半導体，電子機器分野でのさらなる自由貿易の枠組みとして日本，EUおよびアメリカ間で合意した自由貿易協定である。このITAの貿易促進効果の一つとして，途上国などの第3国から成熟国への貿易促進効果がある。この成熟国間の自由貿易制度への第3国によるフリーライドの経済効果について，佐藤(7)は「ITAが第3国からの貿易拡大に果たした役割は限定

(7)　佐藤仁志，http://www.rieti.go.jp/jp/publications/nts/14e003.html，2014年4月アクセス

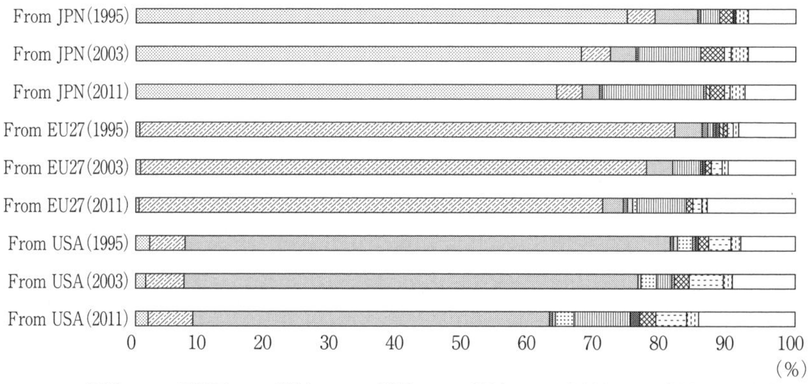

図6-11　電子・光学機器中間財消費地域別構成の推移（1995年，2003年，2011年）
出所：WIOD 国際産業連関表から著者作成

的であったことを示唆している」と紹介し，続けて，「このことは，現代では，貿易自由化交渉が関税以外の貿易障壁の撤廃に積極的に挑んでいくことの重要性を示唆している」とも述べている。したがって，こうしたIT 機器分野で実現しているさらなる自由貿易推進の枠組みを自動車およびその半製品などの準ハイテク工業製品分野に応用することで，世界貿易全体のさらなる貿易拡大効果が期待されよう。

3　ハイテク製品の工程内分業と隣接サービス産業の国際展開

本節では世界的な工程内国際分業の展開を踏まえ，今後のハイテク産業分野における工程内分業（中間財貿易）と電子通信サービスなどの隣接サービス産業（KIS）の国際展開可能性について分析を進めた。

（1）ハイテク製品の中間財貿易の拡大

ハイテク分野を代表する電子・光学機器の部品などの中間財貿易は，それぞれの国内内生部門消費（中間財消費）の割合が縮小する方向，すなわち，海外において中間財として消費される割合が増大する方向へと，日本，EU および アメリカのいずれの国・地域においても変化してきている（図6-11参照）。

日本の場合，図6-11上段の3本の横棒グラフに示すとおり，1995年から2003年までの8年間に，国内の内生部門消費割合が74.7％から67.7％へと7％ポイント減少し，EU とアメリカ向けの電子・光学機器中間財輸出割合についてもそれぞれ1995年の4.2％，6.5％から，2003年の4.6％，3.6％へと，ほぼ横ばいまたは減少した。対照的に，中国，韓国，台湾，メキシコなどへの日本からの電子・光学機器の中間財輸出はそれぞれ2.1％から9.0％，2.0％から3.4％，1.8％から2.5％，0.3％から1.0％へと拡大した。

2003年から2011年までの8年間では，日本国内の内生部門消費割合がさらに3.7％ポイント縮小し64.0％となり，同時期にEU，アメリカ向け割合がそれぞれ3.9％，2.7％と0.7％，0.9％ポイントの減少となった。また，2003年以降にはそれまで増加してきた韓国，台湾向けの電子・光学機器の中間財輸出割合も2.2％，2.2％と若干減少した。逆に，中国およびインドネシア向けの割合は9.0％から15.2％，0.11％から0.55％へと急拡大した。

このことから，日本の電子・光学機器の製造拠点は1990年代後半にまず日本国内とアメリカから退出し，台湾，韓国などの近隣諸国での生産を拡大し，その後，2003年以降になると，EU，台湾，韓国などからも撤退して，その完成品の組立・製造拠点を中国，インドネシアなどに移したことが読み取れる。

EU の場合は，図6-11中段に示すとおり，1995年から2003年をへて2011年に至る期間に，電子機器・光学機器のEU域内の内生部門消費（中間財消費）割合が81.2％から76.9％をへて70.4％へと段階的に縮小し，日本，アメリカ向けの中間財輸出割合もそれぞれ0.67％から0.75％をへて0.65％へ，4.1％から3.9％をへて3.2％へと横ばいまたは縮小した。逆に，中国とその他地域向けの中間財輸出割合は0.87％から3.1％をへて6.8％，8.5％から10.1％をへて13.3％へとそれぞれ拡大した。

アメリカの場合には，図6-11下段に示すとおり，内生部門消費割合が73.7％から68.7％をへて54.1％へと単調に減少し，事業の海外展開が拡大した。

その結果，1995年から2011年までの16年間に内生部門消費が19.6％ポイント減少した。これは日本の10.7％ポイント，EUの10.8％ポイントの減少と比較して，2倍近い変化となっている。これによって，アメリカが新たに進出した海外生産拠点の多くは，中国（0.73％から2.4％をへて8.4％）とその他地域（8.2％から9.5％をへて14.3％）だった。これら2地域に加えて，EU（5.6％から6.0％をへて6.9％）への中間財輸出割合も増加している。この同じ期間のアメリカからNAFTAメンバー国への中間財輸出割合は，それぞれカナダ向け（2.3％から2.3％をへて2.8％）およびメキシコ向け（3.4％から5.2％をへて4.6％）とやや増加傾向が見られるが，その変化は限定的だった。

これら，日本，EUおよびアメリカのハイテク製品中間財輸出の仕向け地域の推移を観察した結果，NAFTAのような地域間協定よりITAまたはWTOなどの世界共通の包括的な自由貿易協定の方が，その効果が大きかったとの結論が導かれる。

（2）ハイテク隣接サービス産業の中間財貿易の推移

電子・光学機器，自動車などの物財商品に比べて電子情報通信サービス，対事業所サービス，金融ファイナンスなどのサービス商品生産部門の活動は自国内にとどまることが多い。これは，いわゆるサービス商品の「非交易財」としての性質であるとの一つの主張である。しかし，グローバル市場の高度化・多様化の進展に対応するため，企業は，自社の内生部門をより効率的に再編し，その限界生産コストを引き下げようと努力する。そこに，ハイテク関連産業の特徴の一つである規模の経済が働くため，こうした動きが，部品，部材レベルの生産工程をより一層専門化・細分化し，それらの専門化した工程の一部をさらに外部に発注するという工程内での外生化が模索されることになる。結果的に，それまで一つの事業所内で一貫生産されていた部品・部材の大部分が外生化され，これが同一工程内の対外取引を拡大し，ひいては国際水平貿易を拡大する。

しかし，こうしたハイテク産業の工程内取引の増大にともなって，事業所内の工程管理（生産管理，納品・受入時検査など）の間接的管理コスト（オーバーヘッドコスト）が増大する。このようなオーバーヘッドコストの増大に対応するため，それぞれの事業所は，ハイテク産業の隣接サービス産業部門である郵便・電子通信サービス，機械設備レンタル，対事業所サービスなどの外部サービス産業からの支援を必要とするようになり，これらの隣接サービス部門もまたあいついで海外に進出することとなる。

国際間で工程内取引が成立するためには，内生部門では簡略だった発注仕様書の作成から納品時の検査・検収工程などを付帯サービス事業としてマニュアル化し，事業所外に切り出すことが必要となる。したがって，生産管理部門へのICT導入がインターネット技術本来のスケールフリー効果によって自国内の事業所で活かせると同様に進出先相手国においても活かすことができなければ国際工程内分業に伴う幾何級数的な情報処理量の増大に対応できない可能性も指摘できる。

ICT導入によって情報通信コストが劇的に引き下げられ，限界取引コストの低減が可能となり，国際間の工程内取引が進展することによって，第3国との間での工程内分業だけでなく，成熟国・地域間での中間財取引も増加することが期待される。

ハイテク産業の国際工程内分業が進展するためには，電子通信サービス，情報処理・コンピュータサービス，対事業所サービスなどの隣接サービス産業（KIS）の相手国への進出が不可欠となる。

こうしたハイテク産業基盤の構築に関わる「隣接サービス産業」分野の相互連携強化が，EUと日本間の経済連携においてはまだ開拓の余地が残された分野である。この点について，次に郵便および電子通信サービス産業を事例として検討しておこう。

（3）郵便および電子通信サービス産業の中間財貿易の推移

ハイテク隣接サービス産業（KIS）分野の事例として，ICTの普及と高度化によってより急速に国際化が進展している郵便および電子通信サービス産業

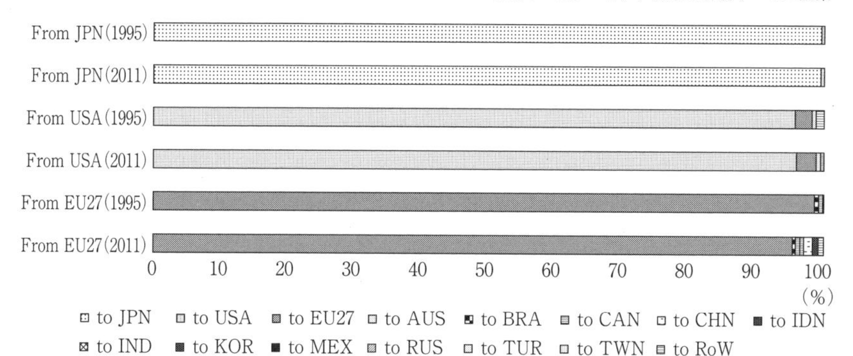

図6-12　郵便および電子通信サービス産業の中間財消費地域別構成の推移（1995, 2011, %）

出所：WIOD 国際産業連関表から著者作成

（以下，テレコミサービスという）の中間財輸出構造変化を見ておこう。

図6-12上段2本の棒グラフに示されているとおり，日本からのテレコミサービス中間財輸出はほとんどゼロで，日本のテレコミサービスの消費はそのほぼ全量が国内で消費されていることがわかる。これに対して，アメリカからの海外向けテレコミサービス中間財輸出の規模は，1995年時点ですでにテレコミサービス中間財消費全体の4%程度の規模を有しており，遅れて参入したEUも2011年には5%程度の規模を有していたことがわかる。

こうしたEU，アメリカなどから輸出される中間財としてのテレコミサービスを新たに消費し始めた地域の筆頭は中国である。中国は，1995年に日本，EUおよびアメリカ3カ国から2.7億ドルのテレコミサービスを自国産業の中間財消費分として輸入した。2011年にはこの中間財としてのテレコミサービス輸入額が73億ドルへと1995年から27倍以上の増加を示している。

アメリカからEUへのテレコミサービス輸出については1995年時点で48億ドルと世界市場でもっとも大きかったが，2011年にはさらに1995年規模の2倍超となる115億ドル規模に達している。EUとアメリカ間の緊密なテレコミサービス産業の工程内分業の発展をうかがわせる。なお，アメリカとカナダ間のテレコミサービス中間財投入規模は4.6億ドルから14.1億ドルへとこれも顕著に増加している。また，EU からロシア向けのテレコミサービス輸出も1995 年の 3.9 億ドルから 2011 年の 15.2 億ドルへと急増している。

この間，EU から日本への中間財としてのテレコミサービス輸出は 8500 万ドルから 1 億ドルとほぼ横ばいで推移し，日本から EU への輸出は 1995 年の 1.1 億ドルから 2011 年には 1400 万ドルへと大きく後退した。

日本と EU 間の経済連携パートナー関係をより健全に築いていくためにはこうした KIS 分野においても双方からの大きな歩み寄りがなされなければならないであろう。

4　日 EU・FTA／EPA とさらなる産業協力強化に向けて

ハイテク産業および準ハイテク産業の工程内国際分業の進展に伴って電子通信サービス産業などのハイテク隣接サービス産業（KIS）の国際化がいずれ必要となる。日・EU 経済連携協定の締結に向けた検討を進めるにあたっては，まず，こうした日本と EU 間での工程内国際分業の将来像をどのように描くかが日本側の政策課題の一つとなる。

もう一つの政策課題は，KIS の国際化そのものである。EU およびアメリカの事例にみられるとおり，KIS の国際化はまだ始まったばかりである。しかし，今後，医療・福祉，行政・防衛など，これまでまったくサービス貿易の対象とされてこなかった部門においても，それぞれの国内制度の在り方を含めて，内外無差別，契約自由の原則に基づく自由貿易拡大議論の対象となりうることが予想されるからである。

すでにサービス貿易の割合が欧米では 10％を超えていることも珍しくない航空運輸，研究開発などの KIS 部門においても，日本の数値は低く，それだけサービス経済の国際化に出遅れていると言えよう。このように，日本と EU の間に非対称性の存在する KIS 貿易分野においては，経済連携協定協議を通じて，先を行く EU と協力してどのような将来構想を描けるかも，すでに具体的な交渉が若手研究者受け入れ枠の増大などの形で進んでいるとはいえ，重要なハイテク貿易関連政策課題分野の一つとなろう。

日・EU 経済連携協定が締結された後のさらなる両者の産業協力関係の発展のために，日本側が意識しておかなければならない政策課題として，次の3点を挙げることができよう。

①世界市場における EU 市場の重要性

②貿易自由化の相補性と競合性

③サービス経済化への対応

以下，それぞれの政策課題について議論を進めておくこととしたい。

（1）世界市場における EU 市場の重要性

EU は，日本の 10 倍以上の 400 万平方キロメートル以上の地域面積を有し，人口は 4.9 億人を超え，一人当たり購買力基準でアメリカ，日本に次いで世界第3位と，地球上でもっとも豊かな単一市場の一つを形成している。

日・EU 経済連携協定締結以降の両者の関係において，EU 市場がその規模において，地球上でもっとも大きい統一された経済圏の一つであり続けていることが重要である。なぜなら，安定的な貿易パートナーとして，経済規模の維持が将来の日本の経済的利益に合致するからである。

これが未成熟な東アジア経済への過度な依存から脱却し，日本経済を世界経済へ復帰させる途へとつながるのだから。

（2）貿易自由化の相補性と競合性

日本と EU のような先進的経済成熟国・地域間においても，貿易拡大を通じたその経済活動の相互補完性（相補性）の追求が常に重要である。すでに見てきたとおり，1995 年から 2011 年まで，EU 域内で推進されてきた非関税障壁の撤廃，単一市場構築後の経済社会深化政策の結果として，フランスとドイツのハイテク分野の比較事例で見てきたとおり，相補的連携関係の強化よりも，限界生産性のより高い国に生産要素が傾斜的に配分されるという競合関係に陥る可能性があることが明らかとなった。一方で，北欧諸国，中東欧諸国などとの工程内分業関係の進展に見られるとおり，国際的な相補関係ネットワークの構築も可能であることが観察されている。

競争的なハイテク貿易関係から相補的な関係に移行するためには，ハイテク最終製品の貿易だけでなく，それらの半製品（中間財）貿易の拡大と，航空運輸，郵便・電子通信サービス，対事業所サービス，研究開発などのKISのさらなる貿易自由化が模索され続けなければならない。

（3）サービス経済化への対応

フランスを含むEU域内の地中海沿岸諸国は，グローバリゼーション進展にともなって，2005年以降，失業率の急速な上昇という大きな代償を払うこととなった。高学歴化した若年労働力を雇用することができるハイテク産業が自国内に少なくなってしまったことが一つの要因と考えられる。まさに「働く場所を失った経済」の出現である。賃金単価が相対的に高いハイテク産業とKIS部門への若年労働力の雇用機会は，静かに，そっと，EU域内地中海沿岸諸国から域外へと浸み出してしまったのである。

容器の底に穴が開けばだれでもすぐ見つけることができ，手も打てる。しかし，壁の内部に生じた亀裂が徐々に進展し，ある日突然亀裂が相互につながり，壁の反対側に水が浸み出しはじめること（パーコレーション生成）に常に注意を払い続けることは難しい。サービス経済の自由貿易体制への移行にあたって，パーコレーション生成の緩和措置として，例えば，知的財産権管理の強化，紛争裁定（パネル）運用の強化なども重要な政策課題となってこよう。

これを実現するためには，モノ，カネだけでなく，知識・情報，人々などの自由往来を促進するための国際的制度創りが政策課題となる。世界有数のハイテク産業を抱える日本と，単一市場統合時に非関税障壁撤廃の豊かな経験を有しているEUが日・EU経済連携協定によって結ばれれば世界経済発展にとって大きな貢献となろう。

後注：中間消費と最終消費，国内消費と輸出入について

国内・域内の総供給は国内生産と輸入を足し合わせた合計である。総需要は投資を含む消費に対応し，中間消費と最終消費の合計である。中間消費財は原則として企業などの生産部門において消費され，最終消費財（ここでは投資財を含んでいる。）は家計，政府などの最終需要部門において消費される。輸出入商品についても中間消費に向かう商品と最終消費に向かう商品に分けられる。よって，次の恒等式が成立している。

$S=D$，$S=Yd+Im$，$D=Cd+Xp$

$D=Di+Df$，$Im=Imi+Imf$，$Xp=Xpi+Xpf$

$Yd=Cd+Xpi+Xpf-(Imi+Imf)=Cd+(Xpi-Imi)+(Xpf-Imf)$

ここで，Sは総供給，Dは総需要，Cdは国内消費，Ydは国内生産，Imは輸入，Xpは輸出，添え字のｉとｆはそれぞれ中間消費と最終消費を示す。

なお，輸出（Xp）は中間消費（Xpi）と最終消費（Xpf）に分解され，輸出先の産業は輸入された商品を原材料として中間消費することでその国内生産活動を行うと定義されている。

参考文献

クルーグマン，P. R./M. オブズフェルド共著，石井菜穂子・浦田秀次郎・竹中平蔵・千田亮吉・松井均共訳（2003）『国際経済 理論と政策（第3版）』新世社。

ソロー，ロバート・M. 著，福岡正夫訳（2000）『成長理論（第2版）』岩波書店。

ジョーンズ，チャールズ・I. 著，香西泰監訳（2009）「（第5章）成長のエンジン」『経済成長理論入門』日本経済新聞出版社。

Holger BUNGSHE（2008）「EUの拡大・深化とヨーロッパ自動車産業（第7章）」海道ノブチカ編著『EU統合の深化 市場と企業の日本・EU比較』日本評論社。

Timmer, M. P. (2012), “The World Input-Output Database (WIOD) : Contents, Sources and Methods”, WIOD Working Paper Number 10 (http://www.wiod.org/publications/papers/wiod10.pdf).

ARTUS, P. et Marie-Paule VIRARD (2011), LA FRANCE SANS SES USINES, Librairie Arthème Fayard.

（中野幸紀）

第7章
日・EU経済連携協定と分散するグローバル企業活動

3大メガFTA交渉の一角，日・EU経済連携協定を日欧のバイラテラルな2国地域間関係から，両国・地域の産業や企業のグローバルな多国籍企業の企業間関係の観点によってアプローチすることによって新たな実態が浮かび上がってくる。生産工程ネットワークのグローバルな拡散はこれまで国際的交渉では対象ではなかった分野を重要な課題として注目を浴びるようになった。本章ではさらに在欧進出日系企業の価値連鎖を欧米企業との比較を分析する。日米欧企業のグローバル価値連鎖（GVC）の違いはどこにあるかを見ることとする。

日本の対欧輸出はOECDが発表した価値連鎖を考慮した新算出基準で推計すると，かなり増加する。EU対日担当官は筆者とのインタビューで交渉に大きな期待を寄せていた。

1　グローバル価値連鎖（GVC）を反映する日EU・FTA／EPA交渉

（1）上流部門から下流部門までの価値連鎖が対象

日・EU経済連携協定は2013年3月25日の交渉開始合意を受けて早期妥結が期待されている。この日EU・FTA／EPA交渉では関税分野の交渉に加えて，貿易に影響を与える双方の国内における各種法規制や慣行についての緩和，自由化に向けての措置を講じていくことが重要な課題となっている。交渉分野は，非関税障壁（NTB），規制の相互調和，知的財産権，投資，サービス，政府調達，環境，労働など幅広い領域に及んでいる。

非関税障壁（NTB：non-tariff barriers）とは，関税以外の貿易の障壁を非関税障壁と呼ぶことで，通常，NTBと略称される。これには

①政府関与関係（輸出補助金，政府調達など），

②税関手続に関するもの（関税評価制度，評価手続，関税分類など），

③各種の規準（工業規格，衛生・安全基準など），

④各種の輸出入制限（輸入数量制限，輸出自主規制など），

⑤輸入課徴金等（輸入担保金，課徴金など）などが存在する。

規則（Regulation）は特定の目的の実現のために許認可・介入・手続き・禁止などのルールを設け輸入を制限することである。規制の目的は５つに大別される。

①外部不経済の回避　環境規制・安全規制など

②情報の非対称性による不利益の回避　品質表示・安全表示など

③規模の経済性が存在することによる不利益の回避　発電所など大規模である方が効率がよい産業など　幼稚産業の育成や衰退産業の円滑な構造転換　参入規制など

④食料需給調整　食料の価格安定など

⑤公益性の実現・ユニバーサルサービスの達成・安全性の達成　郵便・通信・交通などにおける，参入規制・価格規制・撤退規制，有害物質の閾値規制・安全規制など

知的財産権は知的財産基本法の第２条に定義されている。即ち，第２条「この法律で「知的財産」とは，発明，考案，植物の新品種，意匠，著作物その他人の創造的活動により生み出されるもの（発見又は解明がされた自然の法則又は現象であって産業上の利用可能性があるものを含），商標，商号その他事業活動に用いられる商品又役務を表示するもの及び営業秘密その他の事業活動に有用な技術上又は営業上の情報」である。この法律で「知的財産権」とは，特許権，実用新案権，育成者権，意匠権，著作権，商標権その他の知的財産に関して法令により定められた権利又は法律上保護される利益にかかわる権利をいう。情報は，容易に模倣されるという特質をもっており，しかも利用されることにより消費されるということがないため，多くの者が同時に利用することができる。こうしたことから知的財産権制度は，創作者の権利を保護するため，元来自由利用できる情報を，社会が必要とする限度で自由を制限する制度ということが

できる。

このように多くの分野にわたって国際的な貿易交渉が日本と欧州との間で協議，交渉されるのは何故か。従来からの世界貿易機関（WTO）では関税率の引下げや撤廃が中心であった。あるいはせいぜいそれに関連した非関税障壁の緩和や自由化が中心であった。しかし，世界経済のグローバル化の動きは21世紀を入って加速し変質した。ノーベル経済学賞受賞の米国P.クルーグマンがいみじくも指摘するように現在のグローバリゼーションのもっとも重要で本質的な特徴は企業活動の地球的規模の分散（fragmentation）である。分散された企業の業務活動はこれまでの貿易という経路では遭遇することのなかった分野，領域の進出先のこれまで国内的な役務や法規制と考えられていた分野に大きくかかわりを持つようになってきたのである。

グローバル価値連鎖の定義については，マサチューセッツ工科大学の作成した欧州統計局（Eurostat）への報告書『Global Value Chains and Economic Globalization-Towards a new measurement framework *Report to Eurostat by Dr. Timothy J. Sturgeon* may 2013』において行った次のくだりをもってそれに代えたい。Kaplinsky and Morris（2001）によれば，「価値連鎖はモノやサービスを生産の異なった段階，消費者への引き渡し，使用後の処分にかかわるすべての活動を説明するものである」。

（2）環大西洋貿易投資連携協定（TTIP）交渉の価値連鎖

図7-1はスウェーデン貿易省（Global Value Chains and Transatlantic Trade and Investment Partnership, Kommerskollegium 2013.4）が作成したグローバル価値連鎖の生産工程における経済連携交渉の図式（シェーマ）である。これは欧州連合とアメリカの間で始まった環大西洋貿易投資連携協定（TTIP：Tansatlantic Trade and Investment Partnership）交渉にかかわる分野を価値連鎖の上流部門から下流部門までの流れの中で図式化したものである。グローバルなビジネス取引は上下流を通じて業務活動に対して相互にこれらの分野の開放とグローバル化を迫っているのである。日・EU経済連携協定にかかわる流れも基本的に近

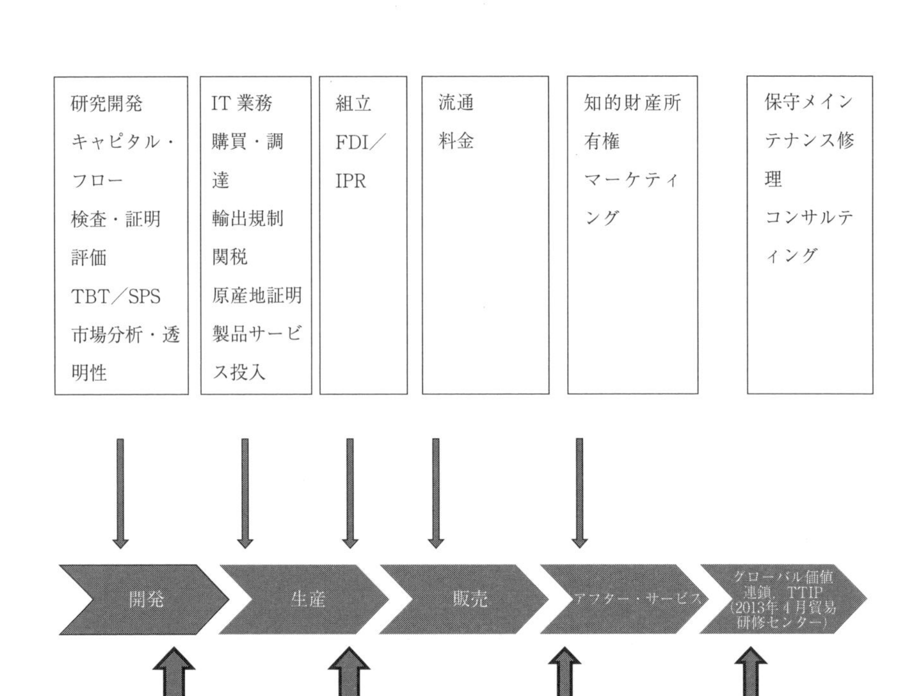

関税　非関税障壁　政府調達　競争　補助金　規格・標準

図7－1　グローバル価値連鎖の生産工程における経済連携交渉のポイント

出所：Global Value Chains and Economic Globalization-Towards a new measurement framework *Report to Eurostat by Dr. Timothy J. Sturgeon* may 2013より作成

似しているものと見做される。

グローバル価値連鎖（以下，GVC）に関して言えば，EU は人，モノ，カネ，サービスの４つの分野の自由移動を謳った欧州単一市場であり，国境を超えた生産工程ネットワーク網を形成する世界最先端を行く経済空間である。EU 委員会は 2013 年２月７～８日，欧州理事会に対して次のように GVC の分析と提言を行っている。

「価値連鎖の地域的でグローバルな拡がりは通商担当の政策担当者にとっては貿易の流れの大きな変化である。今日，製品は同じ場所で生産工程が終了することはなくなって，世界中の多くの場所で業務の分散が段階を経てなされている。これが国民経済の垣根をあやふやなものにし，貿易取引の性格を変質してしまった。換言すれば国別の輸出入は一国の貿易政策の観点からアプローチすることは意味を失ってしまった。経済成長や雇用問題にとって輸出だけが重要な要素ではなく，輸入の側からも見ることが重重になった」。

図7-1中の用語のうち，SPS協定とはAGREEMENT ON THE APPLICATION OF SANITARY AND PHYTOSANITARY MEASURESの略で衛生植物検疫措置に関する協定である。またTBT協定とはAGREEMENT ON THE APPLICATION OF TECHNICAL BARRIERS TO TRADEの略称で貿易の技術的障害に関する協定のことである。

FDIとは外国直接投資（Foreign Direct Investment）のことで投資目的に応じて4つの種類の外国直接投資がある。①輸送費用節約型の水平的FDI，②生産費用節約型の垂直的FDI，③生産費用節約型の輸出基地型FDI，④①～③を含む複合型FDIである。

（3）OECDの価値連鎖による貿易統計で塗り替えられる世界の産業地図

経済協力開発機構（OECD）と世界貿易機関（WTO）は2013年11月16日，付加価値の流れを追う新しい貿易統計を公表した。これによると日本の輸出先国は米国が最大となる。輸出総額に基づいた従来の統計では最大の対中国輸出を上回る。対アメリカ貿易黒字は従来の6割増となり，日本経済におけるアメリカ市場の重要性が一段と鮮明になる。

新たな「付加価値貿易」の統計は，複数国に生産拠点分散の国際分業が浸透した通商関係の全体像を把握しようとするものである。例えば，日本から中国に60ドル相当の部品を輸出，中国で完成品として生産されて100ドル（40ドル分の価値増）で最終消費地のアメリカへ輸出されたとする。この新しい貿易統計では日本が60ドル，中国が40ドルそれぞれアメリカに輸出したと計算される。従来は日本が中国に60ドル輸出，中国がアメリカに100ドル輸出したと計上されてきた。

日本企業は部品など半製品や中間財をアジア新興国に輸出して，アジアで組み立られた最終製品が欧米に輸出され，最終消費される。新統計ではどの国で生み出された付加価値がどの国で最終消費されたかが分かる。例えば，2009年の実績ベースの付加価値に基づき計算すると，日本の最大の輸出相手国はアメリカとなる。アメリカ全体の19％を占めており，従来は中国が24％で首位であったが，付加価値ベースでは第2位の15％に下がり逆転した。3位の韓国も9％から4％にシェアを落とす。日本の貿易黒字は中韓向けではほとんどなくなり，アメリカ向けでは360億ドルと6割も増加する。中韓への半製品輸出がアメリカの最終消費に行き着いていることを示している。これまでは中国など最終製品輸出国の国際競争力が過大評価されていた。付加価値に基づき計算するとこうした傾向を是正することが可能となる。新統計が浸透すれば貿易収支の構図が塗り替わることになって各国の対外政策も大きな影響を受けるものと考えられる。永浜利広・第一生命経済研究所主席エコノミストは「日本輸出がアメリカなど先進国の需要に支えられていることを示している。先進国で売れるのは高品質品であり，日本は付加価値の高い技術開発に注力すべきだ」と述べている。

（4）WTO ドーハ・ラウンドが暗礁に乗り上げた本当の理由

価値連鎖の国際的な分散を考慮すると企業にとって，日 EU・FTA／EPA経済連携協定交渉において重点的に取り上げてもらいたい項目は，生産工程ネットワークに沿ったコスト・ダウンと物流ロジスティックの効率性改善である。図7-1は経済連携交渉におけるアプローチを価値連鎖の観点から交渉テーマに絡んでくるのかを示したものである。不必要なコストがGVCのどのようなレベルにあり，それを除去することは双方にとって利益になる。GVC的アプローチからは次の3つの観点が重要イシューとして浮かび上がってくる。

OECD（経済協力開発機構）はミルドウ・ルゼ報告（Mirodout and Rouzet, 2013）のなかでそれを，

①第3国に「開かれた協定」にすること，

②将来のルール作りのために協定内容が透明であること，

③第3国市場で中間財や部品を調達している協定加盟国企業が協定の原産地

証明などの適用によって不利益を蒙らないこと，

としている。

WTOやGATTの時代では関税，割当などの障壁を軽減することによって貿易を拡大することが交渉の目的であった。ひとつの国で生産され商品をほかの国に輸出することであった。非農産品市場（NAMA：Non-agricultural market access negotiationsの略）や農業関連品目がWTOのドーハ・ラウンドの主要な交渉議題であった。このような伝統的な貿易の姿は今や大きく変貌した。OECDの報告書「グローバル製造価値連鎖と貿易ルール」（Global Manufacturing Value and Trade Rules P. 17）でも指摘するように，今日では世界貿易のもっとも重要な変化はグローバル価値連鎖の拡大である。これはモノ作りが今や国際的な貿易システムに完全に依存するようになったということである。この結果，国際的貿易取引を行う際にはこれまでほとんど関係のなかった各国の規則や制度が広範囲にわたってかかわりを持つようになってきたのである。電力供給，反競争的慣行，資本規制，ビザ発給制限，など多岐に渡る。TPPやTTIPの交渉はまさにこのような新たな世界貿易の現実を反映するものとなっている。

1995年から2001年までの多国間交渉と2001年から今日までのドーハ・ラウンドに至るまで世界貿易機関（WTO）はこのような現実には考慮を払わなかったので，グローバルな貿易ルールは世界貿易の構造的な変化に追いつけず，変容を遂げることができなかった。先進国も途上国も全世界的にグローバルな多国籍企業の取引が，輸出入，投資，サービス役務の組合せを伴った形態で行われるようになった。ここではグローバルな取引のルールがWTOの枠外で成就されることが一般化した。とりわけ外国直接投資（FDI）については2国間投資条約（BITs）が地域レベルや2国間協定の形で独自のルール，裁定調停機関などを兼ね備えてWTOとは別に新たな流れとして一般化した。WTOのドーハ・ラウンドは重要な交渉の場としての魅力を失い，暗礁に乗り上げたのである。

表7－1　日本の対EU輸出額6兆4655億円の内訳（2012年）

	無税（億円）	シェア	有税（億円）	シェア	全体シェア
一般機械	6631	10.3％	11379	17.6％	27.9％
電気機械	6248	9.7％	5787	9.0％	18.7％
精密機械	2895	4.5％	2991	4.6％	9.1％
化学工業製品	2806	4.3％	6728	10.4％	14.7％
金属製品・身辺細貨		2.6％			2.6％
その他無税品				2.2％	2.2％
鉄鋼・製品		1.2％		1.5％	2.7％
自動車			11388	17.6％	17.6％
非金属製品				1.5％	1.5％
繊維衣料製品				1.0％	1.0％
その他有税品		2.3％		2.2％	2.2％
合計	2兆2443億円	34.7％	4兆2106億円	65.1％	6兆4655億円

出所：財務省貿易統計　実行関税率表　経済産業省資料より

2　日・EU貿易構造の特徴

（1）非対称的な日・EU貿易構造

日本とEUとの貿易を経済産業省が財務省，WTOなどのデータで取りまとめた表7－1，2からその産業分類別の2012年の輸出入動向を見ると次の特徴が指摘できる。

①日本の対EU輸入額の71.5％は関税ゼロの品目であるのに対して，EUの対日輸入額の34.7％しか関税ゼロでない。

②日本の対EU輸出は一般機械（27.9％），電気機械（18.7％），精密機械（9.1％），化学工業（14.7％）などの中間財や資本財が約70％を占める。これらの製品の対EU輸出の太宗は，欧州域内に進出している日系企業の現地活動，就中，組立や生産の価値連鎖に不可欠な製品類である。

③自動車（17.6％）を含めれば対EU輸出の65.1％が日欧経済連携協定によって関税なしで輸出できるようになれば約3兆円以上のコスト節約が進出

表7－2　日本の対EU輸入額6兆5704億円の内訳　(2012年)

	無税（億円）	シェア	有税（億円）	シェア	全体シェア
化学工業品	13320	20.3％	18756	11.9％	32.2％
自動車	8464	12.9％			12.9％
一般機械	6431	9.8％			9.8％
精密機械	5493	8.4％			8.4％
農林産品	3721	5.7％	5253	28.5％	34.2％
電気機械	3439	5.2％			5.2％
輸送機器		1.7％			1.7％
木・紙製品		1.5％			1.5％
雑品		1.2％			1.2％
非金属製品		1.2％			1.2％
石油・燃料		1.1％			1.1％
その他無税品		2.6％			2.6％
繊維衣料		2.4％		2.4％	2.4％
皮革・履物		3.1％	2059	3.1％	3.1％
金属品身辺細貨		1.0％		1.0％	1.0％
その他有税品		2.4％		2.4％	2.4％
合計	6兆4948億円	71.5％	1兆8756億円	28.5％	6兆5704億円

注：化学工業品の定義　デジタル大辞泉の解説によると，化学工業によって製造されるもの。工業薬品・化学肥料・紙・パルプ・ゴム・合成繊維・合成樹脂・医薬品・染料・洗剤・化粧品など

出所：財務省貿易統計　実行関税率表　経済産業省資料より

日系企業に期待できる。

④日本の対EU輸入は①とはほぼ逆に全体の71.5％が関税ゼロである。自動車（12.9％）を除いた一般機械（9.8％），電気機械（5.2％），精密機械（8.4％％），化学工業（32.2％）などの中間財や資本財の対日輸出には協定締結の直接的メリットは発生しない。それに対して化学工業品（11.9％），農林産品（7.8％），皮革・履物（3.1％），金属製品・身辺細貨（1.0％）などの消費財が協定締結で関税なしで日本市場に一層，参入することが期待される。

（2）サービス，投資，競争，知的財産権，労働者の移動などをすべて含む包括的なアプローチの交渉の時代へ

リヨンの東郊外に進出した日本郵船の巨大な物流ロジスティック・センターは道路，海上，航空の3つの輸送手段を複合的に組み合わせた最先端技術を駆使したモーダル輸送の拠点である。日系企業のEU市場での業務拡大に合わせてここでは，日系企業の自動車部品や2輪モーターバイク，あるいはフランス企業のスキー用具の在庫配送などが行われている。これらの製品は，日本からの海上輸送や空輸などとともに，マルセーユやルアーブルなどの港湾からこのリヨンの貨物陸上輸送の間を機動的にトラックや列車で運送されている。それればかりでなく，近距離に位置するリヨン・サン=テグジュペリ空港を拠点にした大規模なボジョレー・ワインの日本への航空輸送を行っている。パリ・ドゴール空港隣接の日本通運によれば日本からの取り扱い貨物輸送の2分の1は中間財の部品，素材などで占められているという。

世界的な生産工程ネットワークのグローバルな価値連鎖体制は1990年代より本格的に動き始めた。すべてのG7諸国は世界の製造業生産シェアを低下させたのと対照的に新興諸国7カ国（中国，韓国，インド，トルコ，インドネシア，タイ，ポーランド）の比率は増大し続けた。貿易取引は図7-1で見られる通り2つの価値連鎖の流れに集約していることが観察される。それは垂直的特化係数と産業内貿易取引である。これに加えて再輸出入の取引がもっと直接的に価値連鎖としての貿易取引をあらわしている。

価値連鎖の世界的な拡がりというグローバルな動きはますます多国籍企業の調整と裁量に大きく依存するようになってきた。このことは企業論理の市場に対する支配・従属関係の構築，ヒエラルキー上の勝利を意味する。市場の内容が変質したのである。この現象は次の3つの次元で観察される。内部化，外部化，アライアンスである。

①内部化　企業活動の内部化は取引コスト削減の有力な手段であり，とりわけ多国籍企業の国際間取引において顕著である。国際貿易の流れはますま

す企業内貿易取引の比重が高まっており，ここでは上流部門から下流部門に至るまで，財貨，サービス，ヒト，ノウハウが企業の内部化された空間の内側で行き来するようになる。今や世界貿易においてこのような企業内輸出入貿易の占める割合が２分の１を越えているとさえ言われている。換言すれば貿易取引が段々と市場の外側でなされるようになり，価格の決定は市場における需給関係ではなく，企業内部でなされるようになる。貿易の企業内部化現象の進展によって市場は目の前から消滅しようとしている。

②外部化　グローバル化の段階がさらに進展してきた現在では，この内部化理論は再検討される必要が出てきたとされるようになった。企業の価値連鎖の内部化にも限界が徐々に明らかとなり，その取引コストのコントロールは企業内部化空間や企業内の序列ヒエラルキーの国際的な配置だけでは処理しきれなくなってきた。フランスの電子エレクトロニックス企業のアルカテル社のように率先してバーチャル・カンパニーに脱皮することを宣言したり，ネットワーク企業に転換する企業が急速に増えてきた。企業収益を改善するために，それまで自社でまかなっていた機能をなるべく多く外部化することによって固定コストを削減しようとするようになった。企業コンペタンス（顧客に特定の利益をもたらす技術，スキル，ノウハウの集合）の優れている分野を有する外部の専門企業にその業務を委託するアウトソーシングは，こうして内部化現象に取って代わりつつあるとさえ言える。これらの企業は資本参加による連携関係もないが，中長期契約の対等の水平的なパートナーシップを持つ多国籍な統合された企業グループを形成するようになってきた。フランスのミシャレはこのような新しい多国籍企業の組織を世界的な空港ネットワークにたとえて「ハブ・スポーク・モデル」(hub and spokes）であるとしている。このモデルにあっては伝統的な本社の概念は存在せず，ハブの機能はデザイン，マーケティング，エンジニアリング，ネットワーキングなどに徹する。ハブではスポーツ・シューズも，繊維衣料，コンピューターもなにも生産しない。これこそアルカテル社（Alcatel）セルジュ・チュルク（S. Tchuruk）社長（当時）の言う「工

場のない企業」である。ここでは生産機能は他国にアウトソーシングされ，アジアなどの国に移転されている。最終製品を構成する多くの部品を生産する無数の企業や，最終組立てを行う企業はハブの企業とは本来，完全に独立した企業ばかりである。しかしこれらの企業が当該市場にアクセスできるかどうかはハブ企業のネットワークに所属しているかどうかにかかっている。

③アライアンス　研究開発の共同プログラムや部品の共同生産などを進めていくために企業間の提携連合の動きが活発化している。このような企業間のアライアンスは企業取引の内部化による企業内市場とアウトソーシングの外部化によって誕生するネットワーク企業組織グループとの有機的な連関を意味するものである。少数の寡占企業が表面では支配するようになっても実は，その内部と外部において生産工程のネットワークで数多くの企業がつながっていることが分かる。このような連携が世界中の市場で行われるようになると，製品・サービスを自立的に供給できるような企業はますます少なくなっていくであろう。

工業製品とは別にサービスが価値連鎖の流れを円滑にし，また同時にサービス部門自身における価値連鎖を作り出すことによって貿易構造そのものを変質させる契機となってきているのである。最近の生産工程ネットワークはクラウド・コンピューティング，データ処理，知的財産権，物流ロジスティック，情報技術サービス，クロスボーダー信用決済などに依存した業務に支えられている。従って，商品，サービス，投資，競争，知的財産権，労働者の移動などをすべて含む包括的なアプローチの交渉にすることが意味を持ってくるのである。EU 当局は最後の労働者の一時的な移動という項目が一般に理解されているより重要であるとしている。世界的な価値連鎖ネットワークは人と人との相互反応や業務のコンピタンスを指示することを必要としているからである。2013年のダボス世界経済フォーラムにおいても価値連鎖のすべての側面を貿易協定に反映させるべきであると勧告している。なかでも物流ロジスティックに関連したサービス業務を全体として捉えるべきであるとしている。貨物荷役，倉庫，（陸，海，空の輸送，鉄道，道路）輸送サービスなど多くの分野がある。

多国籍企業がモノ，サービスを最終製品として輸出するのにますます輸入に依存するようになってきた。これに伴って国境を通過するための税関コストが増大し続けている。関税以外の非関税障壁に至る一連の輸入管理手続きが複雑であれば，輸入に頼る自社の製品の国内競争力を削いでしまうというリスクが懸念されるようになった。例えばトルコで生産された日本企業の自動車がヨーロッパで不当にも安い値段で高率のアンチダンピング関税が課されたというような想定を考えただけでも，その影響の重大さを知ることができる。世界的な生産業務の分散でこれらのコストはさらに加算されていく。各国の役務サービス体制は平等にオープンであることが求められる。もし例えば通信情報技術に関わるサービスが各国間で違えば，企業は自国以外の国にそうしたサービスを国外委託するか，あるいはその水準に見合った技術者を外国から連れてくる必要に迫られるであろう。このような場合も両方の選択肢がオープンであればEU企業にとっての柔軟性と競争力の改善につながり，それが通信情報分野の投資環境を促進することになるはずである。

3　グローバル価値連鎖の日欧米比較
――市場別適応性に優れた欧州企業のマルチナショナル戦略

企業経営の業務活動を垂直的に価値連鎖としていかに最適に世界レベルで分散するか。グローバル化における企業の最重要課題のひとつである。統合の進展するヨーロッパの経済空間において世界の多国籍企業はどのように企業の機能業務を配置しようとしているのか。ドフェベールとJ. J. ミュチエリの2人による多国籍企業1万1000社に関する共同研究とスザンヌ・バーガーの世界500社のアンケート調査を通してグローバル価値連鎖のあり方を日米欧企業の国際比較の観点から探ってみる。

表7-3　EU における機能別立地件数

(1997～2002)

機能	EU15カ国	中東欧8カ国	合計
総括本部	840	19	859
R&D	946	56	1002
組立生産	3912	1304	5216
物流	816	142	958
営業販売	2849	299	3148
合計	9362	1820	11182

出所：*Décomposition internationale de la chaine de valeur ?: une étude de la localisation des firmes multinationales dans l'Union Europeènne élargie* par Fabiuccie Defever Jean-Louis Muchielli

（1）EU 拡大と企業の価値連鎖

EU（欧州連合）の外延的拡大と経済のグローバル化が欧州の産業地図の再編成に拍車をかけている。その主役は多国籍企業である。グローバル経営を推進していくためのすべての業務分野における工程プロセスがその影響を受けるようになってきた。本社や，あるいは戦略的な研究開発部門や中核的なマザー工場などは本国に残留させるが，地域的な統括本部，顧客との接点が重要な研究開発（R&D）やデザイン，製品の加工組立，物流，営業販売のための流通やマーケティングに至るまで今や上流部門から下流部門まで国際的な価値連鎖の分散が行われようになってきた。米国のノーベル経済学賞受賞者 P.クルーグマンは，この価値連鎖の世界的な分散こそ現代の世界貿易のもっとも重要な事実であるとさえ述べている。

パリ政治学院（IEP）教授の F. ドフェベールと J. J. ミュチエリの 2 人の共同研究は，EU15 国，中東欧 8 カ国に立地する世界からの多国籍企業 1 万 1000 社に関する価値連鎖の国際的分析である。この調査によると中東欧諸国では進出 1820 社の内，71.6％の企業が組立・生産の分野であるのに対し，西欧 EU15 カ国では 6 割近い企業が販売・営業を中心に R&D，物流，総括本部業務というハードでない「サービス業務」分野にそれぞれ集中していることが分かる。しかしながら製造面の分野における直接投資の可能性が西欧諸国よりも

表7-4　EUにおける多国籍業の国別・機能別立地件数

(1997～2002)

	統括本部	R&D	生産・組立	物流	営業・販売	合計
ヨーロッパ	211	354	2883	562	1144	5154
NAFTA	515	525	1646	273	1708	4667
日本	58	99	451	64	123	794
その他	76	24	236	59	173	566
合計	859	1002	5216	958	3148	11182

出所：*Décomposition internationale de la chaine de valeur ?: une étude de la localisation des firmes multinationales dans l' Union Europeènne élargie* par Fabiuccie Defever Jean-Louis Muchielli

中東欧諸国の方にあるとすぐに結論づけるのは正しくない。機能別の直接投資件数を人口比でみるとイギリス，アイルランド，ベルギーなどの西欧の国々はEU全体の平均を上回っている。それに対してポルトガル，スペイン，イタリアの南欧諸国では平均を下回っている。

（2）多国籍企業の国別特徴——販売のヨーロッパ・生産のアメリカ・R&Dの日本

EU 15カ国と中東欧EU加盟諸国における多国籍企業としての国別立地は，ヨーロッパ企業が5154社で46.1％の第1位，次にNAFTA（北米自由貿易連合）加盟諸国のアメリカ，カナダの企業が41.7％で第2位，そして日本企業が7.1％と第3位という順位の内訳になっている。日米欧企業の価値連鎖の組合せの特徴はおおよそ次のように表現できる。ヨーロッパ企業は組立生産に55.9％と比重が高く，次いで販売営業（22.1％），物流（11.0％）の順で立地している。北米企業では営業販売が36.5％でほぼ組立生産（35.2％）と並んで比重が高く，地域統括本部（11.0％）やR&D（11.2％）にも投資を行っている。また日本企業の56.8％はもっとも組立生産に重点を置いており，それに営業販売（15.4％），R&D（12.4％）という構成になっている。ヨーロッパ企業は販売営業志向組立生産型，北米企業は生産志向販売営業型，日本企業は営業・研究開発志向組立生産型という風に整理されよう。

多国籍企業がどのような価値連鎖のパターンを選択するかは，地域経済統合効果に加えて企業の属する産業特性，基本戦略などの複合的な要因によって左右される。欧州，米国，日本の企業はこの点で果たして企業の国籍という違いによって国際企業戦略の違いが表れているのであろうか。これに関して米国のスザンヌ・バーガーが行った研究結果が興味深い示唆を与えてくれる。

(3)「多国籍企業の画一的なグローバル対応はない」—— スザンヌ・バーガー

マサーチュセッツ工科大学（MIT）教授のスザンヌ・バーガーが行った1999年から2004年に世界の500社のアンケート調査は，日米欧の企業がどのように国際経営戦略を展開しているかを知る上で重要である（Berger, 2005）。その結果は彼女によれば「グローバル化の挑戦には国籍よりも企業ごとに戦略が違う」という意外にも単純なことであった。この調査は世界の企業による価値連鎖の組合せを3つのグループに分類している。第1グループは価値連鎖を世界的に水平的に分散させる企業である。デル，シスコ，ギャップ，ナイキなどの企業である。第2グループは価値連鎖を一貫した自前の流れで垂直的に処理する企業である。インテル，モトローラ，サムスン，パナソニック，富士通，シーメンス，フィリップスなどの企業である。第3グループはクラスターや産業集積のネットワークを活用する企業である。米国のシリコンバレー，ハーバード，MIT，英国のケンブリッジなどの大学都市に拠点を構える企業である。イタリアの眼鏡フレーム生産はベニスのクラスターから世界を支配している。これらの分類は企業取引理論で説明すれば，国際取引を内部化するのか，外部化するのか，あるいは他企業とのネットワークやアライアンス提携をしていくのかということにかかわっている。

世界でも多国籍企業に関する初の本格的な調査といわれるこの報告書は次の4つの企業のタイプの分類を結論として挙げている。第1は価値連鎖の世界的分散配置を志向する企業である。第2は企業の持つ固有資産，コンペタンスなどの経営資源を国の内外においても重視する企業である。第3は労働コストの

1　マルチ・ドメスティック国別分業体制

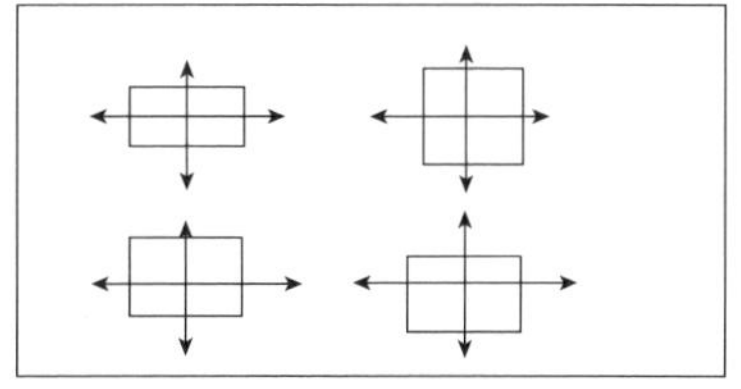

出版　食品　医療　通信　銀行・保険

2　グローバル製品特化分業体制

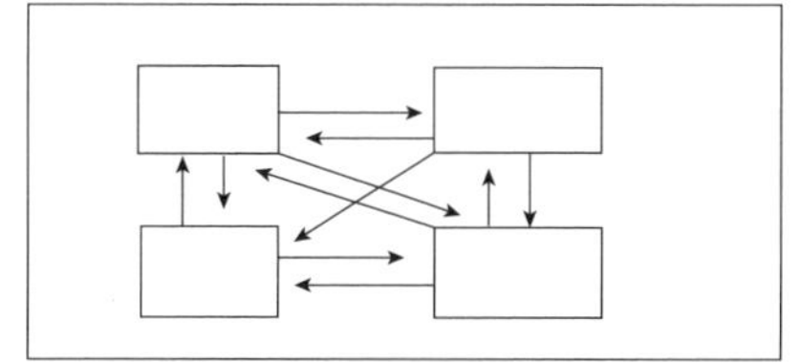

トヨタ　インテル　モトローラ　サムスン　パナソニック　富士通

3　グローバル価値連鎖分業体制

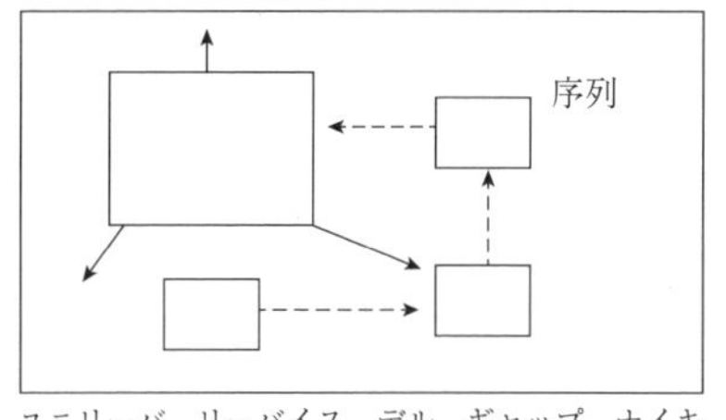

ユニリーバ　リーバイス　デル　ギャップ　ナイキ

4　グローバル製品流通販売体制

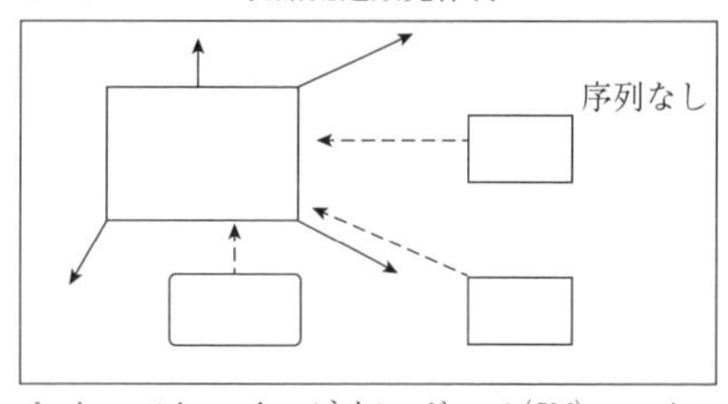

パーカー　スウォッチ　ベネトン　ジーエム(GM)　ユニクロ

図7－2　グローバル価値連鎖の4類型　世界を4市場としたモデル

出所：*Global Shift : Industrial Change in a Turbulent World* Petre Dicken, P. Harper, Row

水準以外に製品1単位当たりの労働コストが上昇し，低賃金国といわれる国でしばしば単位あたりの労働コストが高くなり，本国回帰や第3国移転を実行する企業である。第4は同じ産業であっても企業はグローバル化に対して同じ論理で対応しないということである。例えばDellとSamsungではパソコンの生産機能を国内に維持するか，海外企業に委託するかでは正反対であった。

多国籍企業研究の分野でゴーシャル（Ghoshal）とバーレット（Bartlett）は，日欧米の興味深い経営比較を試みている。オランダのユニリーバのように市場別適応性に優れたヨーロッパ企業の「マルチナショナル戦略」，米国企業はProctor & Gambleのように知識の移転に優位を置く「インターナショナショナル戦略」，日本企業は花王のように効率性重視で経営を進めようとする「グローバル戦略」がそれぞれ観察されるというのである。

4　垂直的産業内貿易を加速する欧州企業

多国籍企業の生産工程の分散ネットワーク化が進んでいる。グローバル化のなかで企業はどのように価値連鎖の最適な組み合わせを構築していくのか。日本，米国，欧州の企業はそのグローバル価値連鎖（GVC）戦略はどのように対応しているのか。企業は貿易取引を内部化，外部化，アライアンス（提携）など様々な関係で分散と統合を行っている。

中間財貿易の比重の高まりがこうした世界貿易の企業間内部ネットワークの複合性を物語っている。ユーロ危機で浮き彫りにされた競争優位にあるドイツ企業，巧みなアウトソーシング戦略を展開する米国企業，グローバル統合戦略が問い直されている日本企業，その実態はどうなのか。

（1）変貌した中間財・資本財の国家間の世界貿易の流れ

世界的な生産工程のネットワーク化の進展は「グローバル価値連鎖（バリュー・チェーン）」（GVC）として世界の産業地図を塗り替えている。OECD 報告書 “Own calcaulations based on OECD Input-Output Database (september, 2010) and OECD STAN BTD (March, 2010)” によると，中間財輸出が 15～20％以上の世界貿易におけるネットワークの分析によれば世界の企業内貿易の主要な取引を構成している中間財と資本財の国家間の貿易の流れは，1990 年代から 2000 年代にかけて次の 3 つの点で大きく変貌した。第 1 は中間財貿易比率が 20％以上の地域経済圏が 1 つから 4 つに分散拡大したことである。1995 年には欧州連合（EU）経済圏は世界貿易のなかでほとんど唯一の地域経済統合圏であったが，2005 年には北米自由貿易圏（NAFTA），東アジア，東南アジア諸国連合（ASEAN）の 3 つの地域統合体がそれに加わったのである。第 2 は中間財貿易の中核拠点が，日本，アメリカと，EU 経済圏におけるドイツという構図であったのが，中国，韓国，日本，3 カ国の東アジア経済圏，インドネシア，フィリピン，マレーシア，タイ，シンガポール，ベトナムなどの ASEAN 経

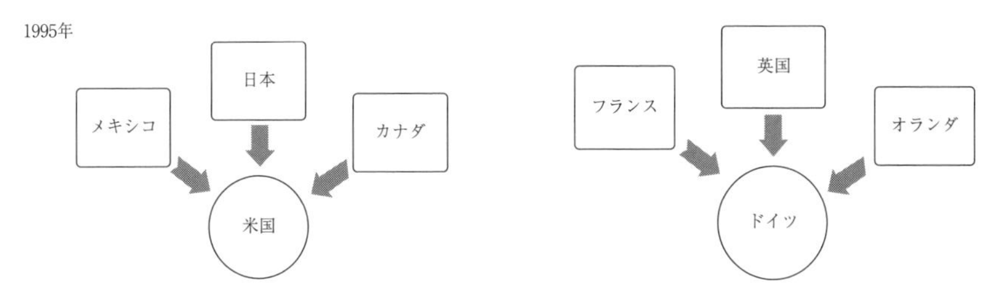

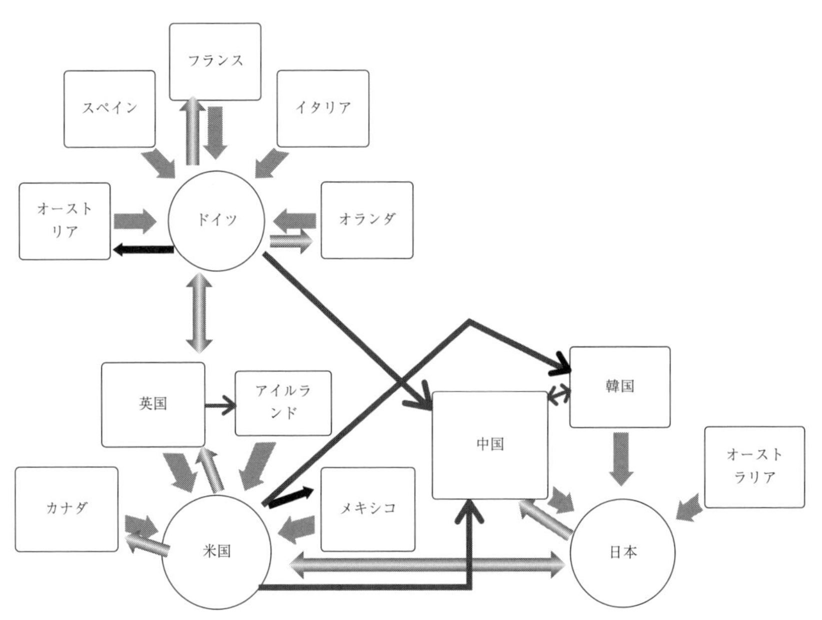

図7－3　世界の中間財の2国間貿易取引関係の変化

出所：Own calcaulations based on OECD Input-Output Database (september, 2010) and OECD STAN BTD (March, 2010) より作成。中間財輸出が15～20％以上の世界貿易におけるネットワーク

済圏，カナダ，メキシコ，アメリカのNAFTA経済圏，拡大されたEU経済圏がそれぞれの域内の中間財・資本財の地域的な供給拠点としてだけでなくグローバルなネットワークに変貌したことである。第3はEU経済圏におけるドイツのハブとしての供給センターの地位が高まったことである。ドイツはフランスとの間で主に形成していた中間財・資本財の供給ネットワークをオランダ，オーストリア，イギリスとの間に分散し，なおかつスペイン，イタリア，中国との間にも拡大したのである。

（2）アウトソースする米国企業　市場をグローバル一体化する日本企業

多国間工程分業の進展と生産／供給機能の集約化によって特徴づけられるグローバル・バリュウ・チェーン・ネットワーク（GVC）の東アジア，ヨーロッパ，北米の国際比較を試みるとどのような違いがあるのか。GVCにおける消費財に対するこれら生産財の相対的なウェートの増大は，世界貿易における中間財・部品・素材などの占める比重の増大に反映されている。

東アジアでは，①三角貿易構造と称すべき価値連鎖の流れが顕著である。それは日本企業が高付加価値中間財を生産供給したものを中国などにある東アジアの現地自社工場で組立生産し，それを最終消費地である日本，アメリカ，ヨーロッパで輸出・流通販売するトライアングルな関係である。②製品／部品ごとに生産が集中化し域内部品調達供給の最適化効率化の生産体制が取られている。東アジア各国・地域において最終消費財の輸出志向が高まり，とくに対米国輸出を増加させている。日本の一方的な消費財輸出の時代から双方向による消費財輸出入を行う時代になってきたことが窺える。同時に東アジア域内における中間財や資本財を中心に産業内貿易が活発化しているが，これは通常の意味で嗜好の差異に基づいた消費財の産業内貿易が行われるとする製品差別化の考え方に合致しない。通商白書によると産業内貿易が進展している電気機械と輸送機械の分野において日本と東アジアとの間では，電気機械については垂直的産業内貿易が中心であるのに対し，輸送機械では中国との貿易において同品質の財を取引する水平的産業内貿易の割合が近年高まっていると指摘されている。

北米ではアメリカ輸出の半分が企業内取引であり，工業品輸出の90％が海外子会社向けである。GVCは典型的には自動車産業の事例のようにアメリカ型のマルチドメスティック・タイプの調整型連邦組織の経営のスタイルを取るアメリカの多国籍企業においては国別の競争行動を取り現地適合製品を開発するために価値連鎖の本社機能以外のすべての活動を国別に配置するネットワークとなる（立石，2013年，29頁）。GMのヨーロッパ子会社であるオペル車，フォードのフィエスタ車などが好例である。デジタル技術による生産工程のモジュール化は米国の先端技術製品製造企業をして生産組立をさらにアウトソーシングすることに拍車をかけている。アップル，マイクロソフト，アマゾン，グーグルの米IT（情報技術）大手4社やパソコン・メーカーはタブレットやパソコンの製造をいずれも鴻海精密，広達電脳，仁宝電脳，緯創資通，和碩科技などの台湾企業のEMS（電子機器受託製造サービス）に委託している。アパレル分野でもJP Penny，GAP，Wrangler等の企業のようにメキシコやホンジュラスの縫製企業や現地進出の子会社に生産を委託している。

（3）垂直的産業内貿易を加速する欧州企業

EU域内の貿易は当初，EU委員会が予測していたように単一市場の結成によって水平的な差別化産業内貿易（O. Godart, H. Görg）や加盟国間の非対称性につながる産業間分業型貿易が増えていかず，垂直的な差別化産業内貿易が前者の2倍以上に増加するという違ったシナリオで展開している。種類の相違のみならず同一カテゴリーで質の違った製品に域内貿易が向かっているのである。ポルトガルやスペインのような労働集約型産業に優位があると見做された国でも域内の先進産業国の貿易構造に接近してきている。ここで産業内貿易とは，①技術的，質的な違いがなく単価の隔たりも15％以内の製品において包装などマーケティング上で差別化された製品の差異化貿易，あるいは②双方向貿易全体のなかで輸出入額の差が10％以内の製品の貿易，であるとされている（Bernard Yvars）。ここで3類型の貿易パターンが区別される。水平的な差異

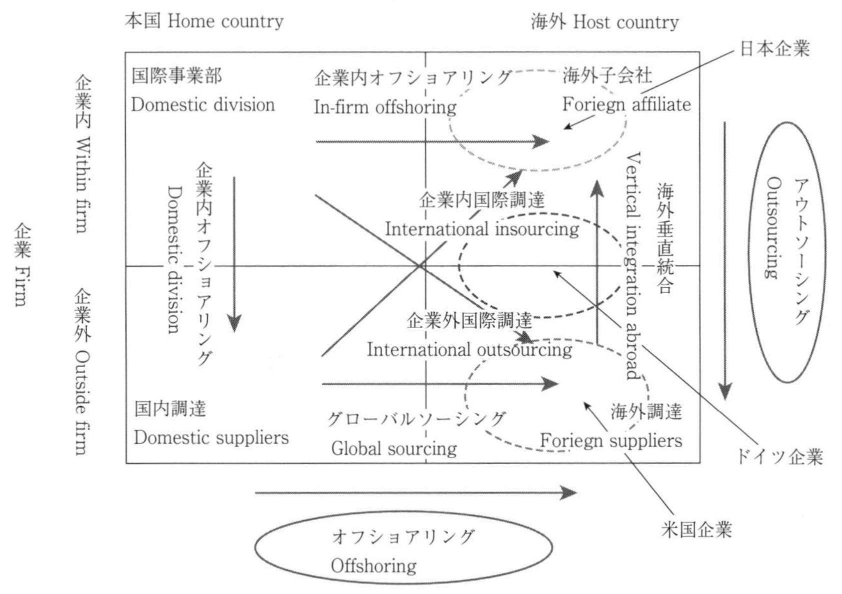

図7－4　グローバル経営におけるアウトソーシングとオフショアリングの概念図

注：「オフショアリング」とは「海外」に移管・委託することを指し，「アウトソーシング」とは単に「社外」を指す。

出所：Van Welsum and Vickery (2004), Miroudot et al. (2009) and Stutgeon (2009) より作成

のある類似商品産業内貿易，上記の②の条件を満たす垂直的な産業内貿易，一方通行の産業間貿易である。Fontagné，Peridy，Freudenberg の3人によれば，EU 域内では産業内貿易が水平，垂直を合わせて約60％を占め40％の産業間貿易を凌いでいるが，垂直的な産業内貿易が水平的な産業内貿易をほぼ3倍近く大きく上回っている。垂直的産業内貿易はドイツ・フランス間では83％，ドイツ・イギリス間で74％，フランス・スペイン間で70％と報告されている。スペインやポルトガルでも産業内貿易が増えてきているが，EU 周辺諸国のギリシャ，フィンランド，ポルトガルでは依然として産業間貿易が主体である。EU の「バナナ・ブルー」と称されるヨーロッパ経済のセンターに位置する国々では統合の進展が産業内部の製品差別化や地域空間的な差別化を加速させたと推定される。比較優位に基づく産業間の貿易分業ではなく産業内部で

価格や品質面での商品の差異化や品揃えのための産業内の垂直的な貿易分業化が進展したのである。

フォンタネ報告は，EU域内では垂直的な産業内貿易の事例として自動車産業におけるエンジンはドイツ，窓ガラスはフランス，ギアはイギリス，組立はスペインという供給生産ネットワークを挙げ，EU域外の国とは産業間貿易になっていると結んでいるとしている。

米国のM. Feldstein（フェルドスタイン）は90年代よりEU加盟国間の製造業種，エネルギー依存度，輸出市場などの大きな隔たりから域内には深刻な非対称性ショックが存在すると指摘していた（Bernard Yvars)。これを受けてJ. A. FrankelとA. K. Roseはまさにこの産業内貿易が加速したことが通貨同盟の結実につながったとし，変動相場制下で発生する貿易特化分業化や非対称性ショックというリスクを回避することができた。さらに単一通貨の誕生によって産業間取引が減少する代わりに垂直的に差別された産業内貿易が水平的差別貿易よりも高い伸びを示したのである。

産業間・産業内貿易の定義については次の通りである。

通商白書によれば，産業内貿易とは，同一産業に属する財が各国間で同時に輸出入される取引状態のことを指す。これに対して，産業間貿易とは，ある産業に属する財を輸出し，これと異なる産業に属する財を輸入する取引状態のことを指す。HS 6桁分類のうち単価が分かる品目について以下の3通りに分類される。①一方向貿易：輸出額と輸入額の差が10倍以上，②垂直的産業内貿易：輸出額と輸入額の差が10倍以内の場合で輸出入単価の差が1.25倍以上ある場合，③水平的産業内貿易：輸出額と輸入額の差が10倍以内の場合で輸出入単価の差が1.25倍以内の場合。

5　日本との交渉成立に期待感の強いEU委員会
——欧州委員会および交渉当事者へのインタビュー

筆者は2014年3月，フランス経済財政産業省出向時代の知己であるフランスEU代表部のバサール担当官の計らいでブラッセルの対日協定担当者とインタビューすることができた。

当日，EU委員会庁舎前でTTIP（環大西洋貿易投資協定）交渉反対の大規模なデモが行われていて，前途多難を思わせた。

（1）欧州委員会対日交渉担当官とのインタビュー

日時　2014年3月13日（木）午前10時-11時

場所　欧州委員会内会議室

出席者　チモテ・ソテール　欧州委員会CI局・極東部対日通商関係政策調整担当官

ネベナ・マテーバ　欧州委員会CI局・極東部対日通商関係政策調整担当官

イバン・バサール　フランス経済財政省EU代表部・中南米担当官

瀬藤　日・EU経済連携交渉はTPPやTTIPに比べて進捗状況が必ずしもよくないように見えるが，どうか。

ソテール　そんなことはない。3月から4月にかけて交渉の重要な時期にさしかかる。我々は2～3年位で協定締結に漕ぎ着けると考えている。4月15日からの交渉を重視している。協議の中心的な課題は次の3分野である。①農産物加工品，②鉄道関連市場，③非関税障壁分野の自動車と食品衛生など添加物などの規格である。鉄道については日本側は民営化したというが，現実は政府も背景にあり株式の持合も絡んで参入は困難となっているのが現状である。知的財産権は日本と同じ考え方を共有する面が多い。チーズやシャンパンについて原産地表示やブランド名の保護の問題がある。自動車分野の交渉妥結は十分に可能であると判断する。日本からの自動車の対EU輸出の大宗は高級車であり，それ以外の日本車はほとんどEU域内かそれに準じた地域や国から入っている。

瀬藤　今回の日・EU協定交渉については日本でも関係省庁やエコノミストの

間でEU側との間でその呼び方がまだ定まっていないと言う意見がある。この辺についてどう考えるか。

ソテール　日本側は今回の日・EU交渉を経済連携協定交渉と言っているが，我々は自由貿易協定交渉（FTA）と呼んでおり，意識の違いがある。単一市場については金融サービス分野が大きな課題として残っている，韓国との間でビザの問題が協定締結されたが，これは特別である。直接投資の分野では2国間ベースではフランスではAFII（フランス外国投資庁），日本ではジェトロのような関係公的機関が誘致促進活動を行っている。EU全体のベースでは投資規制がリスボン条約で締結されている。

瀬藤　日・EU経済連携協定に加えて，環大西洋貿易投資連携協定（TTIP）と環太平洋戦略的経済連携協定（TPP）の3つ連携協定交渉は巨大なメガ自由貿易地域統合交渉であると言われている。日本でもこの3つの交渉が近い将来，一緒になり世界的な自由貿易体制に統合することによって世界貿易機関がこれによってWTO2.0として再編されうるという意見があるが，どう思うか。

ソテール　それはエコノミストやアカデミックな分野での議論で，現実はそう簡単に世界の地域的な貿易協定がグローバルに統合されていくとは思われない。理論と現実には大きな乖離がある。取り合えず，日本との自由貿易連携協定の成立による経済的統合効果はEUのGDPに対して10年間で0.6％の経済成長の増加に貢献するものと試算している。年間にして0.06％のプラスとなる。これは現在のEU経済の現状からする無視し得ない重要な経済効果であると思う。

瀬藤　OECDは去年10月16日に世界貿易の輸出入の計測方法を改定することを提案した。これは世界的な生産工程ネットワークの価値連鎖の分散を反映させた新たな国別の輸出入である。例えば中国が対EUに輸出した1000の内，日本から中国に600の中間財輸出によるものである場合には，中国の対EU輸出額は400ということになるというものである。これについてどう考えるか。

ソテール　多分，OECDの新算出方法は新たな正当なものと考えられる。EUでもWTOドーハ・ラウンド交渉が予定通り進まなかった原因は，貿易構造の流れがここ10～20年でグローバルな価値連鎖の世界的な分散を反映したものになったことであると分析している。従来の2国間ベースの貿易だけでは多国籍企業のグローバルな取引の動きについてWTO交渉は対応できなかったことが交渉停滞の最大の要因である。

（2）欧州対外行動庁対日交渉担当官とのインタビュー

日時　2014年3月13日（木）午前11時-12時

場所　欧州対外行動庁（EEAS）政策局（EEAS：European External Action Service）

出席者　ファブリス・バレーユ　欧州委員会対外政策部（EEAS）・日本・韓国・オーストラリア・ニュージーランド担当局次長

クリストフ・ダシュウッド　EEAS日本・韓国・オーストラリア・ニュージーランド担当局・デスクオフィサー

クリストフ・ビースナー　EEAS　日本調整デスク　主席アドミニストレーター

イバン・バサール　フランス経済財政省EU代表部　中南米担当官

エリック・サエッタ　フランス経済財政省EU代表部　ユーラシア担当官

瀬藤　日本とEUの間で今回の交渉の名称の仕方に違いがあるようであるが，どういう風に考えているか。

バレーユ　確かに欧州連合側は自由貿易協定，日本側は経済連携協定という呼び方をしている。自由貿易協定という呼び方は古典的な概念で関税，市場アクセス，規則，などをカバーする。経済連携協定という表現はもっとカバーする分野も多く，戦略的な意味が込められているはずである。この意見の隔たりについてはこれまでは両者間で暗黙（Tacite）の了解のようなものがあった。今後は取り扱うテーマや分野について話し合う必要もある。我々はFTAという自由貿易協定と併行して戦略協定（Accord stratégique）を締結することを条件にしている。この戦略協定は50章にわたる分野について両国地域間で締結されるものである。労働力，観光，外交，文化，科学技術，軍縮，防衛，などの項目に関して10年位の長期協定である。日本にはまだこの先例がない。FTAと戦略協定はひとつのパッケージでセットである。環大西洋貿易投資連携協定（TTIP）では貿易関連だけの分野に限定されている。しかし，韓国，カナダ，オーストラリア，ニュージーランドとは貿易と戦略の2つの面で協定を結んでいる。外交の原則としてこれらの戦略協定が経済貿易協定に対して優先するものである。

瀬藤　日本では対欧州経済連携協定交渉においてそのような外交戦略面の協定がより重要であると言う原則は，日本では一般に紹介されていない。

バレーユ　是非，この機会に貴殿の報告などを通じて日本に啓蒙するようにしていただきたい。日本はこの戦略協定交渉についても合意した。韓国との間でも危機管理について我々は合意した経緯がある。5月上旬に安倍首相の訪欧の際，日・EU首脳会談が予定されている。ここで交渉の進展が期待されている。韓国と同様の面があるが，自動車などの基準についていわゆる「ゴールデン・テーラー」という言い方があるが，我々には「西欧的価値」基準に基づく部分があり，もっと複合的である。戦略協定はEUの2020年戦略目標との整合性が問われる。

このヨーロッパ対外行動庁（EEAS）は2009年12月発効のリスボン条約（改正基本条約）により設立された。EUの共通外交安全保障政策（CFSP）上級代表兼欧州委員会副委員長（当時キャサリン・アシュトン，現在フェデリカ・モゲリーニ）の指揮の下，EUの対外行動を司る新しい外交機関である。EEASは，対外関係分野で欧州理事会議長と欧州委員会委員長を補佐し，とりわけモゲリーニCFSP上級代表を支えており，他のEU機関に比して独立性がある。インタビューでもバレーユ次長はEUの対外関係のなかで戦略協定の重要性を強調した。日本は単に経済連携協定だけにEUとの関係を限定せずに，政治，安保，文化など幅広い分野で交渉するという意識を持ってもらいたいと言明した。

参考文献

立石佳代（2003）「日米自動車メーカーの国際化戦略の比較」『日本大学大学院社会情報研究科』。

山下達哉・高井透（1993）『現代グローバル経営要覧」』同友館。

『通商白書』2006 年版。

Bartlett, Christopher A. and Sumantara Ghoshal (2002), *Managing Across Borders the transnational solution*, Harvard Business School Press.

Berger, Suzanne (2005), *How We Compete : What companies aroud the world are doing to make it in today's global economy* ?

Defever, Fabiuccie et Jean-Louis Muchielli (2005), *Décomposition internationale de la chaine de valeur : dans une étude de la localisation des firmes multinationales dans l' Union Europeènne élargie.*

Godart, Olivier et Holger Görg_Kiel (2010), Institute for the World Economy et Université Christian-Albrechts de Kiel, Allemagne.

Godart, Olivier et Holger Görg_Kiel (2010), *Le rôle des chaînes de valeur mondiales dans le secteur manufacturier allemand.*

Kommerskollegium (2013), Global Value Chains and Transatlantic Trade and Investment Partnership.

OECD (2010), Own calcaulations based on OECD Input-Output Database and OECD STAN BTD.

Van Welsum and Vickery (2004), Miroudot et al. (2009) and Stutgeon (2009).

Yvars, Bernard (1992), *L'echanges intra-branche vertical : quelle pour l'approfondissement des processus d' intégration régionale ? UEM*: un point de vue critique in Probleme eonomique No2290.

（瀬藤澄彦）

第8章
日・EU 経済連携協定の論点

現在交渉が進んでいる日・EU 経済連携協定では双方の関心事項について，非対称性が目立つ。日本側は乗用車（10％），電子機器（14％）などの EU 側の高い関税の引き下げまたは撤廃をめざしているのに対し，EU 側は自動車，医療機器，医薬品などに残る日本の非関税障壁の撤廃を要求している。EU は，日本の非関税障壁の撤去に応じて，自らの関税を引き下げるとも主張している。自動車，医薬品，医療機器などの非関税障壁は日本側の努力もあり，徐々に改善されつつあり，政府調達との関連で問題とされる日本の鉄道車両市場も日本の調達も見られるようになった。

これらの進捗状況を踏まえ，EU は当初設定していた1年後の見直しで交渉経過を積極的に評価し，交渉はいよいよ妥結に向け進んでいる。

1　なぜ今，日 EU・FTA／EPA か

第2次世界大戦後の世界貿易は，GATT およびその後継組織である WTO の自由・無差別・多角化というルールにより順調に拡大してきた。これは1930年代の世界不況時に各国が高関税を設定し経済のブロック化に走り，それが貿易の減少ひいては不況の長期化をもたらし，やがて大戦につながったとの深刻な反省によるものである。戦後の GATT・WTO 体制では，数次にわたる多角的貿易交渉を行い，関税一括引き下げなどを実施し，貿易の拡大に寄与してきた。

しかし，2001年に開始された現在の多角的貿易交渉，ドーハ・ラウンドは数次にわたる交渉にもかかわらず，妥結の兆しが見えてこない。これは WTO 加盟国が増加するとともに，交渉の項目が従来の関税削減，非関税障壁の撤廃などに加え知的財産権，サービスなどにも及んで複雑化し，各国の利害の調整

表8－1　EUの乗用車輸入台数の推移

	2006	2007	2008	2009	2010	2011	2012	2012年シェア
世界計(台)	3,014,086	3,214,833	2,783,352	2,212,025	2,139,820	2,176,517	1,932,420	100.0(%)
韓国	717,090	651,130	446,544	351,142	294,013	382,871	402,062	20.8
日本	940,670	949,317	852,805	676,461	604,151	429,803	345,894	17.9
トルコ	344,923	385,188	361,161	314,514	330,548	334,349	318,265	16.5
アメリカ	314,856	440,892	351,235	150,142	179,892	236,381	233,835	12.1
メキシコ	101,331	152,006	183,647	116,298	139,171	184,180	163,526	8.5
インド	49,433	61,389	99,121	265,659	231,987	259,776	162,928	8.4
中国	308,720	336,075	252,801	154,266	155,262	149,025	111,881	5.8
南アフリカ	17,938	3,877	20,515	31,315	65,396	72,074	43,973	2.3
スイス	29,346	41,248	36,281	26,232	23,892	23,420	22,254	1.2
台湾	54,904	57,492	57,795	32,076	29,670	29,252	19,327	1.0

出所：欧州自動車工業会（ACEA）

が困難になっているためである。

ドーハ・ラウンド交渉が停滞する中，各国が力を入れだした戦略が2国間あるいは地域間自由貿易協定・経済連携協定の締結である。EUは2006年に「グローバル・ヨーロッパ」戦略を打ち出してから，特に成長著しいアジア諸国とのFTAを重視し始めている。韓国も2国間FTAに積極的な国である。すでにアメリカ，EU，オーストラリアなどとFTAを締結している。2国間協定は協定締結国同士に利益をもたらすが，第3国にとっては競争上不利になるため，第3国にFTAの締結を促すことにもなる。

日・EU経済連携協定は両者が積極的に意義を見出したということもあるが，他の要因により誘発された面があることも否定できない。日本側からみるとEU韓のFTAであり，韓国製品の関税がゼロになることにより，日本の主要輸出商品である自動車，電子機器などがEU市場で競争力が低下することを恐れたことがある。EU側からみると，日本のTPP（環太平洋経済連携協定）への参加表明により日本市場でアメリカなどと競争上不利になることを懸念したためである。日本の工業製品の関税がゼロであるものがほとんどのため，従来EU側としては日本とのFTAに大きな魅力を見出せなかった。

EU市場での韓国との競合であるが，例えば日本からの乗用車の輸出には10

%の関税がかかるが，韓国からのそれが協定発効後4年で関税ゼロとなると競争上の不利は大きい。表8-1はEU乗用車市場における外国車のシェアである。2011年までは日本からの輸入が第1位を占めていたが，2012年にはその地位を韓国に譲った。EU韓FTAの発効が2011年であり，その影響が現れたとみることもできる。

2　何が交渉の争点となっているか

経済連携協定であるので，他の協定同様，物品市場アクセス，貿易の技術的障害，貿易円滑化，政府調達など様々な分野での交渉が行われるが，双方の関心事項は違いが大きく，非対称的である。

わが国の主たる関心事項は，EU側の鉱工業品などの高関税の撤廃（例：乗用車10%，電子機器14%）と日本企業が直面する規制上の問題であるのに対し，EU側の主たる関心事項は自動車，化学品，電子機器，食品安全，医療機器，医薬品等の分野における非関税措置への対応である。このうち自動車については技術基準と認証制度についてEU制度との調和および日本のエコカー減税制度適用のための試験の走行モードの違いなどが指摘されている。また，わが国の軽自動車優遇策についても改善を要望している。医療機器，医薬品については国際基準との調和と認可までの時間が問題視されている。

鉄道などについてはわが国の政府調達について疑問が出されており，さらにEU側主要輸出品目である，あらゆる加工食品や飲料，バター，チーズ，ハム，ワイン，パスタ，チョコレートについては関税撤廃を要求している。

EU側は，日本製品に対するEUの関税引き下げとEU製品に対する日本市場での非関税障壁の撤廃が並行して実施されるべきであるとし，交渉開始1年後に日本の非関税障壁の撤廃への取り組みを見直し，交渉を継続するかどうかを検討するとしている。また，日本からの自動車輸入が急増した場合のセーフガードの導入も要望している。

次節以降で主要争点分野についてみていくこととする。

3　自動車

（1）欧州側は経済連携協定に消極的

自動車は最も重要な交渉分野であるが，日・EU 双方の思惑の違いも大きい。日本は，現在乗用車で 10％かかっている EU の関税を引き下げ，FTA で先行する韓国などとの競争力の差をなくしたい意向である。EU 側は日本に対し基準認証の国際標準との調和，軽自動車の税制上の優遇措置の見直しなどを求めているが，関税引き下げによる EU 自動車産業への悪影響を懸念しているおり，欧州産業界は経済連携協定に対しては否定的である。

FTA の交渉に向けた予備交渉に当たるものとして，欧州委員会は協定の交渉範囲を確定させるスコーピング作業を 2012 年 5 月に終了し，さらに同委員会は 2012 年 7 月，EU 加盟各国に対し FTA の交渉開始の承認を求めた。スコーピング作業の終了の発表があった 5 月から 8 月にかけて，EU の主な業界団体は日 EU・FTA／EPA に関し見解を表明しているが，その中で明確に反対の声をあげているのは欧州自動車工業会（ACEA）だけである（「日 EU FTA 交渉開始の提案と影響評価」『ユーロトレンド』（2012.11））。

欧州自動車工業会は 2012 年 7 月 19 日にプレス発表を行い，スコーピング作業は不十分であり，日本側の非関税障壁をなくすための方法と日程が曖昧であるとし，欧州自動車産業界にとっての FTA の利益に対し引き続き疑問を呈した。同工業会によれば，EU 側の関税引下げにより日本車は 1 台当たり 1500 ユーロ程度安くなり，輸入が増加，その結果 EU 内の生産が 16 万台少なくなり，雇用も減少するとしている。対日輸出については，同工業会は，欧州で型式認定を受けた，世界で一番安全でクリーンな車の一つである欧州車が，変更なしでそのまま日本で販売できることを要求している。また，税制上優遇されている日本の軽自動車に対しても問題を提起している。ただし日本の自動車市場の将来に対しては悲観的であり，三菱総合研究所の調査結果を引用して，2010 年から 2020 年までに日本の市場は 66 万台減少するため，日本は自国市

表8-2　日-EU間の完成車貿易収支

単位：百万円（金額）

（完成車）	輸出（日→EU）		輸入（日←EU）		貿易収支
	台数	金額	台数	金額	金額
2009	583,770	903,951	109,654	373,157	530,794
2010	634,097	1,016,219	146,061	460,891	555,327
2011	580.373	940,607	178,139	579,261	361,345
2012	433,358	698,820	213,002	699,844	−1,024
2013	390,435	776,257	239,090	834,690	−58,433

出所：財務省貿易統計から日本自動車工業会作成

表8-3　日独間の完成車貿易収支

単位：百万円（金額）

（完成車）	輸出（日→独）		輸入（日←独）		貿易収支
	台数	金額	台数	金額	金額
2009	106,519	152,573	70,579	271,285	−118,722
2010	111,802	163,874	91,948	326,458	−162,584
2011	112,618	159,735	113,503	411,148	−251,413
2012	99,595	141,593	131,083	486,056	−344,463
2013	83,615	149,248	146,792	578,285	−429,037

出所：財務省貿易統計から日本自動車工業会作成

場の縮小を欧州への輸出で補おうとしていると批判している（“Auto industry sceptical about benefits of EU/Japan Trade Agreement” 19/07/2012　http://www.acea.be/press-releases/article）。

EU各国は欧州委員会に対して日本とのFTA交渉の権限を与えるかどうかを検討し，2012年11月に開催されたEU外相理事会（貿易担当閣僚会議）で権限を付与した。フランスのニコレ・ブリック貿易担当相（当時）は日本との貿易協定は対日輸出の増加につながるものでなければならないとし，声明でフランスとしてはFTA交渉に対し2つの条件を付けたと述べた。1つは，公共調達を含めて日本市場へのアクセスを制限している多くの非関税障壁の除去に関する日本のコミットメントであり，2つ目は，自動車分野はセンシティブであることの承認と輸入急増の場合のセーフガードの導入である。外相理事会の決定に関し，欧州自動車工業会は再び否定的なコメントを発表している。日本とのFTAは自動車産業にネガティブなインパクトをもたらすであろうとし，会計事務所デロイトが実施した調査を紹介している。それによれば，2020年までに日本向け輸出は7800台しか増加しないが，日本からの輸入は44万3000台増加すると予想されている。輸入の増加で生産が落ち込み，3万5000人から7万3000人の雇用が失われる，としている（“France, Italy win safeguard clause in EU-Japan trade pact” EurActiv 30. Nov. 2012）。

しかし，日本自動車工業会によれば，日本側の統計でみると日・EU間の完成車貿易は2012年から日本側の入超となっており，日独間ではドイツ側の黒字が続いている。

1台当たりの単価で欧州車が高いため，単なる台数の比較では実態の一部しかみていないということであろう。また，日本の自動車メーカーの現地生産も進んでおり，現地での部品の調達や雇用の面でも欧州経済に貢献している。日本自動車工業会によれば現在7カ国，14カ所に生産拠点があり，合計16万人以上を雇用している。

問題は欧州各自動車メーカーの競争力の違いである。欧州自動車市場は販売台数の大きな伸びは期待できない成熟市場であり，近年は欧州債務危機の影響で販売台数そのものが減少している（表8-4参照）。欧州自動車メーカーは世界最大の市場となった中国やその他の新興国市場に力をいれ，グローバル市場に販路を拡大せざるを得ない。これに成功しているのがVW，ベンツ，BMWなどのドイツ・メーカーであり，中国で販売台数を伸ばしているし，新興国の所得水準の上昇にのり，高級車の販売も好調である。一方販売先が欧州中心であるGMの子会社ドイツのオペルやフランスのPSA（プジョー・シトロエン・グループ）は苦戦を強いられている。PSAなどは赤字に転落し，フランス政府および中国メーカー東風汽車から出資を仰ぎ，巻き返しを図っている。フランス政府の関心は自国メーカーの競争力の強化とともに雇用の確保である。競争の激化により，生産性の低い国内工場の閉鎖，海外への移転は何としても避けさせたいところである。

表8－4 EU27カ国の自動車登録台数

	2009		2010		2011		2012		2013	
	台数	シェア	台数	シェア	台数	シェア	台数	シェア	台数	シェア
合　計	14,132,346	100.0	13,343,302	100.0	13,130,466	100.0	12,054,057	100.0	11,850,905	100.0
VWグループ	2,977,091	21.1	2,832,799	21.2	3,026,192	23.0	2,975,171	24.7	2,957,653	25.0
うちアウディ	590,586	4.2	600,120	4.5	653,427	5.0	673,497	5.6	664,173	5.6
PSAグループ	1,857,719	13.1	1,805,375	13.5	1,643,457	12.5	1,431,982	11.9	1,311,406	11.1
ルノー・グループ	1,329,715	9.4	1,389,340	10.4	1,273,178	9.7	1,030,643	8.6	1,076,367	9.1
GMグループ	1,262,328	8.9	1,164,111	8.7	1,142,117	8.7	988,571	8.2	946,099	8.0
フォード	1,256,229	8.9	1,081,778	8.1	1,048,814	8.0	907,784	7.5	878,786	7.4
BMWグループ	685,382	4.8	726,040	5.4	781,248	5.9	767,662	6.4	761,477	6.4
うちBMW	553,439	3.9	588,816	4.4	618,029	4.7	614,825	5.1	613,152	5.2
フィアット・グループ	1,237,958	8.8	1,056,399	7.9	929,551	7.1	780,008	6.5	724,283	6.1
ダイムラー	666,182	4.7	651,515	4.9	652,790	5.0	633,546	5.3	658,546	5.6
トヨタ・グループ	687,170	4.9	559,251	4.2	523,909	4.0	510,377	4.2	509,328	4.3
現　代	333,008	2.4	346,310	2.6	379,144	2.9	417,256	3.5	408,154	3.4
日　産	357,197	2.5	390,403	2.9	445,826	3.4	418,053	3.5	407,059	3.4
起　亜	248,070	1.8	257,923	1.9	287,388	2.2	327,998	2.7	329,285	2.8
その他	1,234,297	8.7	1,082,058	8.3	996,852	7.6	865,006	7.0	882,462	7.4

出所：欧州自動車工業会（ACEA）

（2）日本の非関税障壁

欧州自動車工業会から日本政府の規制・制度改革会議に出されている規制改革等の要望は以下の項目である。

①自動車基準認証国際化

②軽自動車の優遇策の是正

③用途地域における自動車整備工場の新設置要件

④自動車に用いる適用除外火工品の指定要件

⑤高圧ガス容器の安全基準の改正

それぞれの項目について見直しが実施済み，あるいは計画中である。

①自動車基準認証国際化

欧州側の不満は，日本には日本独自の規則と国際基準が共存しているということで，これを国際基準に一本化してほしいというのが要望である。国際基準に関しては，世界各国の自動車が世界共通の基準によって生産されるよう，国連の欧州経済委員会が主導し「自動車基準調和世界フォーラム」(UNECE／WP29) を組織しており，そこで「自動車の構造および基準の安全・環境に関する統一基準」を作成している。各国はこの統一基準を自国の基準として採用することができ，採用された基準は相互認証が可能となっている。欧州側が要求しているのが，この基準の採用である。この基準の一つに乗用車排ガス試験法というのがあり，欧州側はこの基準の採用も求めている。日本でエコカー減税の適用を受けるためには日本の走行モードに従って試験をする必要があり，余分な負担であると批判している。共通の排ガス測定法については，上記の自動車基準調和世界フォーラムが「世界統一乗用車排ガス試験法」(WLTP) 2014年３月に採択した。日本はこの排ガス試験法を国内基準として速やかに採用することとしている。

②軽自動車

税の優遇措置がある軽自動車についても欧州自動車工業会は問題視している。普通乗用車との税の違いは日本でも問題となっており，消費税増税を機会に見直しが行われている。

現在自家用の軽自動車にかかる自動車税は年間 7200 円であり，自家用普通乗用車の税は最低でも２万 9500 円で，排気量が増加に従って増える体系になっている。軽自動車の自動車税は 2015 年４月から現在の 7200 円から１万 800 円に増税されることとなり，わずかながら普通乗用車との差が縮まることとなる。さらに，環境対策から面から電気自動車，プラグインハイブリッド車，クリーンディーゼル車などのいわゆる次世代自動車といわれる車については，初年度の自動車税が 75％免除される制度があるため，初年度に限って見ると，2000 cc までの次世代自動車は自動車税が軽自動車よりも安くなることとなる。

③自動車整備工場等の設置基準

自動車販売台数を増加させるためには整備工場を併設した販売店の拡充が不可欠であるが，住宅地等での整備工場の設置は都市計画法および建築基準法で規制されていた。政府は規制改革の一環として，2012 年３月に所轄官庁である国土交通省が自動車整備工場の建設を容易にするため建築基準法の運用の技術的指針を発表し，緩和措置を講じた。

この緩和措置もあり，例えばフォルクスワーゲン・グループ・ジャパンは2014年に前年比2倍のペースで販売網を拡大する予定であるし，フィアット・クライスラー・ジャパンも2014年中に店舗数を3割増やし，200店舗体制にするとしている（日本経済新聞2014年2月13日付）。

④自動車に用いる適用除外火工品の指定要件

自動車のシートベルトやエアバッグなどでは火工品（火薬または爆薬を使用した製品）が使用されているため，火薬類取締法の適用対象となっていたが，2012年2月3日付の告示により，火薬類取締法の適用除外となる製品の範囲が拡大され，審査が免除されることとなった。

⑤高圧ガス容器

燃料電池自動車には高圧の水素タンクが装備されているが，日本の現在の法律ではこれは高圧ガス保安法の対象となっている。高圧ガス保安法は元来産業用設備の安全確保を目的に作られた法律であるため，自動車用容器のような使い方を想定していない。自動車の型式認定に当たる設計確認試験では欧米の認証試験に用いた結果が活用できず，日本に持ち込んで試験を受けなければならず，時間および費用がかかるというのが欧州自動車工業会の不満である。欧州側は現在，自動車基準調和世界フォーラム（UNECE／WP29）で審議されている「水素・燃料電池自動車の世界統一技術基準」（HFCV-gtr）が採択されれば，それを日本でも採用するよう要望している。

日本政府は2012年7月10日の閣議決定で，HFCV-gtrがUNECE／WP29で採択されれば日本でも国内基準とするとしている。

4　鉄道車両

（1）欧州の世界的鉄道メーカー

世界の鉄道車両業界ではドイツのジーメンスとフランスのアルストム並びにカナダのボンバルディアが圧倒的な競争力を誇っている。やや古い数字である

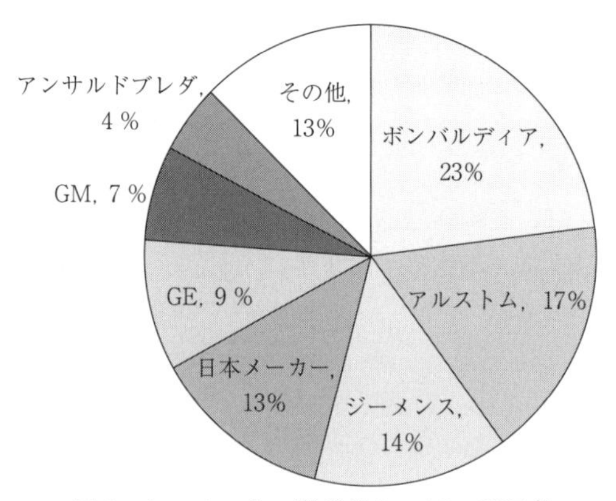

図8－1　メーカー別世界シェア　2001年

出所：Eurofund, "Global Competitiveness in the Rail and Transit Industry" Worldwatch Institute 2010

が，世界シェアを図8－1に示した。

ボンバルディアはカナダのメーカーとはいえ，鉄道部門の本社をドイツにおいているため，世界のビッグ・スリーがいずれも欧州メーカーともいえる。3社とも高速鉄道，通勤電車などの通常の列車，機関車，地下鉄，路面電車などあらゆる鉄道車両を製造しているだけでなく，信号機なども製造し，またそれらをまとめてシステムとしても提供している。3社の販売先は自国内，欧州内だけでなく，北米，中南米に広がっており，最近ではアジアにも活発に進出している。

ボンバルディアは航空機，鉄道車両のメーカーで，航空機ではボーイング，エアバスに続く地位を占める。2013年の売上は全体で182億USドル，従業員は7万6400人。鉄道車両部門でみると，信号，システムなどを含めて売上は87億6600万USドル，従業員は3万8600万人である。世界26カ国に63の工場およびエンジニアリング拠点をもつ（注：数字は同社のホームページから。他の2社も同じ）。

アルストムは発電，送電なども行うメーカー。9万3000人の従業員がおり，2012/13会計年度の売り上げは203億ユーロ。鉄道部門は従業員が2万6700

人で，売上は55億ユーロ。

ジーメンスは会社をエネルギー，ヘルスケア，インフラ＆都市，産業の4事業部に分けている総合電機メーカーで，全世界で36万2000人の従業員を抱え，2013会計年度の売り上げが758億8200ユーロ。インフラ＆都市部門の下に鉄道車両部門を含む「運輸＆ロジスティクス」部があり，そこの売上は59億6900万ユーロである。その部門の従業員数は明らかにされていない。

これだけ圧倒的な力を持っている外国メーカーがありながら，日本市場での輸入のシェアは低い。2012年に日本で生産された鉄道車両の総額は1720億円で，約70％がJR向けであったが，輸入額はわずか6000万円であった，という。(『第四の矢　日本の商環境に関するEBC報告書　2013年』欧州ビジネス協会)

世界の鉄道車両市場であるが，その後国内の新幹線網整備を積極的に行ってきた中国の2大メーカー中国南車と中国北車が事業規模を大きく拡大し，しかもこの両社が合併するところから，従来のビッグ・スリーを大きく上回る巨大メーカーが誕生することとなった。

（2）鉄道車両における政府調達

日本の鉄道車両市場で輸入比率が低いのは，日本の政府調達市場が十分に開放されていないためだとEUは主張している。政府調達については国際的なルールがWTOの「政府調達に関する協定（1996年1月発効)」で定められている。この協定に加入するか否かは自主的な判断であるが，わが国はこれに参加。現在WTOの政府調達協定締結国は42カ国にのぼっている。協定に参加すると調達の基準額や対象機関などを協定の付属書の形で定めることとなっている。問題となっているのは，わが国は政府調達協定の付表3の注釈4で「特定の機関に関する注釈」として，国内JR 6社および日本貨物鉄道，東京メトロ，鉄建公団，都市基盤整備公団の10者のみを対象に「運送における運転上の安全に関連する調達は含まない」との一文を入れていることである。鉄道に関する調達は安全に関わるため，協定の適用除外として扱っていることになる。この点に関するEU側の不満は大きい（『平成24年度内外一体の経済成長戦略にかかる国際経済調査事業（欧州連合との経済連携触診のための制度分析調査）報告書』株式会社東レ経営研究所，2013年3月）。EU側はこの安全条項の明確化，見直しを実施し，JR等での政府調達への参加を求めている。

鉄道車両については日本とEUの調達方法の違いも大きい。上記東レ経営研究所の報告書によれば，EUでは新規路線用に高速鉄道を開発するような場合，基本的にはユーザー側の要求仕様に基づいてメーカーが開発を行う，いわば「メーカー開発」が主流であるのに対し，日本ではユーザー，例えばJRが新車両開発に最初から関与しており，いわばメーカーとユーザーの「共同開発」に近い形になっている。したがって1から始める欧州のメーカーの納期が2～3年であるのに対し，日本の場合は納期も1年程度と短い。欧州の高速鉄道市場は3社の寡占状態にあるといわれている。ドイツ鉄道がジーメンスおよびボンバルディアに発注した高速鉄道車両の納入が1年～2年遅れているという事態も発生している（Frankfurter Allgemeine Zeitung 電子版，2013年12月11日付）。

日本市場でも欧州メーカーの進出例がないわけではない。JR東日本は常磐緩行線に導入する無線列車制御システム（CBTC）についてインターネットで入札を実施し，関心を示した国内外10社から提案を受け，そのうちアルストムとタレス（Thales）の2社に絞り検討，最終的にタレス社に決定した。またJR東日本の100％子会社である㈱総合車両製作所は日本におけるLRT（Light Rail Transit バリアフリー対応軌道用低床車両交通システム）の導入に関し，アルストム社と覚書を締結している。

日・EUの鉄道関係者は，相互理解を深め，日・EU経済連携協定を後押しする狙いもあって3月27日にブリュッセルで初の鉄道分野の産業対話を開催した。日本側からは政府から国土交通省の幹部，民間からはJR各社や東京メトロ，日立製作所の代表者らが参加した。欧州側からは欧州委員会の担当部局のほか，欧州の業界団体である欧州鉄道産業連盟（UNIFE－the European Rail Industry Association）および欧州鉄道インフラ会社共同体（CER－the Community of European Railway & Infrastructure Companies）の代表者らが参加した（『日本経済新聞』2014年3月28日付夕刊およびUNIFEプレスリリース2014年3月27日）。

日本のJRは民営化されているため，政府調達の対象には，もはやならないとの議論もあり，EU側もJR 3社についてはWTOの政府調達の対象外とすると決定したと，報じられている（『日本経済新聞』，2014年10月16日付）。

5　医薬品・医療機器等の非関税障壁および加工食品の関税引下げ

非関税障壁としてEU側が批判している分野の一つが医薬品，医療機器などにおける日本独自の基準，承認手続きの遅れなどである。ドラッグ・ギャップおよびデバイス・ギャップといわれているのは，先進国で広く入手可能な医薬品や医療機器，ワクチンなどが入手できないという問題である。EUの資料によれば2007年に世界で最も売れた医薬品100品目のうち，アメリカ，イギリス，ドイツでは数品目を除き入手可能であるのに対し，日本では21品目が入手できないという。またドラッグ・ラグおよびデバイス・ラグといわれる現象もあるが，これは日本における医薬品などの承認に時間がかかり，最新の製品の入手により長い期間がかかるというものである。問題となるのは日本が国際的に認められている基準を採用していないため，輸入される医薬品，医療機器を再度日本で検査をする必要があるためである。これは食品添加物などにも該当する。

日本側もこの問題を認めており，国際基準の採用，審査の迅速化のための審査官の増員などを実施している。欧州委員会も2014年3月に発表した『2014年版貿易・投資障壁報告書』（Trade and Investment Barriers Report 2014）で，改善されたと評価している。

欧州は競争力のある加工食品，飲料などについて強く関税削減を要求していると報じられている。バター，チーズなどの乳製品，ハム，ワイン，パスタ，チョコレートなどである（『日本経済新聞』，2013年11月21日付）。日本側からは交渉の過程でワインの輸入関税を撤廃するとの提案もなされた，とも報じられている（同2014年1月24日付）。

6　今後の見通し

2013年4月に第1回交渉が始まり，2016年4月には第16回目の交渉が行われた。交渉ごとであるので，交渉の当事者である日本政府も欧州委員会も交渉内容の詳細は明らかにしていない。例えば日本側の担当窓口である外務省のホームページにも「物品貿易，サービス貿易，投資，知的財産権，非関税措置，政府調達等の各分野について有益な議論が行われた」（第16回目開催概要）という程度のことしか発表されていない。

欧州委員会は当初予定どおり，交渉後1年のレビューを行い，特に非関税障壁撤廃の日本側の取り組みなどについて加盟各国に説明し，交渉を継続することを決定した。先頃開催された伊勢志摩サミットにおいて，日本，EU，フランス，ドイツ，イタリアおよびイギリスの首脳は，共同ステートメントを発表し，日・EU経済連携協定の交渉の加速化，本年のできる限り早期に大筋合意に達する旨を確認した。

参考文献

『平成24年度内外一体化の経済成長戦略にかかる国際経済調査事業（欧州連合との経済連携促進のための制度調査分析）報告書』株式会社東レ経営研究所，2013年3月。

『欧州自動車工業会（ACEA）ヒアリング』規制・制度改革に関する分科会　第1ワーキンググループ，2012年1月12日。

厚生労働省（2012）『医療機器に係る規制・制度の現状』

国土交通省，自動車基準認証国際化研究センター（2010）『自動車の国際基準調和と相互承認の拡充に向けて』。

「日EU EPA　『非関税措置』がEU側の期待分野」『ジェトロセンサー』（2013年12月）。

中川淳司（2013）『WTO 貿易自由化を超えて』岩波書店。

山澤逸平，馬田啓一，国際貿易投資研究会（2012）『通商政策の潮流と日本――FTA戦略とTPP』勁草書房。

Japan Automobile Manufacturers Association 3. March 2014 “Update on the EU-Japan FTA／EPA”

Renner, Michael and Gardner, Gary 2010 "Global Competitiveness in the Rail and Transit Industry" Worldwatch Institute

（新井俊三）

終章
世界貿易の変容と欧州統合
——貿易自由化競争の激化とEU分解の危機——

21世紀に入りハイパー・グローバリゼーションが開始され，新興国のキャッチアップは加速した。世界のGDPにおけるアジアの比重は急激に高まり，2013年には新興・途上国による史上初の先進国超えが実現した。ヨーロッパ，ラテンアメリカ，中東諸国はアジアシフトを強め，EUはCIS（独立国家共同体）との通商拡大に努め，中国貿易はグローバル化した。13年の前半にはメガFTA交渉の開始ラッシュが生じ，激しい「貿易自由化競争」時代の幕開けとなった。

単一通貨の誕生後，ヨーロッパでは南北間の構造的不均質が強まり，ユーロ危機として爆発した。復活をかけてEUは構造改革を断行し，戦略的通商政策の展開でユーロアフリカを北米，アジア太平洋に連携させようと狙っている。2014年にユンカー新委員会が誕生したが，翌年にはパリで2度，さらにブリュッセルにおいて同時多発テロが勃発し，その後，シリアからの難民の流入が膨れ上がった。欧州各国では反EU，反移民のナショナル・ポピュリストが伸張し，危機対応をめぐって国家間の対立は先鋭化してEU分解の危機が迫った。

2016年に入り，トルコとの難民帰還協定締結に成功し，ギリシャ危機も一服し，EUは辛うじて窮地を脱しえた。だがそれも束の間，6月にはイギリスの国民投票でEU離脱派が勝利し，EUは創設以来最大の逆風，Brexitの試練に直撃されている。

1　世界貿易の構造変化

21世紀を迎えてハイパー・グローバリゼーションと新興国のキャッチアップとが進み，その歩みは金融危機によっても止まらなかった。世界貿易のアジアシフトは一段と高まり，先進国は新興国へむけて通商と投資とのシフトを急ぐ。金融危機直後の2009年に世界経済はマイナス成長に陥ったが，翌10年に

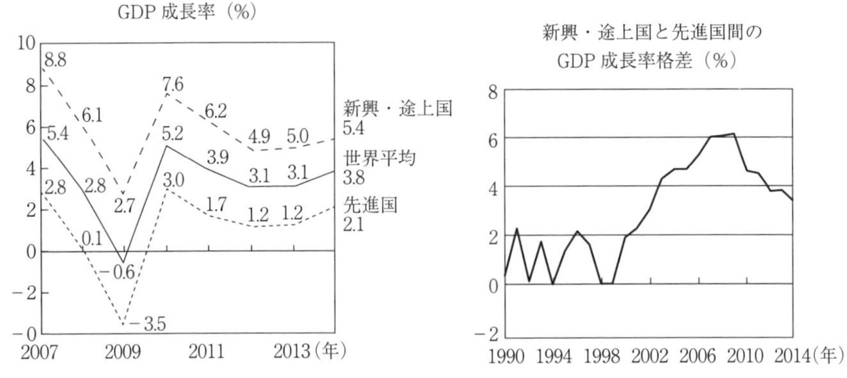

図終−1　実質 GDP の成長率

注：2013，14年は予測

出所：IMF（2013）．“Crise de croissance” in *World Economic Outlook*, juillet（CEPII, 2013, p. 6）

は急回復できた。だが成長率では 98 年以降，新興・途上国が先進国をたえず上回ってきたものの，その幅は 09 年の 6.2％をピークに縮小に向かい，14 年には 3.3％とほぼ半減した（図終-1）。金融危機とユーロ危機との打撃が，新興国でも大きかったことがわかる。14 年には，これまで大規模な 3 度の金融緩和で景気を支えてきたアメリカが量的緩和の抑制に転じたために，新興・途上国から先進国への資金還流が始まった。新興国は 11 年末以来，大量の資金流入で金利が低下し成長が加速していたが，この流れが変わりつつある。加えてアルゼンチン，トルコ，南アフリカでの政情不安や，中東での自称「イスラム国」（IS）の侵攻，ウクライナ危機の長期化，クリミア半島併合でロシアへの制裁強化，など政治要因が深刻化して新興国経済に動揺が広がる。

こうした金融危機の悪影響とアメリカの政策転換，直近の政治的陰りなどの悪要因の重なりにもかかわらず，新興・途上国は中長期的には確実に力をつけており，先進国への旺盛なキャッチアップは今後も続くだろう。世界における新興国と先進国との間の GDP（購買力平価）比率は，2000 年に 37 対 63％と格差は大きかったが，13 年にはそれが歴史的な逆転となった。世界の人口比では 11.6％にすぎない EU 28＋アメリカの環大西洋カップルは，90 年代初めには世界の GDP の 59.4％を占めていたが，13 年にはこれが 47.5％へと大幅低

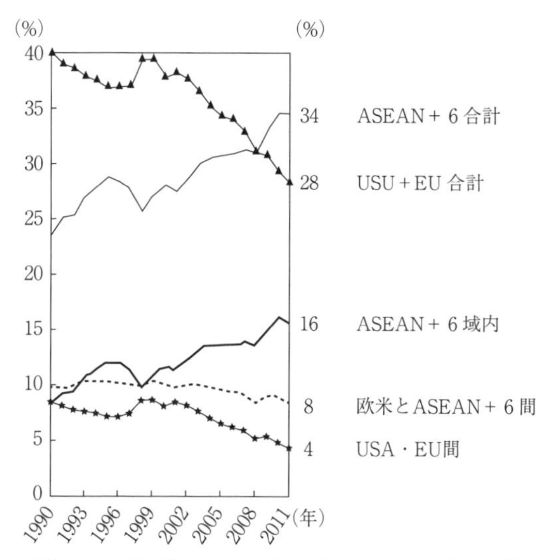

図終-2　世界貿易における ASEAN＋6と環大西洋
出所：CEPII, bases de donées BACI et CHELEM-PIB (CEPII, 2013, p. 85)

下した（CEPII, 2013, p. 5 ; CEPII, 2014, p. 121 ; *World Economic Outlook* 2013）。

財の世界貿易においても，欧米のシェアを合わせた比率は最近10年間で10ポイント以上低下し，28％と3割を切った（EU域内貿易を除く）。欧米間貿易も2011年に4ポイント減で4％に半減した。これに対してASEAN+6（日中韓印豪とニュージーランド）間の貿易は年々拡大を続け，つい最近，欧米間貿易のシェアを超えた。欧米とASEAN+6との間の貿易は世界の8％に当たり，欧米間貿易4％の2倍に上る（図終-2）。とはいえ日本，オーストラリア，中国，インドなど，各国間の所得水準の格差がきわめて大きいため，通商交渉の自由化目標ではASEAN+6への期待には限界があり，第1章でもみたように先進国間FTAでの方が野心度はずっと高まる。

ともあれ新興国の躍進で，世界の貿易構造は大きく変化しつつある。仏のCEPII（国際研究情報センター）は，G20諸国の貿易における地域偏在性（polarisation régionale）の変化を分析している（図終-3）が，これはアメリカ大陸，アジア太平洋，ユーロアフリカを3極とする世界市場のトライアングルにおい

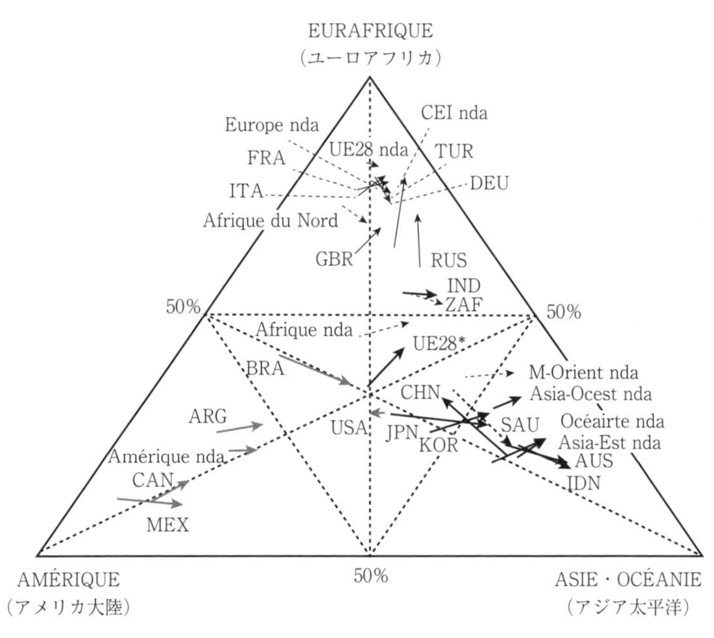

灰細線：アメリカ大陸　　黒細線：ヨーロッパ・独立国家共同体（CIS）
黒太線：アジア太平洋　　破線：アフリカ・中東

UE28*：域内貿易を除く　UE28：域内貿易を含む　　CEI：独立国家共同体　DEU：ドイツ　GBR：イギリス
nda：non défini ailleurs 特に規定なし　　ZAF：南アフリカ

図終-3　G20諸国の貿易における地域偏在性の変化（1992～2011）
出所：CEPII（2013), p. 83

て，1992～2011年の20年間に各国が貿易の地理的特性をいかに変化させたかを矢印で示したものである。これによると，一般に国の規模が小さく開発度が低いほど，貿易の地域偏在度は高まり，極点を結ぶ三角の外辺に近づく。逆に先進大国になるほど一地域に偏らず，通商相手があまねく世界各地域に広がり，トライアングルの中心近くに位置することになる。

域内貿易を除くEU（UE28*）は，かつてトライアングルのほぼ中心点に位置していたが，近年，アジア太平洋へ，ついでユーロ・アフリカへのシフトを強めてきた。旧ソ連の独立国家共同体（CIS）との貿易が1992年の3％から2011年11％まで3倍以上に急拡大している事情が大きい。欧州＋CISでは，域内貿易が70％に上り，世界最高水準となった。最近のウクライナ紛争・クリミア半島併合をめぐりアメリカが厳しい対露経済制裁を先導し，EUもそれに協調はするが，北方領土を抱える日本と同様，終始慎重な対応を取らざるを得ない（長部，2015c）。他方，EUのアフリカ・中近東向け貿易は，アジア太平洋向けを上回り，2.6対2.0％となった。これらの市場が秘める潜在力に期待が膨らむ。

中南米諸国もアジア太平洋地域への結びつきを強めている。地域大国のブラジル（BRA）は，かつてアメリカ大陸の極とユーロアフリカの極との両極の中間で，外辺近くに位置していた。だが過去20年間で，アジア太平洋シフトを強め，中心点へと大きく近づく。アメリカ大陸では，NAFTA（北米自由貿易協定）とMERCOSUR（南米南部共同市場）とで地域統合が進むものの，ややアメリカ大陸向きとなったアメリカ（USA）を例外に，メキシコ，アルゼンチンなどラテンアメリカ諸国はアジア太平洋シフトを積極的に進めている。アジアの牽引力は中東においてもめざましく，とりわけサウジアラビア（SAU）でアジアシフトが明瞭になった。これとは対照的に，アジアでは多極化が進む。日本，韓国はアジアシフトを大きく強めるが，逆に中国は強力に中心へと向かいグローバル化が著しい。世界の輸出基地としての存在を高めた結果である。

2　貿易自由化競争の展開

2001年に始まったWTOドーハ・ラウンドによる「多国間協定」（multilateral accord）の交渉は，先進国と途上国間の対立激化で08年以降，「脳死状態」に陥った。これを乗り越えるべく，2国間，あるいは地域間の貿易自由化交渉，FTA／EPA交渉がダイナミックに展開され，2000年以降，毎年10件以上の特恵協定が締結されるに至った。だがユーロ危機が一服した2013年を迎え，世界経済の流れは大きく変わりつつある。新興国の動きが鈍り，アメリカが再活性化し，日本は復活した。この変化を象徴するかのように，12年末から翌13年前半に，「メガ地域協定」（mega-regional accord）あるいは「少数国間協

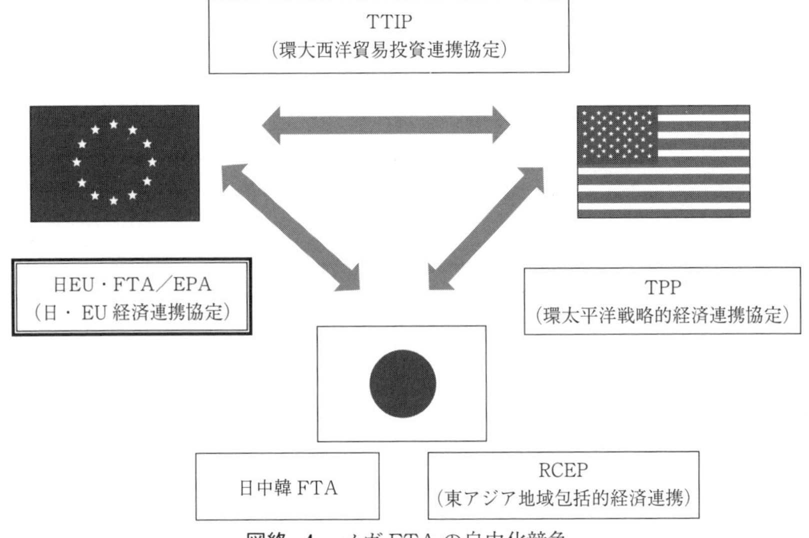

図終-4　メガFTAの自由化競争

出所：外務省資料（日EU・EPA，13年8月）を修正

定」（minilateral accord）と呼ばれる，先進国先導の大型FTAの交渉開始ラッシュが生じ，「貿易自由化競争」（competition of trade liberalisation）のあらたな段階を画することになった（図終-4）。

主要国はもはや単純な貿易自由化交渉には関心を失い，グローバルな「経済憲法」（Economic Constitutions）の策定に向けて走り出す。国際経済活動を統治する，基本的な原理と法とを目標に，交渉が開始される（Lester, 2013）。

2012年12月にASEAN +6間のRCEP（Regional Comprehensive Economic Partnership，東アジア地域包括的経済連携）の，翌13年3月に日本，中国，韓国による3カ国自由貿易協定の，4月に日EU・FTA／EPA（日・EU経済連携協定，Japan-EU Economic Partnership Agreement）の，そして7月に欧米間のTTIP（Trans-Atlantic Trade and Investment Partnership Agreement，環大西洋貿易投資連携協定，別称TAFTA）のそれぞれ交渉が開始された。同じ7月には，日本のTPP（Trans-Pacific Partnership Agreement 環太平洋戦略的経済連携協定，すでに2010年からはアメリカ，オーストラリアなど先行諸国が交渉開始）への正式参加が決まった。こうして半年の間に，かつて例をみない大型の2国間，地域間自由貿易交渉が一斉に走り出すことになる。これまでGATT／WTOの諸ラウンドを主導してきたアメリカ，ヨーロッパ，日本の先進国トライアングルが，いまやそれぞれ他の2カ国・地域との間で貿易自由化プロセスの同時発進に踏み切ったのである。先進国が攻勢へ転じたことを意味し，日EU・FTA／EPA交渉もTTIP交渉と連動して，先進国復活の兆候を積極的に取り込む必要がある。

強力な自由化交渉の複数同時進行は，「競争的自由化」（competitive liberalisation）あるいは「貿易自由化競争」（trade liberalisation race）と呼ばれる。この動きはすでに，深く包括的なFTA（DCFTA）交渉が活発化した1990年代に注目されており（Bergsten, 1996 ; Jean et Ünal, 2013），その後アメリカでゼーリック通商代表（01～05年）が「競争的自由化戦略」を指揮した。複数の通商交渉が同時進行中に，ある交渉で自由化の合意取り付けに成功できれば，その成果を他の交渉に最大限反映させる，との戦略である。別の交渉において，交渉相手が他の交渉での先行合意による不利な影響の波及を恐れることになれば，最適化オプションにより交渉加速化や条件変更などが容易に受入れられよう。

この「ゲーム理論」の発動で貿易自由化競争は激化するが，各国は深刻なジレンマに陥ろう。野心的な目標を掲げるTPP交渉において，アメリカはTTIPでの対EU交渉を優位に運ぼうとTPPの早期決着を狙い，2015年10月に大筋合意，16年2月には締結に至った。だがTPPの交渉相手国に対して，アメリカはEUカードも残しておきたい。日本やEUでも事情は変わらず，3つのメガFTA条約交渉の間で，自由化競争の激しい鍔迫り合いが演じられ，ジレンマも拡大する。

2011年11月のEU米首脳会談で包括的FTA締結への準備が合意された。それを促したものは，EUとアメリカとがすでに締結を済ませた，EU韓FTA（11年7月発効）と米韓FTA（13年3月発効）とであり，双方は2018年までに工業製品の関税を全廃するなど，高度な自由化にこぎ着けた。このEU・米間合意は日本に対し，日欧交渉の決断を急がせることになった。当時，日本はまだ TPP 交渉の参加すら表明できぬ手詰まり状態にあったのだが，ワシントンの日本大使館筋は欧米交渉が「意外なスピードで進んでいる」と知って，焦りを隠さなかった。環大西洋の自由化が進めば，日本企業の競争条件が厳しくなるに止まらず，グローバルな試合の流れを激変させる「ゲーム・チェンジャー」入りから取り残されてしまうからである（『日本経済新聞』，2012 年 7 月 11 日付）。

3　多国間主義対 2 国間主義

「メガ FTA 協定ラッシュ」を主導するのは，アメリカの新通商戦略である。その隠れた目標が「中国封じ込め」とみるむきも少なくないが，封じこめなど不可能だとの主張も根強い（ジョット他，2013，122〜123 頁）。ともあれ企業，政府調達，とりわけ知的財産権などをめぐって，中国はいまや巨大な問題児（naughty child）になり，先進国はみな頭を悩ませている。「TPP の本質は米中間の知財戦争にあり」（渡辺，2012），とする見方が説得力をもつゆえんである。2011 年にアメリカ国際貿易委員会は，中国による知的財産権侵害による被害額が 480 億ドル（約 5 兆円）に達し，また中国でビジネス展開する企業が商標侵害を被った割合は 92％にのぼり被害額は算定困難，と報告した（同書 72〜73 頁）。

アメリカ主導の対中包囲網の形成を強く警戒する中国だが，14 年以降，TPP と TTIP 両交渉が停滞を示したため，独自の FTA 戦略の展開に自信を深めた。オーストラリア，韓国との間での 2 カ国間 FTA 交渉に加えて，14 年 3 月には，日中韓 FTA や東アジア RCEP などの交渉を急ぐ旨，強調した。だがその後，TPP 交渉で日米関税協議が「重要 5 項目」をめぐり激しく対立し，自動車部品や農産品でなお溝が埋まらない事実が明らかになると，中国は日本取り込みを急ぐ必要性は薄れたと判断し，日中韓協定への熱意も失ったかにみえた。

ともあれアメリカは中国封じ込めを視野に「多国間主義」（multilateralism）

を断念し，TPPとTTIPとによる「2国間主義」への切り替えを加速させてきた。理由は単純で，アメリカはすでに多国間主義によるルール作りの力は失ってしまったと自覚しており，2国間交渉でなら，ルール作りにおいてもなお敗者復活が可能だ，とみているからであろう。EUは，アメリカの新通商目標へ強い関心を示すが，以下の2つの理由で，その全面的支持には踏み切れない（Laïdi, 2013）。

第1に，ヨーロッパにはTPP相当のアジア戦略が欠けており，ドイツを，その後イギリスを先頭に，各国とも中国詣でを競っている。その結果，メガFTA競争においては，欧米間でTPPと日EU・FTA／EPAとの早期締結をめぐり，水面下の鍔迫り合いが激化した。対中ルール作りでの協調は遠ざからざるをえない。

第2に，アメリカは経済パワーに止まらず，政治・軍事パワーでもある。通商上の損得勘定を下す際に，戦略的配慮は常に忘れない。逆にヨーロッパは，人権や環境には敏感だが，世界戦略で動くことはない。超国家機関の共同体ゆえに，意思決定も制約される。EUの懸念は，米中が地政学的配慮から合意を急ぐ結果，梯子を外されて手痛い打撃を被ることである。事実2009年のコペンハーゲン気象変動会議においては，米中が結んで包括的世界合意に反対し，ヨーロッパ外しをはかった事実がある。

用いる通商手段でも地政学的関心でも，アメリカとは同じくしないEUゆえに，多国間主義対2国間主義をめぐって慎重な対応が欠かせない。アメリカは新興国から譲歩を引き出すのに2国間主義が有効だとみなし，基本的に多国間通商交渉の再活性化への関心は失った。EUは公式には両者の間には矛盾はないとしつつも，2006年の「グローバル・ヨーロッパ――世界で競争する」でFTAシフトを決断している。08年以降EUは，アメリカ，中国，インドなどが多国間主義交渉へは復帰せずと判断して，自らも新興国に対してWTOの政府調達協定（GPA）への参加を求めなくなった。

EUは世界人口のわずか7％を占めるにすぎず，新興国に追い上げられているにもかかわらず，例外的に強力な「貿易力」を発揮している。世界の輸出シェアでは1995〜2012年の約20年間に，アメリカは11.1から8.6％へ，日本は7.4から4.5％へと大きく下げた。だがEU15のシェアは38.2から32.3％へ低下したものの，なお3割台の高い比率を維持している（『世界統計白書』，2013）。ヨーロッパの弱体化というイメージを裏切るこの傑出した「貿易力」とは，EUがGATT／WTOに対して長年にわたり巨額な投資を行ってきた成果といえる。苦労して築き上げた多角的貿易システムを，簡単には捨て去れない。だが独自の規制メカニズムに依拠する2国間協定が拡大すれば，WTOの多国間メカニズムは必然的に弱体化してしまう。

TTIP交渉は，遺伝子組換え生物（GMO）や文化・オーディオビジュアル，知的財産権とりわけ地理的表示，州段階での政府調達，個人情報，金融規制など多くの争点をめぐり，欧米の規制当局間で抵抗合戦が激化し，交渉は長期化する。EUが成果を確保するには，アメリカとは正反対に，多国間主義を放棄することなくその積極的活用を試みる，という戦略の堅持は欠かせない。「世界貿易ゲームとは非情な政治ゲームであり，この事実に目を背ければ誤ってしまう。あらゆるオプションをオープンにして，たった一つのゲームに閉じ籠らぬことが肝要だ。」（Laïdi, 2013）。

「脳死状態」に陥っていたドーハ・ラウンド交渉は，5年後の2013年12月のバリ島閣僚会議で，部分的ながら初の合意に達した。農業補助金で激しい対立を繰りかえしてきた，アメリカとインドとの間で妥協が成り，また貿易円滑化の文言をめぐり強い不満をぶつけてきた中南米諸国が，その受け入れに転じたためである。だが159の国・地域が合意できたのは，途上国の貧困層向け食糧支援，開発貿易，貿易円滑化の3分野にとどまる。鉱工業品と農産品との関税引下げ，知的財産権，金融・サービス，環境，漁業補助金などセンシティブ6分野は対立が解けぬままに終わり，包括的合意には至らなかった。ともあれドーハ・ラウンドは細々ながらも再開され，アゼベド新事務局長は「WTOは生き返った」と胸を張った。新興国は通関業務の簡素化などで，最大1兆ドルの経済効果を期待できるという（*Financial Times,* 10 Dec. 2013）。EUは多国間主義の放棄を許容せず，その再活性化をはかるための戦略展開を急ぐ必要がある。

4　ユーロ危機からの脱出

2009年10月にギリシャで財政赤字の粉飾が発覚し，これを引き金にユーロ危機がGIIPS諸国（ギリシャ，イタリア，アイルランド，ポルトガル，スペインの南欧諸国）に襲いかかった。ようやく12年7月に，欧州中央銀行（ECB）のドラギ総裁が「ユーロ救済のためには何でもやる」と約束し，大規模なOMT（アウトライト金融取引）による市場介入を打ち上げた。だがその発動を待たずドラギ約束のアナウンス効果のみで，スペインとイタリアとの国債利回りが劇的に低下し始め，13年央には早くも危機は沈静化した（長部，2013a，2014）。この間，GIIPSをはじめ欧州諸国は財政健全化に取り組み，労働市場・税制での構造改革にも着手した（長部，2013b）。ギリシャを除く欧州各国は経常収支で黒字転換を果し，欧州委員会は「再び赤字国への転落はない」と確約した（『日本経済新聞』，2014年3月30日付）。

世界を震撼させ，いまなおEUの通商政策に大きく影を落としているユーロ危機の特色を，いくつかの疑問に答える形で整理してみよう（長部，2014，114～115頁）。

（1）アメリカ発金融危機との違いは何か？

アメリカ発の金融危機（financial crisis）とは市場の失敗であり，ルールを無視した経済主体の暴走によって，なにより銀行危機（banking crisis）として発現した。他方，ユーロ危機とは国家発であり，国家債務危機（sovereign crisis）がその本質である。ヨーロッパの銀行は米銀と比べて著しく肥大化し，資産残高では自国GDP比で，アメリカ6行が61％に対して，フランス3行が316％，ドイツ2行が114％，イギリス4行が394％，イタリア3行が115％，オランダ1行で211％と隔絶している。ヨーロッパでは企業が資金調達を銀行に依存する間接金融が主流であるが，ユーロ創出のために金融規制が緩和されてクロスオーバー取引が急騰したことが，この傾向を一層強めた。欧銀はレバレッジ

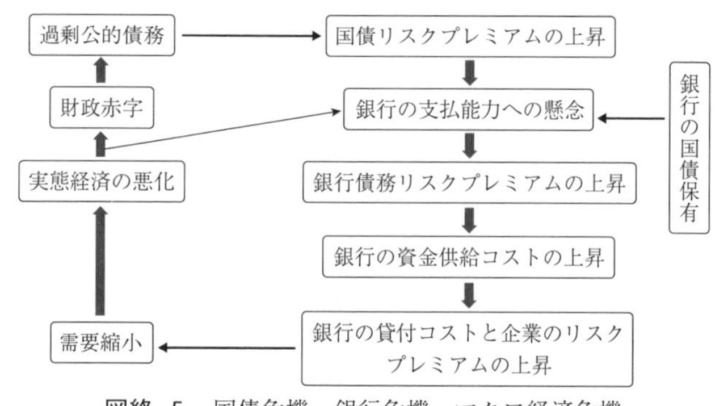

図終-5　国債危機・銀行危機・マクロ経済危機

出所：Artus et Gravet (2012), *La crise de l'Euro*, Armand Colin, p. 91

（総投資／自己資本）を急騰させて，利率の高い南欧国債を大量に抱え込んだ。米銀はGDP比120％の保有に止まったが，たとえばフランスでは3行のみで250％に達した。

実体経済の悪化による国債危機の深刻化という「国家サイクル」と，銀行危機の顕在化による企業リスクの高騰という「市場サイクル」との間で悪循環に陥り，ユーロ危機は輻輳展開した（図終-5）。国際収支危機（balance of payment crisis）が財政危機（fiscal crisis）へ，さらに国債危機へと転化し，ついで流動性危機（liquidity crisis）から銀行危機へと展開する。最終的には支払能力危機（solvency crisis）とマクロ経済危機（macro-economic crisis）へと行き着いてしまう。この「国家サイクル」と「市場サイクル」との間の悪循環の切断が，政策課題となった。

（2）ユーロ危機の根本原因は何か？

1999年のユーロ創出以降，国債利回りが収斂して10年間続いた。その陰で，ヨーロッパの南北問題，という長い歴史的起源をもつ構造的不均質性（hétérogénéité, heterogeneity）が進展し，累積した。これが，ギリシャでの粉飾財政赤字の暴露を引金に，爆発した。

図終-6　ユーロ圏南北の家計・企業の負債

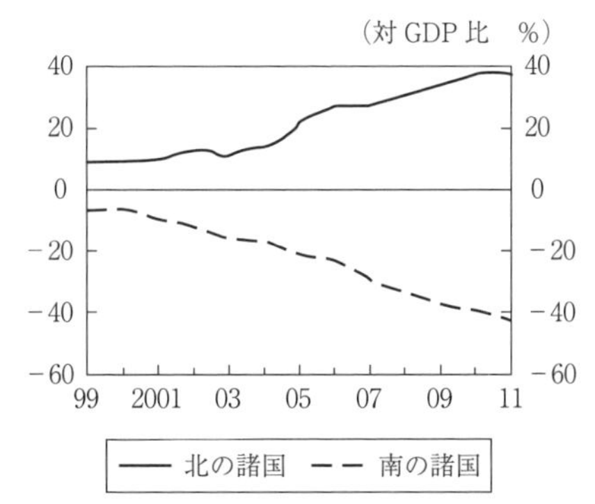

図終-7　ユーロ圏南北の対外債権・債務

注：北はドイツ，オランダ，ベルギー，オーストリア
南はフランス，イタリア，スペイン，ポルトガル，ギリシャ

出所：Artus et Gravet (2012). *La crise de l'Euro*. pp. 93-94.

（3）南北格差をもたらした要因は何か？

ユーロ創出で為替リスクの消滅と利子率の大幅低下とが実現した。南欧GIIPS諸国は，北から流入する安価な資金で負債を膨らませ（図終-6，終-7），消費ブームと不動産バブルに舞いあがった。この結果，建設，個人サービス，運輸，娯楽，ホテル，飲食業など，国際競争から切り離された非貿易財部門が肥大化した。雇用は2008年までに25％増となり，賃金も急騰した（図終-8）。

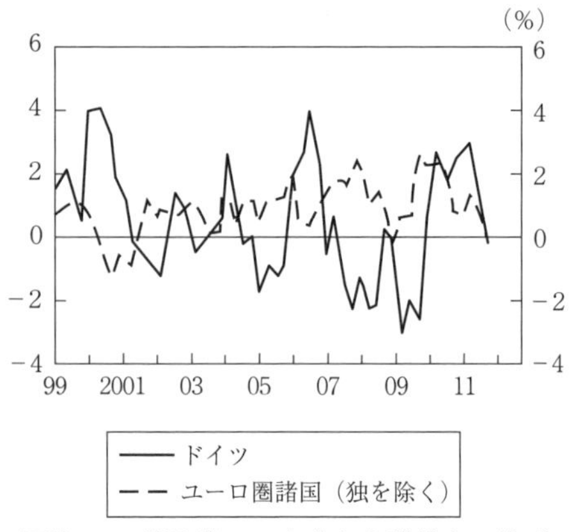

図終-8　製造業の一人当り実質賃金の伸び

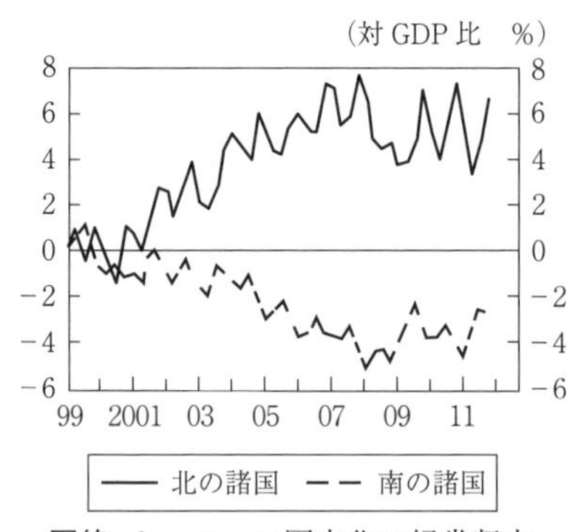

図終-9　ユーロ圏南北の経常収支

出所：Artus et Gravet (2012), *La Crise de l'Euro*, p. 45, p. 93

1999〜2011 年に賃金と社会保障負担との伸び率は，ドイツの 1.30 に対して，フランス，スペインは 1.40 に達し，南北格差はいちじるしく拡大した。

他方，域内市場競争の激化に直面した北の企業は，熟練労働を武器に比較優位財への「生産特化」(specialisation) を加速させた。そのうえドイツを中心に労働市場と税制との身を切る改革を断行し，その結果，輸出競争力の大幅引上げに成功して経常収支の大幅プラスを実現できた（図終-9）。

北は工場移転で比較劣位財生産の整理を進めたが，移転先は東欧や北アフリ

図終-10　ユーロ圏南北の工業生産
出所：Artus et Gravet (2012), *La Crise de l'Euro*, p. 34

カ，途上国になった。南欧諸国は不熟練・半熟練労働者の賃金上昇が著しかったために，北からの工場移転はスキップされてしまい，工業化のチャンスを失った。こうしてGIIPS諸国では「非工業化」(de-industrialisation) が著しく，競争力は失われた（図終-10）。GIIPS諸国はユーロ入りを目指して域内格差縮小に取り組んできたのだが，ユーロ誕生後には皮肉なことに域内均質化の動きが逆転し，南北間インバランスは急拡大してしまった。

（4）ユーロ危機はなぜ深化・拡大し，長期化したのか？

EU通貨同盟はもともと，①政治同盟を欠き，②最適通貨圏の条件を満たせず，③ガバナンスやセーフティーネットが不十分，という欠陥を内包していた。加えて危機対応の過程で，①初期解決に躊躇，②流動性危機と支払能力危機とを混同，③泥縄式対策の逐次投入で安全網整備の遅れ，④「危機対応でモラルを説く」の愚。すなわちギリシャ国債危機に際して，独仏は早くから投資家の自己責任を問い，債権への巨額のヘアカット，53.5％もの元本減免を求めてしまった，⑤独が緊縮策の各国同時採用を「黄金律」として強制，という5つの深刻な過ちが重なり，危機は深刻化・長期化してしまった。

（5）緊縮策の同時採用はなぜ必然化したか？

米銀は「大きすぎて潰せない」(too big to fail) とされたが，ヨーロッパの銀行は極度に肥大化して，「大きすぎて救えない」(too big to bail) (Blyth 2013, p. 21, p. 51)。肥大化した理由は大別して3つあり，①欧州企業は資金調達を証券市場ではなく銀行に依存し，間接金融が圧倒的である。②欧銀は業態分断なきユニバーサル・バンキングであり，リーテールからフォールセールまで幅広い金融活動を展開できる。③金融市場の統合とユーロ創出の準備過程で，規制緩和が大幅に進みクロスボーダー取引が急拡大した，である。欧銀の巨大さは隔絶しており，レバレッジ（総投資／自己資本）でも，米商業銀行はもとよりかつての米の投資銀行さえ大幅に凌駕し，GIIPS 国債を大量に抱え込んだ。

肥大化した欧州金融システムの崩壊を回避するには，緊縮策の一斉採用が促す，「新合理的期待形成仮説」(new rational expectation hypothesis) による自力救済以外に途はない。ドイツと ECB はこう主張した。財政規律の回復と構造改革とを実現し，税負担の引下げと財政の持続性確保とを進め，もって長期的な潜在成長率への回帰を可能にできる，という。

この主張には，東欧の REBLL 同盟（ルーマニア，エストニア，ブルガリア，リトアニア，ラトヴィア）による緊縮戦略の成功例が決定的な影響を及ぼした。リーマンショックで最速かつ最大の打撃を受けたこれら東欧諸国は，為替切り下げには走らずに，直ちに大規模な財政調整に取り組んだ。公務員給与の引下げ，教育・医療・年金のカット，そして増税などを断行し，それにより生じた大幅なデフレ，人口流出，失業増に耐えたのである。この REBLL の緊縮策断行を好感して，トロイカ（IMF, EU, ECB）と西欧の母体銀行 15 行，東欧 3 カ国が「ウィーン・イニシアティブ」を締結した。各国がバランスシートの安定化を約束する替わりに，西欧母体行は融資をストップせずにその続行を決断したのである。この結果，REBLL 諸国は早くも 2011 年には成長復帰を果たせ，2012 年のユーロ危機の最悪期を無傷で乗り切ることができた。REBLL の緊縮策は，矛盾語法で「拡張的緊縮策」(Expantionary Austerity) と呼ばれ，ラガルド IMF 専務理事やクリントン国務長官から絶賛され，ドイツと ECB もそれ

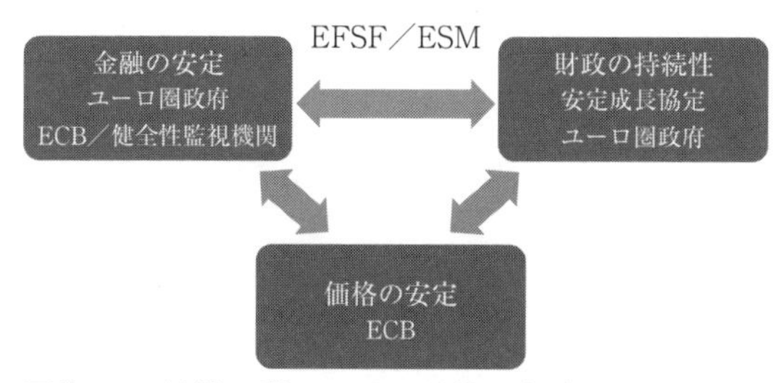

図終-11　通貨同盟における通貨・金融・財政のトライアングル
出所：ECB (2013), *Monthly Bulletin*, June. を修正

に続くことになった（長部，2014；長部他，2014，399〜400頁；Blyth, 2013, pp. 216-226）。

とはいえ，小規模で経済水準の低いREBLL諸国の成功例が，南欧諸国に適用可能なのか，疑問符は着く。

（6）ユーロ危機からの救世主は誰か？

民間資本による53.5％という大規模なヘアカットの受容以上に，ドラギ総裁のユーロ救出の約束とOMTへの「前例なきイノベーション」とが市場センチメントを一変させた。フランス大統領オランド主導の大型財政出動，「EUニューディール」の打上げも，実効はともかく，「緊縮の罠」から抜け出るための人心一新には貢献した（長部，2013a）。

EUは，ユーロ崩壊への危機意識をテコに，金融システムの弱点を克服すべく，平時では想像もつかぬ目を見張らせるガバナンス改革を達成した。ECBによる物価安定メカニズムの強化を基底に据えて，ユーロ圏の各国政府が共同監視の下で財政の持続性に責任を負い，政府とECBが協力して健全性監視機関を新設して金融の安定化を担う。これをEFSF／ESM（欧州金融安定ファシリティー／欧州安定メカニズム）のセーフティーネットが屋根を覆うことになる。通貨同盟のこの新たなトライアングルの下で，欧州統合の再始動が始まる（図終-11）。2014年末にギリシャでは急進左派連合シリザ政権が誕生し，その後金融支援をめぐる混乱が長期化したが，市場は比較的落ち着いている。

5　欧州統合の再始動

ユーロ危機の発現で，ヨーロッパの南北問題という古くからの構造的「不均質性」が改めて浮き彫りになった。そのうえEUは，２つの構造問題に直面している。EU経済を牽引してきた２つのエンジン，①目覚ましいキャッチアップにより実現した中東欧の移行国における高成長と，②EU15の中核諸国が誇った生産性の上昇とが，ともに陰りをみせ始めたからである。EUは2000年以降，「リスボン戦略」のもと，知的基盤社会の建設を目指してきたが，結局成功には程遠い。2011年にR&D投資の対GDP比では，日本3.4％，アメリカ2.6％に対して，EUはわずか２％にとどまり，生産性格差は過去10年来拡大し，労働時間は日米より10％も短い（長部，2012）。

中長期的な潜在成長力低下を懸念したEUは，ユーロ危機のさなか2010年に野心的な成長戦略，「ヨーロッパ2020戦略」（Europe 2020 Strategy）を策定し，同時に単一市場の強化と戦略的通商政策との展開をすすめるとした（EC, 2010；欧州委員会，2010）。当面の景気回復にはもちろん，グローバル化への取り組みや，持続的成長，資源確保，環境保護，人口高齢化対策などの長期的課題に，EUが一丸となって取り組む決意を示したのである。潜在成長率の回復と産業競争力の強化とを狙って，EUは相互に補完しあう以下の３つの成長目標を立案した。すなわち①「賢い成長」（Smart Growth）――知識とイノベーションとを基礎とする経済の構築。②「持続的成長」（Sustainable Growth）――資源を有効活用し，環境を保護し，競争力のある経済を実現。③「包括的成長」（Inclusive Growth）――経済的社会的な地域間の結束を強め，雇用水準の高い経済の育成，の３目標である。EUがこれまで取り組んできたリスボン戦略，気象変動戦略，雇用戦略，地域政策など，多様な領域での優先課題を取り込み再編成した。その実現のために３つの成長アジェンダごとに，測定可能な「成長目標」（Targets for Growth）を設定し，「旗艦構想」（Flagship Initiatives）と称する重点プログラムを策定した。「旗艦構想」は合計7つを数え，「賢い成長」では「デジタル・アジェンダ」と「イノベーション・ユニオン」，「移動する若者」の3構想が，「持続的成長」では「資源効率化」と「産業政策」との2構想が，「包括的成長」では「新技能・仕事アジェンダ」と「反貧困プラットホーム」との2構想が決まった。

また「産業政策の現代化」をはかるべく，EU は2012年に「成長と経済回復のための強力な欧州産業」と題する政策文書を採択した。標準化の重要性を力説し，成長の速い分野に対する優先行動を採用する。先端製造技術，中核実現技術（Key enabling technology，ユーザーや文化の能力を飛躍的に進化させる，発明やイノベーション），バイオ燃料・バイオ基盤製品，持続的産業政策（建材・素材などの有害物質の排出測定基準），クリーン・カー（電気・ハイブリッド車），スマート・グリッドの6分野である。成長分野における新標準の策定で，製造コストの縮小，品質・性能の確保，技術革新の市場化をすすめ競争力強化に努める。

通商政策では，「ヨーロッパ2020戦略の中核的要素としての通商戦略」（EC, 2010，欧州委員会，2011）が策定され，①ドーハ・ラウンドの妥結，② FTA の締結，③アメリカ，中国，ロシア，日本，インド，ブラジルなど戦略的パートナーとの関係深化，⑤非関税障壁の不均衡是正，が優先課題に据えられた。日 EU・EPA／ETA 交渉と TTIP 交渉とがその中核に位置づけられている。

対日強硬派のフランスは2013年の日本との交渉開始に先立ち，関係企業・団体ら3000社との間で，前例のない徹底的な協議を積み重ねた。そして市場開放，地理的表示，自動車輸入のセーフガードなどの厳しい要求を明確化するとともに，1年後に進展がみられなければ交渉打ち切りと決めたが，それはクリアできた。フランスは，2012年のオランド政権への交代とそれに続くユーロ危機の収束とを受けて，対日姿勢を大きく変えつつある。かつてサルコジ大統領は中国一辺倒だったが，オランドは日本重視にシフトし，原子力での包括的協力や日仏2+2（外相・防衛相協議）などに積極的である。資源の争奪を狙う中国の進出著しいアフリカや，ヨーロッパが強い影響力を有すが混乱の続く中東，ロシアにおいて，フランスを先頭に EU 諸国は日本との地域協力を模索している。日欧間の競争・協力は新たな段階を迎えた。

6　ユンカー委員会誕生からEU分解の危機へ

2014年5月末，5年振りに欧州議会選挙がおこなわれ，投票率は前回2009年と同様，43％の最低値を更新した。各国市民のヨーロッパへの関心の低さを逆手にとって，反EUや反移民，反イスラムを叫ぶ欧州懐疑派（Eurosceptics）の急進ポピュリスト政党が，左右を問わず躍進して総議席数571の2割から3割へと大幅増を果たした。うち1割が極右のナショナル・ポピュリスト勢力であり，その跳躍振りにヨーロッパでは不安が広がった。とりわけドイツを除く欧州の2大国，フランスとイギリスとでポピュリストの躍進が目覚ましく，「国民戦線」（FN）と「イギリス独立党」（UKIP）とがそれぞれ24議席を獲得して第1党となり，与党は3位に沈んだ（長部，2015a，b）。

11月にはユンカー新委員長（Jean-Claude Junker）による欧州委員会が発足した（長部，2015d）。新委員会は欧州統合の再始動を目指し，日EU・FTA／EPAやTTIPの交渉を最重要課題に据え，通商担当委員には人権担当から横滑りしたスウェーデン女性，セシリア・マルムストレム（Cecilia Malmström）を選任した。当面EUは金融危機とユーロ危機とで拡大した投資ギャップ（2007～13年の6年間で4300億ユーロの減退）の解消が先決だとして，各国に構造改革，財政信用，投資への緊密な連携・協力を求めた。そして雇用，成長，競争力拡大を目的に2015～17年の3年間に3150億ユーロ，域内GDP比0.8％という野心的な投資計画を打ち上げた。各国とも財政は逼迫しており，結局，EU資金160億ユーロに欧州投資銀行（EIB）による50億ユーロの融資を加えた210億ユーロを呼び水に，その15倍ものリバレッジ（テコ）を利かせて官民の投資を広く集めることになった。

2015年を迎えると世界のリスクコンサルタント企業，ユーラシア・グループの代表で国際政治学者のイアン・ブレーマーは，2015年が「地政学回帰の年」になると予測し，ヨーロッパ政治が第1のリスク要因になる指摘した（長部，2015d，Bremer, 2015)。その予言に応えるかのように，早くも年明けの1月17日には，パリ繁華街にある風刺漫画週刊誌『シャルリー・エブド』を標的に，移民2世の若者による連続テロ事件が勃発して17名が射殺され，世界に衝撃が走った。さらに11月13日には同じパリで，フランス，ベルギー国籍の自称「イスラム国」(IS) 支持の若者，10名近くによる同時多発テロが再現され，死者は130名に上り300名以上が負傷した。さらに翌2016年3月22日にはブリュッセルで，3名の自爆犯がNATO本部近くの空港とEU本部際の地下鉄駅という戦略拠点を襲い，死者は35名，負傷者は200名以上を数えた。各国市民は同時多発テロの続発に怯え，反EU・反移民・反イスラムの急進ポピュリズム勢力が膨張を続ける（長部2015c，2016)。

パリのテロ実行犯には，ブリュッセルの移民街，モランベーク地区出身者が多かった。ヨーロッパからのIS戦闘員の供給国として，ベルギーは人口100万人当たり40名で突出しており，デンマーク27名，スウェーデン19名，フランス18名を大きく超える（長部2016)。最大の理由は，ベルギーがヨーロッパにおける「治安のブラックホール」と化した驚愕の事実にあり，ブリュッセル自爆事件直後の『ルモンド』に掲載されたインタビューで，テロ問題専門のベルギー歴史家が以下のように明らかにした。

ベルギーにはアラブ人の地を，またそれ以前からの北アフリカ先住民であるベルベル人の地を，植民地化した過去はない。だが戦後北フランスの炭鉱や鉱山，製鉄所に密集したモロッコ人移民が，1970年代の重化学産業の斜陽化で大量に失職し，ベルギーに流れ込んだ。国内のイスラム教徒は70万人を数えるが，うち50万人がモロッコ北部のリーフ山地（Rif）出身のベルベル人である。リーフ地方は19世紀以来，当時の宗主国スペインからの独立を目指して蜂起を重ね，1921～26年には人口15万人の共和国を宣言してソ連にのみ承認された。結局は，フランスとスペインとの大軍に蹂躙され，ナチス製毒ガス攻撃で潰え去った。モロッコではアラブ系が3分の2を占めてベルベル人との混血が進むが，本能的に首都ラバトに盾つくベルベル系リーフ族は，「手に負えぬ反逆者」として恐れられてきた。1956年にモロッコのフランスからの独立が成ると，前国王ハッサン2世治下の40年の間，リーフ山地には投資がストップされ経済は徹底的に干された。わずかに大麻栽培とその密売で，あるいはアルジェリアでの季節農夫として，さらに北仏への移民労働で，糊口をしのがざるをえなかった。

ブリュッセルに移ったリーフ族は，モランベーク地区などに大きなコミュニティーを形成し，シシリア出自のニューヨーク・マフィアのように，ベルベル語方言，仲間，ネットワークの厚い壁で守る閉鎖社会を築きあげ，ヨーロッパをまたぐ麻薬や銃器の密売網を張り巡らせた。リーフ族の非行少年をターゲットにサウジアラビアやイランから過激な説教師が入り込み，「大罪は善行で贖える」と叫び過激化を煽り立てる。フランスとスペインの諜報機関はモロッコの軍・警察と協力して，言語の襞に分け入り情報収集やスパイ育成に努めている。だが小国で資金が乏しく，多言語で組織がバルカン化したベルギー司法当局は，マグレブ事情に通じぬうえに主権維持に汲々とし，フランス，スペイン警察との移民監視協力を拒否してきた。ベルギーは「治安のブラックホール」となり，フランスがその最大の犠牲者となった（Vermeren, 2016：長部，2016)。

ブレーマーは2016年の初頭にも，世界10大リスクのトップと第2位とに，ヨーロッパを挙げた。まず環大西洋の「空洞化する同盟」（the follow alliance）であり，ウクライナ危機やクリミア半島併合，対露制裁，中東紛争などで欧米間の足並みが乱れ，対立が広がった。第2位が「閉ざされたヨーロッパ」（the closed Europe）であり，欧州主要国はEU連帯より国益を優先させ，域外特定国との関係強化に走っている。イギリスは中国への接近に邁進し，人権侵害には目を閉ざして経済利益を優先させる。15年3月，G7で最初にアジア・インフラ投資銀行AIIBに手をあげた。フランスはテロ事件の頻発でISの脅威に震え上がり，シリアへのロシアの軍事介入の容認を決断するが，露仏協商の伝統復活である。中東難民最大の流入国となったドイツは，トルコ頼みに傾斜する。

2015年秋以降，中東難民の欧州流入が膨れ上がり，年末までに101.2万人を数え前年比5倍になった（『国際移住報告書』，2015)。難民対応をめぐって各国間で対立が先鋭化し，EU 分解の危機が現実味を帯びた。メルケル主導で，EU は急遽トルコに対して難民還流の受け入れを求め，トルコ国民へのビザなし渡航の承認前倒しと EU 加盟加速化との拘束を引き換えに，ようやく 2016 年 3 月に合意取付けに成功した。

EU は辛くも窮地を脱し得たが，早くも 2016 年 6 月 23 日にはイギリスの国民投票で，51.9 対 48.1％の僅差ながら EU 離脱派の勝利が突き付けられた。EU は発足以来最大の逆風に直撃されている。

経済への理性が東欧移民への恐怖に，エリート・高学歴層が弱者・庶民階層に，ユースがシニアに，都市が地方に，クオリティー・ペーパーがイエロー・ジャーナリズムに復讐されたのである。大陸諸国に遅れて 1973 年に EC 加盟を果した後，40 数年後にして EU 離脱となったイギリスだが，GDP は EU 全体の 17.6％（2015 年）で，20.6％のドイツと 14.9％のフランスの間に位置する欧州第 2 の大国である。イギリス国民投票は法的強制力がなく，諮問的な位置づけだが（三輪・山岡，2009），政治的には無視できない。下院（定数 650 名）の現有勢力図をみると，離脱派議員の数は英独立党（UKIP）1 名の他，保守党 331 名中 129 名，労働党 232 名中 9 名，スコットランド民族党 54 名中ゼロ，さらに諸派が加わっても合計 149 名（23％）にとどまる。残留派は 501 名（77％）に達し，離脱派を大幅に上回る（BBC 調査）。

こうして直接民主主義の危うさが大写しになったが，その上離脱派リーダーたちはキャンペーン中に乱発した現実離れの誇張公約を，勝利判明後，次々と翻していく。かれらの本音は，僅差負けで存在感をアピールするにあったのだろうが，手痛い誤算となった。離脱になびいたものからは後悔の発言が相次ぎ，Brexit（イギリスの EU 離脱）ならぬ Bregret（イギリスの後悔）の造語がメディアに踊る。

政権交代は当初 9 月に予定されていたが，離脱派による深刻なミスが重なった結果，異例な速さで 7 月 13 日に実現した。穏健残留派の内相メイがサッチャー以来初の女性宰相に就任し，EU 離脱には後戻りなく，離脱通告は 2017 年になる旨，約束した。450 万人にものぼった若者らからの国民投票のやり直しを求める叫びは，ピタッと止まった。メイは法務，財務，通商，外交の専門家，5000～１万人を国の内外からかき集め，「移民をストップし，単一市場へのアクセスを確保する」ために，「独自の方式」で離脱条約の締結を目指す。スウェーデン方式，スイス方式，トルコ方式，WTO 方式など様々なモデルはあるが，移民や財政負担がなく，限定的ながらサービスを含む，カナダ FTA 方式に近かろう。離脱通告後２年以内に EU との合意取り付けを迫られるが，EU の求める基本条件のクリアは容易ではない。交渉は延長可能だが，いたずらに長引けば国民間の亀裂は広がり，国内外での緊張が高まろう。

EU にとって Brexit による最大の脅威は，域内での「離脱ドミノ」の蔓延である。そのために不透明感の払拭が不可欠とみて，EU はイギリスに対して遅滞なき離脱通告を強く迫り，時間稼ぎに腐心する新政権との関係は緊張した。だがやがてヨーロッパ各地で世論調査の結果が判明すると，安堵の声が広がった。イギリスで操り広げられた無様な混乱を前に，欧州市民は急激に安定志向に傾き，EU 支持が大きく広がったからである。反 EU・反統合の欧州懐疑派政党さえもが，EU 離脱をすっかり口にしなくなり，代わりに EU 改革の主張に乗り替えた。「離脱ドミノ」は杞憂に終わった。

イギリスでの離脱投票後，メルケルとオランドのデュオは，新たにイタリアからレンツィを招き入れてトリオを再結成し，Brexit への対応を急ぐ。３つの方向性が明確になったが，第１に，安定を希求する市民に応えて，共通外交安全保障政策（CFSP）の強化を，さらに欧州共同防衛能力の引き上げを急ぐことになった。ヨーロッパは難民急増，テロ頻発，長期化する中東紛争，ウクライナ・ロシア紛争の泥沼化など，多くの難問に直面している。その抑止に全力で取り組むことで，市民の EU への信頼を取り戻し，繋ぎとめる必要がある。Brexit の結果，EU はイギリスが保有する強力な核・航空戦力に頼れなくなり，深刻な痛手を被る。とはいえ他方で，対米関係を重視して NATO 優先・欧州防衛協力軽視に流れたイギリスの離脱で，「統合深化の好機」（欧州政策センター）が訪れる。

第２に，EU の意思決定の中心が，欧州委員会から各国首脳へシフトする。

とりわけメルケルは，ナチスの記憶を払拭すべく歴代首相に倣って，外交・防衛の最前線に立つことは控え，フランスやEUの顔を立ててきた。だがオランド大統領の不人気とフランス経済の弱体化の事実が響き，多くのミッションを抱えたBrexit対応では，メルケルは頻繁に欧州各地に飛ばざるを得なくなった。またベルリンにはEUや各国からリーダーたちがひっきりなしに足を運び，今やブリュッセルに取って代わって欧州の首都に至った感がある。

欧州委員会は連邦主義者で対英強硬派のユンカー委員長が仕切り，7月にはBrexitの主席交渉官に，ゴーリストで元仏外相やEU域内市場・サービス担当委員を務めた，自薦のミシェル・バルニエを選任した。彼は現実主義と和解を旨とするが，シティーには厳しく，長く厳しい対英交渉の綱引きでは，タフ・ネゴシエーターの呼び声が高い。とはいえ交渉を取り巻く厳しい雰囲気が緩和に向かっているのも事実である。一方では，「離脱ドミノ」が杞憂に終わり，予想外の速さでメイ内閣が動き出し，楽観的な空気が広がった。逆に他方で，イギリスが抜ける単一市場へは将来への不安が急速に高まる。楽観と悲観の入り混じった空気の変化は，対英強硬派の委員会に対してはともかく，域内各国には，対英姿勢の軟化を促すことになった。「各国政府は閣僚会議の場で，イギリスとの協議を拡大すべきだ」（ポーランド外務次官）との声も高まる。EUの意思決定におけるこの変化は，首脳間の再結束を容易にする反面，EUの機能低下を招く懸念を含んでいる。

第3に，メガFTA，とりわけ日・EU経済連携協定（日EU・FTA／EPA）の締結に向けた通商体制の再構築である。TTIP（環大西洋貿易投資連携協定）の交渉に当たるEU高官はBrexitを受けて，「もう終わりだ」とがっくり肩を落とした。

すでにBrexit勃発前の6月に，ユンカー委員長は「危機に瀕しているのは単にTTIPのみでなく，EUすべての自由貿易政策だ」と警鐘を鳴らしていたが，「はじめに」でふれたように，EUカナダ自由貿易協定（CETA）は今や困難にさらされている。イギリスも離脱交渉でEUから「独自な方式」を取り付けるのは，極めて厳しくなった。他方EU側では，自由貿易派の旗手が離脱したことで，ドイツが通商交渉で最前線に立たざるを得なくなる。だがイギリスのように骨の髄からの自由貿易主義者とは言えず，国内では緑の党は勿論，与党のSPD（社会民主党）からさえ，手強い自由貿易懐疑派が声を強めている。EUは通商交渉体制の再構築が急務となった。

参考文献

欧州委員会（2010）「欧州2020」『*Europe*』summer。

欧州委員会（2011）「EUの新通商政策」『*Europe*』spring。

長部重康（2012）「金融危機後の欧州経済——Europe 2020の課題を睨んで」国際貿易投資研究所（ITI）（2012）『金融危機後の欧州経済——Europe 2020の課題を睨んで』。

長部重康（2013a）「ユーロ危機からの脱出戦略——OMTと『EUニューディール』」『経済志林』（法政大学）第80巻第3号。

長部重康（2013b）「ユーロ危機とEUの再活性化」欧州経済研究会（2013）。『ユーロ危機EUの再活性化』

長部重康（2014）「ユーロ危機とEUの将来——発生，深化・拡大，救済」『日本EU学会年報』第34号。

長部重康（2015a）「欧州議会選挙とナショナル・ポピュリズムの躍進」『経済論纂』（中央大学）第55巻5・6合併号。

長部重康（2015b）「マリーヌ・ブルーの勝利」『日仏政治研究』第9号。

長部重康（2015c）「最大のリスクは欧州政治——地政学回帰の年，2015年」『公明』4月号。

長部重康（2015d）「ユンカー欧州委員長の下，成長を目指すEU」『ITI欧州経済研究会2014年度報告書』（同名タイトル）（http://www.iti.or.jp/ report_05.pdf）。

長部重康（2016a）「ヨーロッパの政治・経済リスクとEUの課題」『ITI欧州経済研究会2015年度報告書』（欧州の政治・経済リスクとその課題）（http://www.iti.or.jp/report_27.pdf）。

長部重康（2016b）「EUは長期低落をふせげるのか——イギリス離脱の行方」『ITI研究調査シリーズ』（http://www.iti.or.jp）。

長部重康・田中素香・久保広正・岩田健治（2014）『現代ヨーロッパ経済　第4版』有斐閣アルマ。

ショット・J，B.コトチュオー，J.ミュール，浦田秀次郎監訳（2013）『TPPがよくわかる本』日本経済新聞出版社。

ブレーマー，イアン（2016）「空洞化する米欧同盟」『日本経済新聞』1月18日付

三輪和弘・山岡則雄（2009）「諸外国の国民投票制および実施例」『調査と情報』，第650号。

渡辺惣樹（2012）『TPP 知財戦争の始まり』草思社。

Artus, Patrick et Gravet, Isabelle (2012), *La Crise de l'Euro : Comprendre les Causes, en Sortir par de Nouvelles Instituions,* Armand Colin.

Bergsten, Fed (1996), "competitive liberalization and grobal trade", in *Peterson Institute for International Ecnonomics Working Paper,* vol. 96, no. 15.

Blyth, Mark (2013), *Austerity : the History of a Dangerous Idea,* Oxford U. P.

Bremmer, Ian (2015, 16), *Top Risks 2015, 16.*

CEPII-Centre d' Etudes Prospectives et d' Information (2013, 2014), *L' économie mondiale 2014, 2015,* La Découvert.

Destais, Christohe et Piton, Sophie (2013), "L' économie mondiale en mutation ?", in CEPII (2013).

European Commission (2010), *Trade, Growth and World Affairs : Trade Policy as a Core Component of the EU's 2020 Strategy,* COM (2010) 612 final.

Jean, Sébastien et Ünal, Deniz (2013), "Les échanges transatlantiques dans la concurrence mondiale", in CEPII (2013).

Laïdi, Zaki (2013), Le pari commerczal de l'Europe, in *Telos,* Science-Po., 22 Juillet.

Leparmentier, Arnaud (2013), *Ces Français, Fossoyeurs de l'Euro,* Plon.

Lester, Simon (2013), "Free trade revolution", in *The International Economy,* summer.

Vermeren, Pierre (2016), "La Belgique est devenue un trou noir sécuritaire, Pourquoi le djihadisme a-t-il frappé Bruxelles ?" in *Le Monde,* 24 mars.

（長部重康）

索　引

（＊は人名）

あ　行

か　行

さ　行

た　行

な　行

は　行

ま　行

や　行

ら・わ行

アルファベット

<執筆者紹介>（執筆順）

長部重康（おさべ しげやす）**編者，はじめに，第1章，終章**

1942年　生まれ。
高等研究院（EPHE，仏政府給費留学生）と LSE 大学院に留学，東京大学大学院経済学研究科博士課程修了。
法政大学博士（経済学）。
現　在　法政大学名誉教授・国際貿易投資研究所（ITI）客員研究員。
主　著　『権謀術数のヨーロッパ――社会主義壊走と欧州新秩序』講談社，1992年。
『変貌するフランス――ミッテランからシラクへ』中央公論社，1995年。
『現代フランスの病理解剖』山川出版社，2006年。

須網隆夫（すあみ たかお）**第2章**

1954年　生まれ。
東京大学法学部，コーネル大学ロースクール卒業（LL. M.），カトリック・ルーヴァン大学法学部大学院修士課程卒業（LL. M.）。
現　在　早稲田大学大学院法務研究科教授。
主　著　『国際ビジネスと法』日本評論社，2009年（共編）。
『EU 法基本判例集［第2版］』日本評論社，2010年（共編著）。

田中信世（たなか のぶよ）**第3章**

1939年　生まれ。
1964年　同志社大学経済学部卒業。
現　在　一般財団法人国際貿易投資研究所客員研究員。
主　著　『EU 入門――誕生から，政治・法律・経済まで』有斐閣，2000年（共著）。
『新版　EU の動きがよくわかる Q&A――壮大な実験市場を検証する』亜紀書房，2002年（共編著）。
『現代ヨーロッパ経済論』ミネルヴァ書房，2011年（共著）。

田中友義（たなか ともよし）**第4章**

1940年　生まれ。
大阪外国語大学（現大阪大学）外国語学部卒業。
現　在　駿河台大学名誉教授，（一財）国際貿易投資研究所（ITI）客員研究員。
主　著　『EU 経済論――統合・深化・拡大』中央経済社，2009年。
『現代ヨーロッパ経済論』ミネルヴァ書房，2011年（共編著）。
『FTA 戦略の潮流――課題と展望』文眞堂，2015年（共著）。

久保広正（くぼ ひろまさ）**第5章**

1949年　生まれ。
1973年　神戸大学経済学部卒業。博士（経済学）。
現　在　摂南大学経済学部教授，神戸大学名誉教授。
主　著　『欧州統合論』勁草書房，2003年。
"*A EU-Japan Free Trade Agreement : Towards More Solid Economic Relations*", Institut Français des Relations Internationales, 2012.
『現代ヨーロッパ経済［第4版］』有斐閣，2014年（共著）。

中野幸紀（なかの ゆきのり）第6章

1948年　生まれ。
1979年　京都大学大学院工学研究科修了。工学博士。
現　在　関西学院大学イノベーション研究センター客員研究員。
主　著　『統合ヨーロッパの焦点——ユーロ誕生をにらむ産業再編』日本貿易振興会，1998年（共著）。
『はじめて学ぶフランス——関西学院大学講義「総合コース・フランス研究」より』関西学院大学出版会，2004年（共著）。
『イノベーション論入門』中央経済社，2015年（共著）。

瀬藤澄彦（せとう すみひこ）第7章

1945年　生まれ。
早稲田大学法学部卒業。元帝京大学経済学部教授。
現　在　パリクラブ（日仏経済交流会）会長。
主　著　『21世紀の国際経営学入門——ヨーロッパ型経営に学ぶ』彩流社，2008年。
『フランスの流通・都市・文化——グローバル化する流通事情』中央経済社，2010年（共著）。
『多国籍企業のグローバル価値連鎖——国際経営戦略論の系譜』中央経済社，2014年。

新井俊三（あらい しゅんぞう）第8章

1948年　生まれ。
東北大学文学部社会学科卒業。
現　在　一般財団法人国際貿易投資研究所客員研究員。

MINERVA 現代経済学叢書⑱

日・EU 経済連携協定が意味するものは何か
——新たなメガ FTA への挑戦と課題——

2016年12月15日　初版第1刷発行　〈検印省略〉

定価はカバーに
表示しています

編著者　長部重康
発行者　杉田啓三
印刷者　大道成則

発行所　株式会社　ミネルヴァ書房
607-8494　京都市山科区日ノ岡堤谷町1
電話代表（075）581-5191
振替口座　01020-0-8076

太洋社・新生製本

ISBN978-4-623-07759-5
Printed in Japan